高等学校交通运输与工程类专业教材建设委员会规划教材
江苏省高等学校重点教材

BRIDGE AESTHETICS
桥梁美学

魏 洋　董峰辉　丁明珉
郑开启　张依睿　刘 嵩　编著

人民交通出版社
北京

内 容 提 要

本书针对当前我国桥梁工程建设对景观设计的迫切需求,在阐述桥梁美学基本原理的基础上,从桥梁科学之道、桥梁艺术之感和桥梁人文之风三个方面对桥梁美学进行系统论述,主要内容包括桥梁美学的哲学基础、桥梁美学形式表现、桥梁美学意象表达、景观桥梁结构形态、景观桥梁构件造型、梁式形态景观桥、拱式形态景观桥、斜拉形态景观桥、悬索形态景观桥、桥梁景观小品等。本书中还有大量与桥梁美学相关的案例赏析,通过工程实例佐证了桥梁美学之道。

本书可作为土木工程、道路桥梁与渡河工程、工程管理、交通工程等专业的本科生及研究生(含继续教育学生)教材,也可作为职业教育桥梁相关专业教材,同时还可供从事桥梁施工、设计和管理的工程技术人员参考使用。

图书在版编目(CIP)数据

桥梁美学 / 魏洋等编著. — 北京:人民交通出版社股份有限公司, 2025.5. —ISBN 978-7-114-19785-7

Ⅰ.U44-05

中国国家版本馆 CIP 数据核字第 2024VK5285 号

高等学校交通运输与工程类专业教材建设委员会规划教材
江苏省高等学校重点教材
Qiaoliang Meixue

书　　名:	桥梁美学
著 作 者:	魏 洋　董峰辉　丁明珉　郑开启　张依睿　刘 嵩
责任编辑:	袁倩倩
责任校对:	赵媛媛　武 琳
责任印制:	张 凯
出版发行:	人民交通出版社
地　　址:	(100011)北京市朝阳区安定门外外馆斜街 3 号
网　　址:	http://www.ccpcl.com.cn
销售电话:	(010)85285911
总 经 销:	人民交通出版社发行部
经　　销:	各地新华书店
印　　刷:	北京建宏印刷有限公司
开　　本:	787×1092　1/16
印　　张:	20.5
字　　数:	489 千
版　　次:	2025 年 5 月　第 1 版
印　　次:	2025 年 5 月　第 1 次印刷
书　　号:	ISBN 978-7-114-19785-7
定　　价:	80.00 元

(有印刷、装订质量问题的图书,由本社负责调换)

前言

随着我国经济的迅猛发展和国家基础设施建设的大规模推进,在新基建浪潮的涌动、新制造力量的崛起以及新挑战的不断涌现背景下,我国正以前所未有的步伐,坚定地向交通强国的崭新未来迈进。桥梁,作为城市血脉中跃动的音符,正以其独特的姿态,诉说着新时代人们对美的无限向往与追求,实现了从"通行之桥"到"心灵之桥"的华丽转身。桥梁不再是满足于单一通行功能的钢筋水泥结构,桥梁景观设计也不能仅是简单的装饰与点缀。一座"美"桥应当能够成为城市文化的传承者、自然风光的融合者、艺术灵感的激发者。

桥梁景观在城市建设和美丽乡村建设中扮演着至关重要的角色,其不仅是交通通道,更是展示城市风貌或乡村特色、提升整体环境品质的重要元素。桥梁景观展现出多元化的功能价值,涵盖了交通疏导的便利性、地域特色的展示性,以及环境美化的艺术性等多个层面。在桥梁景观的设计与表达中,必须全面而深入地考量这些需求,力求将其潜在的价值与效益发挥到极致。

桥梁景观的设计逻辑与建筑设计存在着差异。建筑设计的重点在于构筑功能完备、结构稳固、空间布局合理的室内及室外环境,旨在满足人们居住、工作与休闲的多元化需求;而桥梁景观设计,则是在确保通行顺畅无碍的基础上,巧妙融入丰富的景观元素、生态考量与文化意蕴,以呈现出独特的视觉效果,并体现地域人文特色。桥梁景观的设计逻辑更加注重视觉效果的营造、景观的和谐融合、生态的可持续发展以及文化的深厚传承。这些特质使得桥梁景观在城市风貌的塑造与美丽乡村的建设中,发挥着举足轻重的作用,为市民与游客带来了层次丰富、意蕴深远的视觉体验与文化享受。

我国桥梁文化历史悠久,源远流长,从古代浮桥、吊桥的轻盈灵动,到拱桥的雄伟壮观,再到现代斜拉桥、悬索桥的技术革新,每一种桥梁形态都深深镌刻着历史的烙印,蕴含着丰富的文化底蕴。在当代桥梁景观设计中,我们应当深入挖掘并精心传承这些宝贵的精神内涵,诸如桥梁所彰显的地区特色、沉淀的历史文化、蕴含的人文精神等。通过将这些丰富多元的元素巧妙融入设计之中,桥梁不仅能够展现出令人赞叹的美学外观,更能成为连接过去与未来、自然与人文、物质与精神的桥梁。

针对桥梁景观设计的迫切需求，本书在阐述桥梁美学基本原理的基础上，从桥梁科学之道、桥梁艺术之感和桥梁人文之风三个方面对桥梁美学进行系统论述。桥梁景观的科学之道主要体现在结构受力的安全方面，桥梁景观的艺术之感主要体现在结构造型的美观方面，桥梁景观的人文之风主要体现在景观造型的意象方面，一座精品桥梁应当是功能、造型和受力的统一，即科学性、艺术性与人文性的统一。

本书内容着重于桥梁景观设计创作过程中科学、艺术与人文的深度融合。在桥梁结构形态的探索上，试图从桥梁"结构受力"与"结构造型"的综合考量出发，精心构建"力形结合"的认识论基础，旨在让不同背景的人群从各自的专业视角形成对桥梁景观的全面认知；在桥梁艺术属性的剖析中，展示桥梁结构在满足跨越通行需求的基础上，通过桥梁景观造型体现其空间外形美感；而在桥梁人文属性的挖掘上，深刻探寻我国传统文化中桥梁所蕴含的精神价值，通过诗歌的吟咏、故事的传颂、桥名的寓意、格言的启迪，充分彰显我国在桥梁建造领域的文化自信与深厚底蕴。本书主要内容包括：桥梁美学的哲学基础、桥梁美学形式表现、桥梁美学意象表达、景观桥梁结构形态、景观桥梁构件造型、梁式形态景观桥、拱式形态景观桥、斜拉形态景观桥、悬索形态景观桥、桥梁景观小品等。

全书共11章，由南京林业大学魏洋、董峰辉、丁明珉、郑开启、张依睿、刘嵩等编著，第1章至第5章由魏洋、董峰辉编著，第6章至第7章由刘嵩、王秋东编著，第8章至第9章由丁明珉、张依睿、赵康编著，第10章至第11章由郑开启、刘杰、杜浩、朱彬荣编著，全书由魏洋和董峰辉统稿。本书编著过程中，南京林业大学土木工程学院研究生赵雨婷、王松航、朱骏龙、石峰、易际阳、王高飞、邵珺杰、吴柯樊、张子诚、韦宝幸、邢泽、陆金炜、汤澳、邓杰、吴成俊、袁知毅、颜子程、李潇翰、张继杰、赵状、龚子涵、孟子豪、钱小康、任驰、范伟、葛子龙、谢心玥、王梦寒等参与了书稿整理及绘图工作。

本书编著过程中，同济大学徐利平、南京航空航天大学艾军、东南大学建筑设计研究院丁建明和曹菲等提供了大量桥梁美学相关资料；同时，本书参考了大量国内外桥梁景观方面的专著、教材、报告及设计方案等资料，部分地方直接或间接引用了相关内容。在此，谨向这些资料的提供者或作者表达敬意和谢意。

由于编者水平有限，书中错谬之处在所难免，敬请广大读者批评和指正（联系邮箱：wy78@njfu.edu.cn；nldfh@njfu.edu.cn），以便修订时更正。

作　者
南京林业大学
江苏省公路智能检测与低碳养护技术工程研究中心
江苏省高校桥梁智能建造与安全运维重点实验室
2025年3月

目录

第1章 绪论 ⋯ 001
    1.1 桥梁之美的起源 ⋯ 003
    1.2 桥梁美学的历史发展 ⋯ 004
    1.3 当代桥梁美学发展 ⋯ 028
    1.4 桥梁发展代表人物 ⋯ 031
    1.5 本书主要内容 ⋯ 033
    思考题 ⋯ 033

第2章 桥梁美学的哲学基础 ⋯ 035
    2.1 引言 ⋯ 037
    2.2 中国美学的哲学基础 ⋯ 037
    2.3 西方美学的哲学基础 ⋯ 042
    2.4 马克思主义美学 ⋯ 043
    2.5 桥梁美学基本法则与相关著作 ⋯ 044
    2.6 本章小结 ⋯ 047
    思考题 ⋯ 047

第3章 桥梁美学形式表现 ⋯ 049
    3.1 引言 ⋯ 051
    3.2 景观桥梁风格类型 ⋯ 051
    3.3 景观桥梁色彩运用 ⋯ 061
    3.4 本章小结 ⋯ 072
    思考题 ⋯ 072

第4章 桥梁美学意象表达 ⋯ 073
    4.1 引言 ⋯ 075
    4.2 桥梁属性 ⋯ 075
    4.3 桥梁意象 ⋯ 075

4.4　桥梁工匠——意象的奠基者 ………………………………… 080
　　4.5　桥梁命名——意象的赋予者 ………………………………… 083
　　4.6　桥梁故事——意象的丰富者 ………………………………… 083
　　4.7　桥梁美文——美化意象 ……………………………………… 084
　　4.8　桥梁诗歌——升华意象 ……………………………………… 085
　　4.9　桥梁哲思——感悟意象 ……………………………………… 086
　　4.10　本章小结 …………………………………………………… 088
　　思考题 …………………………………………………………… 088

第5章　景观桥梁结构形态 ………………………………………… 089
　　5.1　引言 ………………………………………………………… 091
　　5.2　力形结合原理 ………………………………………………… 091
　　5.3　桥梁结构形态 ………………………………………………… 098
　　5.4　桥梁景观形态 ………………………………………………… 101
　　5.5　景观桥梁分类 ………………………………………………… 102
　　5.6　本章小结 …………………………………………………… 103
　　思考题 …………………………………………………………… 103

第6章　景观桥梁构件造型 ………………………………………… 105
　　6.1　引言 ………………………………………………………… 107
　　6.2　受力构件类型 ………………………………………………… 107
　　6.3　景观造型 …………………………………………………… 111
　　6.4　附属设施 …………………………………………………… 123
　　6.5　本章小结 …………………………………………………… 133
　　思考题 …………………………………………………………… 133

第7章　梁式形态景观桥 …………………………………………… 135
　　7.1　引言 ………………………………………………………… 137
　　7.2　基本组成 …………………………………………………… 137
　　7.3　受力分析 …………………………………………………… 138
　　7.4　景观造型 …………………………………………………… 140
　　7.5　意象表达 …………………………………………………… 145
　　7.6　案例集锦 …………………………………………………… 150
　　7.7　本章小结 …………………………………………………… 159
　　思考题 …………………………………………………………… 159

第8章　拱式形态景观桥 …………………………………………… 161
　　8.1　引言 ………………………………………………………… 163
　　8.2　基本组成 …………………………………………………… 163

8.3　受力分析 ································· 164
　　8.4　景观造型 ································· 165
　　8.5　意象表达 ································· 170
　　8.6　案例集锦 ································· 176
　　8.7　本章小结 ································· 182
　　思考题 ··· 182

第9章　斜拉形态景观桥 ··························· 183
　　9.1　引言 ····································· 185
　　9.2　基本组成 ································· 185
　　9.3　受力分析 ································· 186
　　9.4　景观造型 ································· 186
　　9.5　意象表达 ································· 198
　　9.6　案例集锦 ································· 206
　　9.7　本章小结 ································· 216
　　思考题 ··· 216

第10章　悬索形态景观桥 ·························· 217
　　10.1　引言 ···································· 219
　　10.2　基本组成 ································ 219
　　10.3　受力分析 ································ 220
　　10.4　景观造型 ································ 221
　　10.5　意象表达 ································ 232
　　10.6　案例集锦 ································ 234
　　10.7　本章小结 ································ 239
　　思考题 ··· 239

第11章　桥梁景观小品 ···························· 241
　　11.1　引言 ···································· 243
　　11.2　竹结构景观桥 ···························· 243
　　11.3　木结构景观桥 ···························· 252
　　11.4　园林景观桥 ······························ 258
　　11.5　3D打印景观桥 ··························· 267
　　11.6　本章小结 ································ 277
　　思考题 ··· 277

附录 ·· 279
　　附录一　桥梁美文 ······························ 281
　　附录二　桥梁诗歌 ······························ 283

附录三	桥人桥语	288
附录四	名人名言	289
附录五	图片来源	290
附录六	桥梁知识	315

参考文献 ································ 316

第1章

绪论

第1章　绪论

1.1　桥梁之美的起源

喜爱美好事物是人的天性。自古以来,人类在出行过程中认识桥、创造桥、发展桥,进而追求桥梁之美。桥梁呈现出多姿多彩、源远流长的特点。具体来说,何为桥梁之美?或者说什么样的桥梁能被认定是美的,能够给我们带来美感?要寻找到桥梁之美的源头,首先应分别探究桥梁和美的起源问题,然后探究两者如何结合,形成桥梁之美的独特魅力。

桥梁是为铁路、公路、城市道路、管线等跨越河流、山谷、道路等天然或人工障碍建造的架空建筑物,是使车辆、行人等能顺利通行的构筑物。桥的起源可以追溯至人类为了过河而使用的工具或辅助手段,比如将水中的石块或自然倒下的树木作为桥梁(图1-1)。这些方式是人类受到自然界启发而采取的过河方式,代表着最容易被人类观察到并利用的一类"天生桥""天然桥"或"自然桥"。

a)水中的石块

b)倒下的树木

图1-1　桥的起源 [1]

人类的学习和创造能力,促使他们在需要时逐渐学会自己建造桥梁。当面临过河却无现成"天然桥"时,人类会在水中间隔摆放一连串石块,或者就近找来一根树干搭在河上。前者称为"砅"(h),后者称为"梁"。甲骨文"砅"及金文"梁"(图1-2),形象地表达了其含义。由此可见,桥梁是伴随人类历史的发展应运而生的,并在此基础上不断演化出新的渡河形式,逐渐形成了现在丰富多彩的桥梁结构。在人类主动创造出桥梁这一渡河工具之后,随着人类文明的不断发展进步,必然会出现美观且多样的桥梁。或者说,桥梁在发挥其实用通行功能的同时,如果能够带给行人愉悦的感受,岂不美哉!而探讨桥梁之美,就不得不从美的起源说起。

何为美?美是一个复杂而多维的概念,它一般指那些使人产生愉悦感的客观事物,是一种共同的本质属性、审美享受或引起心灵共鸣的事物、现象或特质。探讨美,可以从"美"字的写法溯源,甲骨文中"美"的字形类似人的头上戴着羊角或羽毛之类的装饰物(图1-3),打扮得十分美丽,能够带给其他人愉悦的感受。也就是说,美最初给人的直观印象是人身上的装饰物,这是人类对于美的直觉感性认知。人类对美的感性认知逐渐上升到对美的理性认知,比如美

---

[1] 李亚东:《亚东桥话》,人民交通出版社股份有限公司,2018。

德,它可使人心情愉悦。也就是说,那些能够引起人心情愉悦的事物均可被认为是美的。对于桥梁而言,如果在建造好的桥梁上进行适度恰当的装饰,这种装饰可以是图案或文字等,这座桥就显示出了美感。人类在建造桥梁的过程中,对于桥梁之美的追求很有可能是因此而起的。

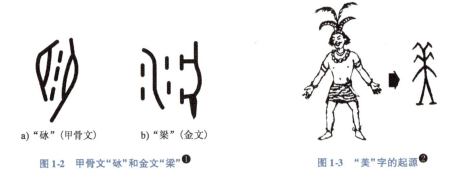

a)"砅"(甲骨文)　　　b)"梁"(金文)

图1-2　甲骨文"砅"和金文"梁"❶　　　　　　　图1-3　"美"字的起源❷

1.2　桥梁美学的历史发展

正如前文所述,桥梁之美起源于人类在桥梁上进行适度的装饰。不同人会根据当地文化或喜好、审美对桥梁进行装饰,以此彰显自己对桥梁之美的实践理解。在桥梁美学的发展进程中,不同民族在各自发展过程中形成了自己独特的文化属性。放眼世界,以中国为代表的东方文明和以欧美为代表的西方文明,各自在追寻并创造着属于自己的桥梁美学。

1.2.1　中国桥梁美学发展史

我国桥梁美学的发展大致可分为五个阶段:一是夏、商、周时期,为古桥梁的创始时期,也是桥梁美学的萌芽阶段;二是秦汉时期,上延春秋、战国,下迄三国,为古桥梁的创建发展时期,在这一时期,浮桥、梁桥、拱桥、索桥(也称吊桥)的体系基本形成,桥梁美学随之发展;三是以唐宋时期为主体,包括两晋、南北朝、隋、五代等,为古桥梁发展的全盛时期,我国享誉世界的古桥基本都在这一时期建成,如赵州桥、泉州万安桥等,这些桥梁不仅在实用功能上有所突破,更在艺术性上达到了很高的水平;四是元、明、清时期,主要表现为公私园林中桥梁艺术的发展;五是近现代时期,从辛亥革命至新中国成立初期,我国的桥梁建设在技术和材料上都有了显著进步,但真正进入现代化桥梁建设的高速发展期是在改革开放后。这一时期,随着工程技术的进步和对于桥梁美学的认识的深入,我国建造了许多具有世界先进水平的大型桥梁。本节关于中国桥梁美学的发展史介绍以上述五个阶段进行划分,梳理出中国桥梁美学的发展脉络。

1)夏、商、周时期

夏、商、周三代是中国奴隶制社会产生并发展至鼎盛的历史时期,上承史前新石器文化的余绪,下启铁器文化的出现。商代已是高度发达的青铜时代。当时,由于建造都城、军事运输、

---

❶ 项海帆、潘洪萱、张圣城、范立础:《中国桥梁史纲》,同济大学出版社,2009。
❷ 李乐毅:《汉字演变五百例》(第2版),北京语言大学出版社,2014。

农业水利等的需要,桥梁建设技术水平有了很大的提高,出现了多跨木梁木柱桥、浮桥、城门悬桥、水闸桥。原始社会中出现的堤梁式踏步桥、独木与骈木梁桥已属常见。甲骨文"虹"(图1-4),本义指雨后天空出现的弧形彩晕。拱桥似虹,所以古人常把"虹"作为拱桥的代称。人们将拱形的桥比喻为虹,具有一定的审美意识,可以看作桥梁审美思想的萌芽。

图1-4　甲骨文"虹"❶

1998年从河南偃师商城早期宫殿遗址中发现了王家池苑(图1-5),其水池中的水主要用作宫殿区内的生活用水,桥梁也极可能在水池上或其周围出现,这时的桥梁兼有美化环境、供王族游玩的功能。为了建造高大宫殿建筑群,古人发明了一套施工测量器具,从而使宫殿群在整个形体上保持准确的几何关系。《周礼·考工记》记载:"圆者中规,方者中矩,立者中县,衡者中水。"当时负责建造的工匠已有专业分工,有掌握版筑和泥水工程技术的土工和掌握木结构技术的木工,还有彩绘和雕刻工。

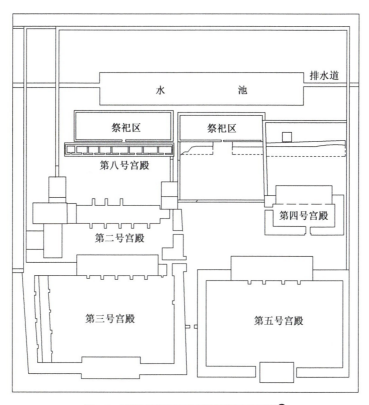

图1-5　商城宫殿遗址王家池苑遗迹布置图❷

---

❶项海帆、潘洪萱、张圣城、范立础:《中国桥梁史纲》,同济大学出版社,2009。
❷杜金鹏:《偃师商城初探》,中国社会科学出版社,2003。

关于"钜桥",在《史记》中有两次记载。《史记·殷本纪》:"厚赋税以实鹿台之钱,而盈钜桥之粟。"《史记·周本纪》载,武王既革殷,受天命之后,"命南宫括散鹿台之财,发钜桥之粟,以振贫弱萌隶"。东汉许慎注:钜桥乃"钜鹿水之大桥也"。虽有"钜桥仓名""钜大桥器名也"的解释,它们却不能作为否定钜桥存在的依据。《水经注·漳水》称:"衡漳又北迳巨桥邸阁西,旧有大梁横水,故有巨桥之称。昔武王伐纣,发巨桥之粟,以赈殷之饥民。"漳水是较宽阔的河流,从既称"梁"又称"桥"来分析,它可能是一座"高而曲"的多孔骆驰虹木梁柱桥,始建时间当在商纣(帝辛)时甚至以前,地点在今河北省曲周县东北。

2)秦汉时期

春秋战国时期是中国古代社会极为重要的变革时期,这一时期是中国古代科技发展史上的一个高峰。战国时期成书的《墨经》和《考工记》,分别代表了这一时期科学理论和工艺技术的总体水平。《墨经》所涉及的科学领域非常广泛,除数学、力学、光学、声学等外,还讨论了一些十分深奥的命题。它对小孔成像、影子生成等光学现象有着科学的说明,还为几何学确定了点、线、面、方、圆等概念,并对这些概念进行了定义和讨论。这为后来桥梁美学的发展奠定了理论基础。《考工记》强调的"工巧"与"实用"结合、材料与工艺精益求精的思想,以及"天人合一"的哲学理念,推动了中国古代桥梁在功能与形式上的统一,促进了桥梁与自然环境的和谐融合,成为桥梁美学发展的重要理论源泉。

约秦昭襄王五十一年(前256),李冰被任命为蜀守,他在成都平原西部岷江上修建的都江堰这一闻名世界的综合性水利工程,使用至今已有2280余年。李冰在渠上多建桥梁,其中最著名的是成都七星桥(图1-6)。《华阳国志·蜀志》记载:"长老传言,李冰造七桥,上应七星。"这是关于桥梁群布局的最早实证。

图1-6 成都七星桥❶

---

❶ 四川省文史馆:《成都城坊古迹考》,四川人民出版社,1987。

复道为建在宫室、苑囿离宫及别馆之间的上下空中通道,同样也是我国最早出现的桥梁形式之一。最早的复道据传发源于黄帝时,战国时期的都城已建造复道。《史记·秦始皇本纪》载:"二十六年(前221)……秦每破诸侯,写放其宫室,作之咸阳北阪上,南临渭,自雍门以东至泾、渭,殿屋复道周阁相属。""东西五百步,南北五十丈,上可以坐万人,下可以建五丈旗。周驰为阁道,自殿下直抵南山。""乃令咸阳之旁二百里内宫观二百七十复道甬道相连。"杜牧《阿房宫赋》称:"长桥卧波,未云何龙?复道行空,不霁何虹?"据对阿房宫遗址的考古发掘,特别是在2004年发现的大型黄土遗址建筑台基,其东西长250m、南北宽45m,距秦代地面9m;在它的西侧,又发现另一宫殿廊道和散水。经考证,台基上的宫殿正如《史记》所记载"复道连属",确有"复道行空"犹如"长桥卧波"之感。阿房宫遗址发掘中还发现了小桥流水式的渠道和园林遗址。1995年在广州发现的秦、西汉时期的南越国宫署遗址中有皇家池苑,苑中小桥流水、绿树成荫,已体现"园必隔,水必曲"的构思。

汉承秦制,进一步巩固了中央集权的封建政体。两汉时的中国,已是当时世界上经济、文化、科学技术最发达的国家之一。由于疆域的扩大,经济的迅速发展,边关的稳固,对外贸易与文化交流的展开,交通建设愈来愈重要。同时,由于科技的进步,铁器极盛时代的到来,前人大量工程实践经验的积累,出现了专门从事交通建设的队伍,为桥梁建设发展提供了良好的内、外部条件。这一时期,梁桥、索桥、浮桥、拱桥四种基本桥型均已发展齐全,桥梁形式及建造材料丰富。在长安、洛阳等京都及其他城市,建造了多座规模宏大,结构精巧,上过车马、下通楼船的大桥,并关注桥梁的美观及桥头的装点。城市桥群的出现,石拱桥的诞生,标志着桥梁建设进入了成熟期。

中国古桥中,拱桥遍布全国,按材料分,有石、砖、竹木及砖石混合数种,其中石拱桥使用最广、留存最久,直至现代还在采用。拱桥外形曲折,古时称其为曲桥、飞梁、虹。汉赋中不乏对桥梁的描述,有:班固《西都赋》,"抗应龙之虹梁"。李善注:"梁形似龙而曲如虹也。"张衡《东京赋》:"然后凌天池,绝飞梁。"此外,《后汉书·梁冀传》载,汉顺帝时,"飞梁石磴,陵跨水道"。李贤注:"架虚为桥,若飞也。"到了晋、唐、宋代,不少人称伸臂木梁桥为"飞梁""飞桥"。至今发现最早的"飞梁"为4世纪所建,但也不能排除汉代就已出现"飞梁"的可能,如东汉墓石梯桥(图1-7),极有可能是伸臂木梁桥的前身,图1-7可能是对这种桥梁形式的局部描绘。

a)东汉墓石雕

b)东汉墓石梯桥示意

图1-7 东汉墓石梯桥 ❶

---

❶项海帆、潘洪萱、张圣诚、范立础:《中国桥梁史纲》,同济大学出版社,2009。

3)晋、隋、唐、宋时期

晋、隋、唐三代是中国历史上极为昌盛辉煌的时代,特别是在唐代,从贞观之治到开元盛世,中国社会、经济、政治和文化空前发达。隋唐开放,对内以怀柔为主,唐帝国成为世界文化交汇之地,交通与城市获得了巨大的发展。这一时期,桥梁建设在数量及质量上发展迅速,在技术上取得了不少开创性的成果。

例如著名的赵州桥始建于隋代,由匠师李春设计建造。赵州桥是世界上现存年代久远、跨度最大、保存最完整的单孔坦弧敞肩石拱桥,其建造工艺独特,在世界桥梁史上首创"敞肩拱"结构形式,具有较高的科学价值;雕琢刀法苍劲有力,艺术风格新颖豪放,显示了隋代浑厚、严整、俊逸的石雕风貌,桥体纹饰雕刻精细,具有较高的艺术价值(图1-8)。桥体由28道并列券拱砌筑,并用勾石、收分、蜂腰、伏石"腰铁"联结加固,提高了整体性。桥面两侧有42块栏板和44根望柱,雕刻精美,栏板上雕的"斗子卷叶"和"行龙"为半圆雕刻,比例适度,线条流畅。赵州桥在中国造桥史上具有重要地位,对全世界后代桥梁建筑有着深远的影响。正如英国李约瑟博士所说:"李春显然建成了一个学派和风格,并延续了数世纪之久。"

a)桥梁全景　　　　　　　　　　　　b)护栏雕刻

图1-8　赵州桥

在我国南方,特别是江南水乡,桥梁多而密。以苏州城为代表的桥梁众多,唐《吴地记》记有"吴门390桥";宋《中吴纪闻》中记有桥名的就有360座。现存苏州市阊门外的枫桥(单拱石桥),因唐朝诗人张继一首《枫桥夜泊》而闻名。唐代还出现了反映佛教等理念的桥梁。建于唐贞观年间的北京兜率寺(现名卧佛寺),山门前有放生池。池上建石桥,通向水门殿,过桥寓意着从凡俗之界进入清净佛界。

宋继唐大兴皇家园林之风,园林桥梁也有发展。宋代写实作风盛行,所留下的画卷(包括一些细部的刻画)可令后世一窥皇家园林的形象。如东京(今河南开封)内城的"艮岳"是座大型皇家园林,顺天门街北有金明池,"周围约九里三十步"(约4560m)。从北宋《金明池争标图》中,清晰可见五孔木梁木柱桥,每排桥柱端都系拉(或撑)在池中短橛柱上,以防龙舟撞木柱排墩,为皇家园林中所罕见(图1-9)。

宋代将起源于4世纪初的青海、甘肃的单伸臂桥(又称刁桥或折桥,古称"河历")从单跨变为多跨,由单伸臂改进为双伸臂和斜撑伸臂;建造地由山区走向平原,从西部地区走向东南沿海地区,并且桥上普遍建有桥屋、桥廊、桥亭、桥塔。据记载,桥屋(亭)始建于秦代,已有2000多年的历史,在伸臂木梁桥诞生之前。桥屋在木、石梁桥,木、石拱桥上均有建造,甚至在索桥上也曾建造过。据唐寰澄《中国科学技术史·桥梁卷》,全球共有廊桥2000多座,中国保存了500多座,福建省有54座。❶ 根据地方志书的记载,桥屋除了伸臂木梁有结构上的独特需要外,还有为湖光山色增彩的功能,有的还成为古建筑珍品。

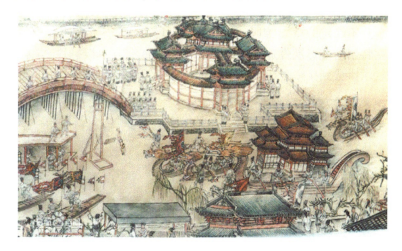

图1-9　金明池争标图(局部)

广济桥(图1-10)始建于南宋乾道七年(1171),位于广东省潮州古城东门外,横跨韩江,为浮梁结合结构,由东西两段石梁桥和中间一段浮桥组合而成,梁桥由桥墩、石梁和桥亭三部分组成。广济桥全长约518m,东边梁桥长283.35m,有桥墩12个、桥台1座、桥孔12个;西边梁桥长137.3m,有桥墩8个、桥孔7个,石梁宽5m;中间浮桥长97.3m,由18只木船连接而成。其梁舟结合的独特格局,刚柔相济,起伏变化,生动地体现了美学与力学、建筑与艺术和谐统一的审美功能。

图1-10　广济桥

中国的木拱桥是在伸臂木梁桥的基础上发展而来的。在宋代出现了新颖的木拱桥,学术上冠名"贯木拱",有的学者冠名"编梁木拱",其无须在河中设置桥墩。"贯木拱"首见于北宋画家张择端的《清明上河图》中宋代汴水虹桥(图1-11),其贯插众木成拱而无柱,可一跨过河,为世界桥梁史上独有。《宋史》载,其为陈希亮(宋代官员)于宋皇祐元年(1049)在宿州(今安

---

❶ 中国公路学会:《中国廊桥》,人民交通出版社股份有限公司,2020。

徽宿州市埇桥区)所创,至今在浙闽等地仍有不少贯木拱桥在使用。桥拱的结构主要是两组拱骨系统,一组为3根长拱骨,另一组为2根短拱骨。每两根拱骨端,搁于另一系统拱骨中部横木之上,错开排比搭架;排比而成的拱架,用索捆绑起来,以横木作联系,并起横向分配力的作用,这样就把单片不稳定的拱架,组合成为稳定的、高次超静定的结构。拱骨与横木间既可用索捆绑,也可用特制的箍形铁件连接。每根横木端部钉有方木板一块,方木板上画兽头;拱骨上横铺桥面板,顺拱势到接岸处成反弯曲线,与道路平顺衔接,提高了桥的美观度。

图1-11　清明上河图(局部)

卢沟桥(图1-12)建于金大定二十九年(1189)六月,桥梁全长266.5m,宽约7.5m,桥两侧雁翅桥面呈喇叭口状。卢沟桥以其精美的石刻艺术享誉于世。在桥的东西两头各立御碑一通,东头为清乾隆帝御书"卢沟晓月"碑,西头则是清康熙帝于清康熙三十七年(1698)为记述重修卢沟桥而立的御制碑。古时,这里洞水如练,西山似黛,每当黎明斜月西沉之时,月色倒映在水中,更显明媚皎洁,从而成为古代著名的燕京八大景点之一。站在卢沟桥上,可以欣赏到"一天三月"的旷世奇景。

图1-12　卢沟桥

4)元、明、清时期

元、明、清时期,桥梁建造继承了历代的桥型、构造与施工技术并有所改进。其中故宫金水桥当时较为人熟知,其蓝本出自元皇城的周桥。而周桥的设计师和主持建造者,是元代河北曲阳的一位普通石匠杨琼。曲阳盛产玉石,石雕技艺自唐宋以来便闻名于世。杨琼出身于石工世家,他的石雕"每出自新意,天巧层出,人莫能及焉"。元至元十三年(1276),要修建元皇城崇天门前的周桥,很多人画了图送上去,都未被选中。而元世祖忽必烈对杨琼的设计方案十分满意,下令督建。《故宫遗录》中记有:这周桥"皆琢龙凤祥云,明莹如玉,桥下有四百石龙,擎戴水中,甚壮",为皇城增色不少。因而明皇城的建造者,把它照样搬来,营造金水桥(图1-13)。

图1-13 故宫金水桥

明代后,我国古代桥梁呈现出了以拱桥为主的审美特征。其中江西龙南太平桥(图1-14)就是一个典型的案例,其位于龙南市杨村镇的太平江上,连接岚岭嶂和水口岭。太平桥始建于明正德十三年(1518),重建于清嘉庆元年(1796)至道光元年(1821)间,为三拱双层叠式组合石拱桥,底层为双拱,上层加一拱式廊亭,既有拱桥的特点,也有廊桥的韵味。上层桥亭为砖木结构,四通凉亭,长12.2m,宽4.0m。上下三拱形成了拱上有亭、亭中有拱的奇特景致。

图1-14 江西龙南太平桥

广西贺州回澜风雨桥(图1-15)修建于明万历年间,明崇祯十四年(1641)重修,清道光二十年(1840)再次重修,1986—1987年,政府拨款进行了最近的一次维修。该桥坐落于贺州市富川县油沐乡境内的沐笼村下花园和三园栎村之间的黄沙河上。回澜风雨桥由三孔石拱、桥亭和阁楼三部分组成,全长37.50m,宽4.60m,高4.00m,每拱跨度为6.22m,矢高3.50m。桥面全部铺设青石板,桥上建有一亭,亭子由36根圆木柱,采用抬梁式构架建成,供来往行人憩息、避风雨。该桥集我国北方的石券桥、南方的亭、古远的阁,以及本地的廊桥四种造型特点于一体,在全国古建园林桥梁中是具有民族特色的极其独特的古桥。

图1-15 广西贺州回澜风雨桥

明代计成著作的《园冶》,掀起了江南造园热,出现了一大批设计优秀的园林桥梁。园林桥梁融自然美、社会生活美和艺术美于一体,起到引景、隔景、观景、添景、对景、补影及组景的作用,使园林寓于自然而高于自然。园林桥梁往往利用光影、明暗、色彩、虚实之对比和线条的刚柔变化,突出某一景点的主题,有使人以情悟物的功用。

皇家园林及扬州园林中的桥梁,体态都偏大,多为多跨或大跨石拱桥、大型亭桥、堤梁式桥,给人以富丽之感,并以玉石为栏,饰以雕镂,一般都单独成景。江南园林中的桥梁,体量偏小,多为石梁桥、小型拱桥、廊桥、踏步桥,因气候等因素取素雅、质朴之风格。以山为主的园林中的桥梁给人凌空(如苏州环秀山庄中的桥)、飞悬、攀登之感;以水为主的园林中的桥梁尽可能贴近水面,富有凌波之意,起到似隔非隔、深远莫测、化有限空间为无限空间的作用。园林中的水池有聚水与分水两种,聚水使水面显得开阔,宜用无栏杆平桥,分水则有似断非断的意境,宜用有栏平桥。园林桥的设计一般要透漏、轻巧,不宜阻挡视线,以增强层次感。园林桥必须协助园林处理好大与小的关系(以小见大)、封闭与开放的关系(借景与锁景)、曲与直的关系(以曲取胜)等三种关系,处处体现出园林"妙在含蓄""贵在自然"的立意,促使宏大与幽邃、华丽与质朴、局促与开畅相辅相成,兼而有之,犹如《洛阳名园记》中赞美湖园那样:"兼此六者,惟湖园而已。"

北京颐和园著名的十七孔桥就是一个典型的园林桥案例。颐和园前山宏大,后山幽静,表现出泾渭分明,宏大与幽邃兼得。为了与前山建筑群和谐呼应,在其对面的东堤上建造了大体量的十七孔桥(图1-16)与桥头的八角亭,中间以大面积的昆明湖水相隔。十七孔桥为石拱桥,全桥的上部微微隆起,宛如初月出云、长虹饮涧,加上西山之景倒映于湖中,为桥梁装点湖山之佳作。除桥与亭以外,其他建筑的体量都较小,布置灵活,使全园在统一中尽量富有变化。昆明湖西堤自南至北的长堤上,仿照杭州西湖苏堤六桥,也建造了6座桥梁,依次为界湖桥、幽风桥、玉带桥、镜桥、练桥和柳桥。除玉带桥外,其他桥梁均建有桥亭,亭有长方、四方、八方、单檐,华丽富贵,与园中金碧辉煌的皇家建筑相互协调。

图1-16 北京颐和园十七孔桥

而位处江南的扬州瘦西湖上的"四桥烟雨"也是古代园林桥梁中的佳作。四桥就是瘦西湖入境之口的大虹桥(建于明崇祯年间,清乾隆初年改为单孔石拱桥,后又在桥上建亭阁)、湖内的五亭桥、与大虹桥相望的长春桥(单孔石拱桥)、坐落在湖东与五亭桥呼应的春波桥(已废)。它们既把湖水分割的景物相互衔接起来,又以各桥不同的方位和构架将全湖景色划分为若干区间,使每一风景区都呈现出各自的特色和韵味。经过精心布置的桥梁,除了自身的通行和观赏价值外,对整个湖区景致起到了分中有合、合中有分的作用,使湖上风光能收能放。其中五亭桥(图1-17)为诸桥之首,始建于清乾隆二十二年(1757),是中国古代十大名桥之一,有"中国最美的桥"之称。五亭桥最大的特点是阴柔与阳刚的完美结合,建筑风格既有南方之秀,也有北方之雄,是南秀北雄的有机融合。五亭桥上建有极富南方特色的五座风亭,挺拔秀丽的风亭就像五朵冉冉出水的莲花,因此又称莲花桥。中秋之夜,可感受到"面面清波涵月影,头头空洞过云桡,夜听玉人箫"的绝妙佳境。

图1-17 扬州瘦西湖五亭桥

除了以砖砌结构为主的古代桥梁外,木桥也曾在我国桥梁美学的发展中占据非常重要的地位。木桥可以建造为临时性和半永久性桥梁。木桥大多为简支式单排或叠合梁以增大简支梁的跨径,增强承载能力。为提高跨越能力,还可以加工成木桁架桥和八字撑架木桥。

在我国贵州、广西、湖南三省(自治区)毗连地区,侗族人民擅长于木构建筑。作为侗族建筑艺术的结晶与标志,风雨桥是集桥、廊、亭三者于一体的交通建筑。桥壁上或雕画有雄狮、蝙蝠、凤凰、麒麟等吉祥之物图案,形象诙谐洒脱,栩栩如生。风雨桥由下、中、上三部分组成。下部是桥墩,用大青石围砌,以料石填心,呈六面体,上下游均为锐角,以减少洪水的冲击。中部为桥面,采用密布式悬臂托架简支梁体系,全为木质结构。上部为桥面廊亭,采用榫卯结合的梁柱体系连成整体。廊亭木柱间设有座凳栏杆,栏外挑出一层风雨檐,既增强桥的整体美感,又可保护桥面和托架。桥架设置在桥墩上面,而桥墩与桥台之间没有任何铆固措施,只凭桥台和桥墩起着架空的承台作用。

风雨桥优美坚固,既可供人行走,又可挡风避雨,还能供人休息或迎宾接客。风雨桥遍布侗乡,尤以广西三江、龙胜,湖南通道侗族自治县(隶属怀化市),贵州从江、黎平等地为最多,这些地区共有风雨桥330余座❶。风雨桥的桥廊、桥屋中有彩绘、佛座、神仙像,廊屋正脊上有诸如"鸾凤和鸣""双龙戏珠"等彩塑,装扮得如花似锦,故而风雨桥又称"花桥"或"大花桥"。风雨桥是点缀侗族民族风情的吉祥建筑物,逢年过节还有敬"桥"的习俗,独创的造型艺术、与众不同的建筑技巧与特有的侗族风格,使它久负盛名。

风雨桥的杰出代表则首推广西柳州程阳永济桥(图1-18),又叫程阳风雨桥、程阳回龙桥。程阳永济桥位于柳州三江县城北面20km处(林溪镇境内),始建于1912年,于1924年建成。程阳永济桥横跨林溪河,是典型的侗族建筑,为石墩木结构楼阁式建筑,主要由木料和石料建成,有2台3墩4孔,桥身长64.4m,宽3.4m,高10.6m,桥的两旁镶着栏杆。桥上有5个塔式桥亭,中央桥亭最高,为4层六角宝塔式楼阁;中央桥亭两边各有一座略低的4层四角宝塔式楼阁,称东西台亭,为多重檐攒尖顶;靠桥头两端各有一座4层殿式楼阁,称东西墩亭,为多重檐歇山顶,集侗族鼓楼的三种基本造型于一身。桥中亭子飞檐高翘;桥的壁柱、瓦檐雕花刻画。程阳永济桥是目前保存最好、规模最大的风雨桥,集廊、亭、塔三者于一身,在中外建筑中独具风韵,是侗族人民智慧的结晶,也是中国木建筑中的艺术珍品。

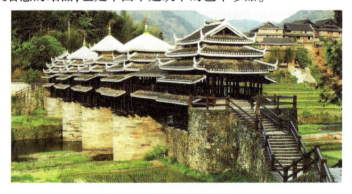

图1-18　广西柳州程阳永济桥

---

❶　HND DESIGN:《风里雨里,我在桥上等你》,https://mp.weixin.qq.com/s/pYy2QthzMvbsISNZazD6Pw。

我国还有一种民间称为握桥或卧桥的悬出式木桥。握桥采用巨木由两岸向河心错落前伸,层层递出增高,节节相衔,呈穹窿隆起的弓形,桥面上覆有拱廊,起到重压稳固桥面的作用,同时桥面亦可避风雨。在桥的东西两端又各建有翼亭,似两拳紧握,故称"握桥"。

甘肃渭源灞陵桥就是一座典型的古代悬出式木桥。该桥历史悠久,最早建于明洪武年间,清同治年间重建,取名灞陵。旧桥的墩台不是圬工砌筑而是竹篾石笼堆筑,常遭水毁。1932年,县长王端甫倡议拆除。设立桥工委员会,重新设计改建新桥,到1934年8月,才建成现在的木悬臂拱桥(图1-19)。桥为南北向,全长40.20m,跨径27.1m,桥高15.4m,桥面宽4.48m,全桥分为15间61柱,以助攀登。桥顶覆以灰瓦长廊,与桥两端飞彩挑阁式的廊房浑然一体。桥面和桥的底部,每排由10根方木并列而成,共计11列,从两岸桥墩底部逐次递级伸出凌空卧起。在10根粗方木中间,又交替相夹同样粗的方木9根,从两岸同时呈直线伸向桥心,与顶端一挑横木相互衔接,使桥体呈半圆状。该桥远眺如长虹卧波,典雅美观。灞陵桥建成后,中国著名书法家于右任先生题写了"大道之行"的匾额。

图1-19 甘肃渭源灞陵桥

5)近现代时期

19世纪末20世纪初,随着汽车的问世,欧美各国修筑了早期公路,之后公路交通这种现代化的交通形式被引入中国,逐渐地,早期公路也自然而然地在中国沿海城市修建,成为中国近代化的试点和样板。中华民国成立之初,孙中山就积极倡导修筑公路,以便利交通从而发展实业。1912年,他在江苏省江阴县(今江阴市)各界欢迎会上说道:"要中国交通上的便利,须从马路做起。"因此,近现代时期的桥梁美学在兼顾外观和文化的同时,将交通运输作为桥梁的重要基本属性之一。

新中国成立后的第一个五年计划期间,我国的桥梁工程技术也有所发展,例如我国第一座长江大桥——武汉长江大桥(图1-20),是湖北省武汉市境内连接汉阳区与武昌区的过江通道,位于长江水道之上,是新中国成立后修建的第一座公铁两用的长江大桥,也是武汉市重要的历史标志性建筑之一,素有"万里长江第一桥"的美誉。武汉长江大桥主桥为钢桁架形式,引桥桥身则采用拱形结构,钢架在形式上和材质上都与我国古代桥梁形成了鲜明对比,同时,拱形结构在中国古代桥梁中使用普遍,采用拱形结构易于使人们对于这种处理方式产生认同感。桥面采用了中国传统的重檐四坡攒尖顶。在细节的处理上借鉴了中国传统建筑的形式。武汉长江大桥两侧的护栏装饰图案采用具象的花、鸟、虫、鱼作为造型素材,形象逼真、栩栩如生，用最具民族特色的镂空剪纸手法进行塑造，构成了一幅幅美丽和谐的铸铁艺术品。大桥的正桥两端各有两个华贵典雅的庭式桥头堡，两侧是一幅幅寓意深刻的剪纸雕花图案，剪纸雕花图案间由横向的祥云图案间隔，祥云图镶嵌在圆柱中间，每根圆柱中间有一个小灯笼作装饰，整体构成一幅美丽和谐的中国工艺美术长卷，给人以美感和无限遐想。

图 1-20　武汉长江大桥

武汉长江大桥于1957年建成通车后，铁道部大桥工程局就开始筹备建设南京长江大桥（图 1-21），以替代连接津浦线和沪宁线的南京渡口。南京长江大桥位于江苏省南京市鼓楼区下关和浦口区桥北之间，是长江上第一座由中国自行设计和建造的双层式铁路、公路两用桥梁，是中国经济建设的重要成就、中国桥梁建设的重要里程碑，具有极大的经济、政治和战略意义，有"争气桥"之称。它不仅是新中国技术成就与现代化的象征，更承载了中国几代人的特殊情感与记忆。南京长江大桥的桥头建筑选用了南京工学院（现东南大学）建筑系钟训正等的设计方案，桥的南北各有一对大桥头堡和小桥头堡。大桥头堡塔楼高70m、宽11m，米黄色，分立于大桥两侧，大桥头堡高高凸出公路桥面，顶端高5m、长8m的钢制"三面红旗"呈飞跃前进状，象征着20世纪50年代的人民公社、"大跃进"和总路线。小桥头堡位于大桥头堡向引桥方向68.7m处，结构、外形、颜色与大桥头堡类似，但体量略小。小桥头堡凸出公路桥面的部分为10余米高的灰色"工农兵学商"混凝土群像，代表当时中国社会的五大组成部分，即工、农、兵、学、商，具有典型的时代艺术风格（图 1-22）。

图 1-21　南京长江大桥全桥

a)桥头雕塑　　　　　　　　　　　　　　b)桥头堡

图1-22　南京长江大桥桥头

1.2.2　西方桥梁美学发展简史

西方桥梁美学的发展史不同于中国,本书以技术发展水平为划分标准,将欧美桥梁美学发展分为五个阶段:古典艺术与技术萌芽、技术进步与复古思潮、新艺术新探索、现代建筑运动催生的结构艺术、技术发展成就艺术多元化。

1)古典艺术与技术萌芽(15世纪70年代至18世纪60年代)

以欧洲文艺复兴运动为起点,宗教文化对思想的束缚开始减弱,自然科学发展迅速。意大利学者伽利略在《关于两门新科学的对话》(1638年出版)中论述了材料的力学性质和强度概念,英国学者胡克于1678年总结提出了材料的应力和应变的关系(胡克定律),以及英国学者牛顿于1687年提出了关于力学的三大定律,共同奠定了土木工程的理论基础。这一时期的桥梁艺术以继承和发展传统形式为主导,在不同的时期、不同的地点,与建筑一起经历了文艺复兴、巴洛克、法国古典主义等艺术形式盛行时期。

(1)文艺复兴时期

在文艺复兴时期,拱桥矢跨比明显减小,拱弧曲线相应改变。那时石拱桥因其坚固耐用、美观典雅,受到人们的追捧。这一时期关于桥梁下部结构和地基的研究有了一定发展。安德烈亚·帕拉第奥在《建筑四书》中介绍了这方面的内容,例如:桥墩数量取偶数,一是避免河中央设墩,二是有利于稳定;砂土或碎石地基需挖掘至硬质土,或打桩至硬质土;桥墩设于水流缓慢之处;桥墩宽度介于拱跨的1/6~1/4;桥墩表面做分水尖;等等。

文艺复兴时期的拱桥拱曲线为多心圆弧或者圆弧,取代了中世纪的尖拱。桥梁建筑立面构图趋于统一、对称,中世纪桥梁常见的塔楼因高低参差不齐而被弃用。在多跨拱桥中,拱曲线多采用罗马式半圆拱;多跨石拱桥的跨径和矢高尽量一致。古典建筑形式用于桥梁的装饰,正立面顶部设置檐口,桥墩上方设置壁龛和雕像,壁龛上设希腊式山花。桥上建筑也表现出严格沿桥轴线对称布局,建筑风格以古罗马风格为主,以希腊柱廊和山花等形式为补充,大量采用罗马柱式。意大利西克斯图桥(图1-23)是文艺复兴时期的一座多跨石拱桥(建于1479年),通过它可以一窥当时石拱桥的建筑风貌。

图1-23　意大利西克斯图桥

人文主义的繁荣对桥梁的功能提出挑战,商业文化促使桥梁具有提供贸易便利的可能性。桥梁建筑所表现的人文主义气息在水城威尼斯最为显著。作为重要的港口城市,威尼斯商业文化发达,人文主义精神传播广泛。威尼斯三大名桥之一的里阿尔托桥建成于1592年,充满了人文主义的气息。这座桥全长48m,宽22m,单拱跨度为28m,高出水面7.5m,全桥由白色大理石筑成。桥上建有桥廊,线条流畅。桥中心设有高于桥廊的敞开式门廊。整座桥纵横向高度对称,主体突出。拱上的桥廊为等跨连续罗马式半圆拱,小拱的比例协调,拱外立面用凿毛的大理石装饰,桥廊檐口与桥的檐口形式相同、上下呼应。在整体理性的基调下,此桥借助其白色的外观、清爽而有亲和力的设计风格,表现出符合文艺复兴兴盛期的建筑特色(图1-24)。

图1-24　意大利威尼斯里阿尔托桥

(2)巴洛克风格

巴洛克建筑是17—18世纪在意大利文艺复兴建筑的基础上发展起来的一种建筑风格。巴洛克建筑的风格基调是:在装饰上大量使用贵重的材料,追求建筑内部富丽堂皇的空间效果和色彩绚丽;形式上求新求异,喜欢运用断檐、波浪形墙面、重叠的壁柱等非理性手法来表现自由活泼、动感的建筑形态;建筑主题和装饰上更加趋向自然。同时,巴洛克建筑很重视设计和效果的整体统一性,并以强调"运动"与"转变"为特点。巴洛克建筑非理性手法的精神内涵是当时自然科学发展带动的意识进步,促使人们质疑传统、宗教和经典,而同时教廷仍试图禁锢人们的思想,建筑师以不安的动势、冲突的力量和奇幻的变化将这种矛盾反映出来。

早期巴洛克风格桥梁建筑的代表是意大利威尼斯叹息桥(The Bridge of Sighs in Venice, Italy),其位于圣马可广场附近,是密封式拱桥建筑。叹息桥的两端连接法院与监狱,因死囚通过时,常是行刑前的一刻,感叹人生即将结束而得名。桥呈房屋状,上部穹窿覆盖,封闭严实,向运河一侧有两扇小窗。此桥由白色石灰石建成,拱曲线为多段圆弧,拱楣突出而镶有石雕。桥面和廊道顶的檐口线将桥立面分为3段。廊道部分被立柱分为5段,设有镂空窗体和浮雕。廊道顶以上部分外形与拱曲线相呼应,上部设有卷云装饰和凸起的方柱。立面设计上突出了动感、变化、装饰性的巴洛克特征(图1-25)。

图1-25 意大利威尼斯叹息桥

连拱桥扭转了文艺复兴时期拱券均衡一致的设计趋向,在满足统一性和完整性要求的前提下,强调立面的变化和层次感,讲究立面高度上的起伏变化和平面上的凹凸感,利用装饰突出表现拱楣。例如建于1681年的三拱人行桥[图1-26a)]和1632年建成的图卢兹新桥(Pont Neuf, Toulouse)[图1-26b)]。图卢兹新桥桥墩上的开孔象征着狮子脸和鬃毛。石拱由2道宽的边拱及5道窄的拱肋组成,其间为砖砌拱,砖石的颜色形成鲜明的对比。墩的分水尖顶部为锥形,整体尺寸较小。

a)意大利威尼斯三拱人行桥　　　　　　　　b)法国图卢兹新桥

图1-26 文艺复兴时期欧洲典型连拱桥

2)技术进步与复古思潮(18世纪60年代至20世纪10年代)

18世纪末,欧洲各国相继完成了资产阶级革命,伴随着资产阶级革命的是建筑上的复古思潮。这一思潮一直持续到20世纪初,其间经历了古典主义复兴、浪漫主义和折中主义三个阶段。这一时期桥梁技术发展迅速,金属材料逐渐代替天然石料和木料,成为桥梁的主要建筑材料,混凝土也开始被用于桥梁建筑,悬索桥和拱桥的相关理论有了重大进步。在技术进步与建筑复古思潮结合的背景下,桥梁建筑在技术和艺术方面产生许多杰出的作品。

(1)古典主义复兴

18世纪的启蒙运动始于法国,强调"法律面前人人平等"的"新理性"精神等,这些精神在艺术形态上都非常自然地倾向于古罗马的传统,而这一倾向为建筑上借用古罗马的古典主义风格奠定了思想基础。当时大量的考古发现展示了古罗马时期建筑的宏伟面貌,从而给法国建筑的古典主义复兴提供了物质的参考基础。通过对古代建筑比例的进一步研究,揭示了建筑比例的依据首先是视觉的合适而不是数学方面的计算,从而将比例与人的审美联系起来,动摇了对比例的绝对服从。

拱券技术是古罗马建筑的重要成就,在古典主义复兴桥梁建筑中,拱券成为重要的结构构件和表现建筑风格的载体。罗马式半圆拱券主要用于高架连拱桥、城市小跨径拱桥、悬索桥的拱门桥塔。德国在建设高速公路网的初期,曾用圬工建造勃艮第高架桥(Burgundy Viaduct)[图1-27a)]。19世纪初期的悬索桥索塔广泛采用罗马式拱门索塔,整体造型与凯旋门类似,但造型更简单,一般只在塔顶设置装饰。有的在桥塔顶部设凸起的装饰,位于塔顶中央或索鞍上部。如,法国于1827年建成的安汉斯悬索桥(Pont Marc Seguin)[图1-27b)]。城市连拱桥通过倒角和贴面突出拱楣,桥面处设檐口形成连续的饰带。桥墩上方设置代表皇家的标志性浮雕,是当时帝国风格的直接体现。

a)德国勃艮第高架桥　　　　　　　　　　b)法国安汉斯悬索桥

图1-27　罗马式半圆拱券桥梁

罗马柱式在希腊柱式的基础上发展出券柱式、叠柱式和巨柱式,以抽象的方式表现在古典主义复兴桥梁建筑中。券柱式是拱券和柱式的结合,具体来说,券柱式是在墙上或墩子上贴装饰的柱式,从柱基础到檐口——具备装饰性特征,把券洞套在柱式的开间内。券脚和券面可用柱式的线脚装饰,使细节一致、风格协调。佩罗内设计的巴黎协和桥(Pont de la Concorde)[图1-28a)]是经典的古罗马建筑风格桥梁,两岸的波旁宫和玛德莱娜教堂属古希腊风格,反映了当时古典主义的建筑特色。其桥墩上附加了立柱,形成了典型的券柱式构图。该桥虽然经过了桥面拓宽改造,但仍然保留着古典主义的外貌。不同于建筑中的半圆形拱券,其拱券为坦拱券。其挑梁支承了沉重的饰带,采用这种饰带是为了与附近的协和广场协调。建成于1854年的德国比蒂海姆跨越恩兹谷的高架桥,是巨柱式在桥梁建筑中运用的典型案例,采用较纤细的桥墩,下层采用坦拱券加劲,轮廓向内收缩,不对墩的竖向连续造型产生干扰[图1-28b)]。除此之外,桥梁建筑独创了两种柱式桥塔,一种是锥柱式桥塔,另一种是半圆顶桥塔。锥柱式桥塔的顶部设计和罗马柱式中的多立克柱相近,可被视为后者的变式。前者相比于后者更适用于悬索桥,这一形式在悬索桥的发展历程中曾多次出现。

a)法国巴黎协和桥

b)德国恩兹谷高架桥

图1-28 古典主义复兴罗马柱式桥梁

(2)浪漫主义

浪漫主义桥梁语汇源于浪漫主义建筑,是桥梁建筑中使用的浪漫主义建筑元素的集合,具体体现在桥梁建筑中的中世纪寨堡及哥特风格的建筑元素中。中世纪寨堡为圆筒形建筑,上缘呈整齐的凹凸状。哥特风格的建筑元素更为多样,包括尖拱券、骨架拱、飞扶壁、纹饰图案、束柱,只有尖拱券和纹饰图案常见于桥梁建筑中。

在浪漫主义早期阶段,桥梁建筑以中世纪寨堡风格和哥特风格为主,方法以借用和模仿为主。中世纪寨堡风格的桥梁建筑一方面将寨堡形式借用于桥梁桥塔、桥台和桥墩,另一方面将中世纪寨堡惯用粗石的做法用于石拱桥中。哥特风格的尖拱券可应用在桥台和桥塔上,纹饰图案以雕刻、受力构件和附属设施的形式用于桥梁立面。位于英国格洛斯特郡特克斯伯里的密斯桥(Mythe Bridge)是一座横跨塞文河(River Severn)的铸铁拱桥,建于1826年,桥身跨度约为52m,宽约7.3m,桥台设置连跨的尖拱券,既满足桥台稳定厚实的形象要求,又带有哥特式的精巧(图1-29)。

图1-29 英国格洛斯特郡密斯桥

19世纪30年代以后,形式变化较少、外观朴实刚硬的中世纪寨堡风格和哥特风格被扬弃,新哥特风格进入了创作的高峰,成为浪漫主义后期风格的代表。新哥特风格不再简单模仿中世纪的哥特式建筑,而是以桥梁结构为依托,创作自由、大胆、新颖的桥梁建筑。新哥特风格和桥塔的结合,使桥塔这一高耸结构有了哥特式建筑的精致。新哥特风格桥梁建筑并不只是抽象地运用这一风格,具体而形象的哥特式建筑同样也可用于桥梁。英国伦敦塔桥(Tower Bridge)的桥塔由建筑师设计、用花岗岩砌筑,桥塔的装饰极其烦琐,是新哥特风格桥梁建筑的典型代表[图1-30a]。该桥桥塔塔身上横向分割显示渐变节奏和韵律,尖利的塔顶使桥塔形态上有上升的动势。后期新哥特风格在锻铁坦拱中表现出装饰与结构的完美结合。英国威斯敏斯特大桥(Westminster Bridge)是通车于1862年,全长250m、宽26m的七跨锻铁拱桥[图1-30b],其由查尔斯·巴里(威斯敏斯特宫的设计者)设计。其椭圆坦拱、桥面檐口的下部和桥墩围合成的弧边三角形区域成为装饰的重点,哥特式花饰成为该桥主要的装饰。桥墩立柱是中世纪石拱桥桥墩的发展,不过已经成为一种装饰了。栏杆的图案是整齐排列的哥特式花饰,与整座桥风格统一。

a)英国伦敦塔桥

b)英国威斯敏斯特大桥

图1-30 新哥特风格桥梁建筑形式

(3)折中主义

折中主义桥梁建筑模仿欧洲各个时期的建筑式样和世界各地的建筑特色,不局限于建筑式样,灵活地确定比例,追求视觉美。希腊、罗马、拜占庭、中世纪、文艺复兴和东方情调的建筑风格都被用在桥梁建筑中。当时工业技术已经达到新的高度,新的建筑材料和结构已经被大量使用,并与经典建筑模式发生冲突。

哥特风格和罗马、希腊风格的混合使用是折中主义的重要表达方式。一般以哥特风格统筹整体设计,在局部运用罗马、希腊风格。法国库布冉克的艾菲尔桥的引桥桥墩以哥特式尖拱券排列,主梁桁架腹杆的排列方式源于哥特式门窗装饰;主桥桥墩基本轮廓是古希腊建筑中的多立克柱,柱体的大量镂空装饰属于哥特风格。美国的皇后区大桥(Queensboro Bridge)桥塔桥面以上和以下分别运用了罗马和哥特建筑风格。建于1869年的英国黑衣修士桥(Blackfriars Bridge)整体呈现为哥特风格,在桥墩处使用了罗马科林斯柱式作为装饰(图1-31)。

图 1-31 英国黑衣修士桥

3）新艺术新探索

19 世纪下半叶盛行的矫饰、烦琐的设计风潮受到建筑理论家的质疑。1851 年伦敦世博会召开，大量装饰烦琐的工业产品遭到设计理论家的反对。设计领域掀起了新建筑运动——工艺美术运动和"新艺术"运动，建筑设计成为展示其思想主张的主要方式。新建筑运动一直持续到 20 世纪初，随着现代主义建筑的兴起而结束。

（1）工艺美术运动

工艺美术运动并不主张直接套用传统建筑语汇，而是以功能和需求为中心灵活应用。传统风貌模仿的是中世纪的桥梁，以及砖石结构、材料完全裸露的特点。传统风貌的表达方式一方面是借用传统建筑语汇，主要是中世纪哥特式建筑；另一方面是将英格兰中部的传统建筑材料——红砖用于桥梁建筑中。英国克利夫顿建成于 1867 年的汉普顿桥（Hampden Bridge）整体为六跨哥特式尖拱券，采用红砖砌成［图 1-32a）］。在建筑中，这一风格被称为"老英格兰风格"，由英国建筑师理查德·诺曼·肖和威廉·奈斯菲尔德所创。

桥梁建筑的进步以技术为先导，传统风貌的桥梁建筑并不排斥先进的技术。在满足技术条件的前提下，在易于展现建筑风格的位置展现传统建筑风貌。美国工程师约翰·奥古斯都·罗布林在桥梁设计中对技术极其推崇。他设计的布鲁克林桥（Brooklyn Bridge）是一座充满哥特建筑风格的桥梁，桥塔采用空心塔架，应用了哥特式建筑的重要建筑形式——尖拱与扶壁，不仅提高了美观度，更节省了材料［图 1-32b）］。

a）英国汉普顿桥

b）美国纽约布鲁克林桥

图 1-32 工艺美术运动影响下的桥梁建筑

(2)"新艺术"运动

"新艺术"运动的主要特点是:强调手工艺,反对工业化;完全放弃传统装饰风格,开创全新的自然装饰风格;倡导自然风格,强调自然中不存在直线和平面,装饰上突出表现曲线和有机形态;探索新材料和新技术带来的艺术表现的可能性。受到"新艺术"运动的影响,欧洲城市桥梁建筑也表现出一些"新艺术"的特征。

在"新艺术"运动的前期,自然或者抽象自然的曲线、图案和雕塑被用于桥梁建筑中。这些形象大多并不是直接模仿自然的形态,而是经过艺术家的努力综合提炼而得到的。例如,位于巴黎的亚历山大三世桥(Pont Alexandre Ⅲ)于 1900 年落成,全长 107m,桥身由一个桥拱组成,为不影响两岸景观,桥的拱起弧度压得很低[图 1-33a)]。桥上的灯具由小爱神雕塑托着,寓意性的海草形象构成大桥装饰的主题。左岸两座立柱上,有代表文艺复兴时期与路易十四时期的法国标志。

法国巴黎塞纳河上建于 1904 年的奥斯特里茨桥(Austerlitz Viaduct)是"新艺术"运输时期经典桥梁,为单跨 140m 的中承式铁路钢拱桥,其钢拱上装饰有海洋主题的浮雕,包括海豚、海贝和海藻的形象[图 1-33b)]。柱顶有 4 组分别象征着科学、艺术、工业、商业的金色骏马雕塑。桥身饰有一群水生动植物图案和一组花环图案。

a)巴黎亚历山大三世桥　　　　　　　　　　　　b)巴黎奥斯特里茨桥

图 1-33 "新艺术"运动早期的桥梁建筑

在"新艺术"运动的后期,桥梁设计开始转向直线的、简单几何的设计风格,只在局部以曲线为辅助。在这种艺术潮流的带动下,欧洲的桥梁建筑特点也表现出一定变化。其中直线和较规则的线条开始受到设计师的青睐,装饰上也趋于平实和朴素。位于斯洛文尼亚首都卢布尔雅那市的龙桥(Zmajski Most)建成于 1901 年。该桥人行道起始位置的 4 座龙雕像引人注目,桥上还有 16 座小龙雕像。虽然该桥的装饰明显多于同时期相近桥梁,但其装饰的特点和桥的整体是维也纳分离派风格(图 1-34)。

4)现代桥梁建筑运动催生的结构艺术

从 19 世纪中叶起钢铁开始应用于桥梁建设,伴随着新材料、新技术和新结构的应用,建筑工程的 3E[效率(efficiency)、经济(economy)和美观(elegance)]原则,凸显其设计思想的重要意义,诞生了全新的"结构艺术"。20 世纪初,功能主义思想开启了现代桥梁建筑运动,进而促进了符合自然规律的有机建筑桥梁美学思想的形成。

(1)功能主义

现代主义在桥梁建筑中的确立经历了一个曲折的过程。由于桥梁的功能目的远强于一般建筑,将功能作为桥梁设计的首要原则基本贯穿了桥梁发展的全程。因此,从 19 世纪中叶钢铁开始应用于桥梁建设起,桥梁就表现出众多符合现代主义建筑思想的特点——技术性、功能性、经济性、社会性。这一时期设计的桥梁表现出复古思潮、新建筑运动的风格。受现代主义设计思想的影响,工程师开始逐渐抛弃传统的建筑形式,减少多余的建筑装饰,以桥梁的功能来统筹桥梁设计的所有细节,最终开创出现代主义桥梁建筑的新纪元。

图 1-34　斯洛文尼亚卢布尔雅那市龙桥

1874 年,建成于美国圣路易斯的伊兹桥(Eads Bridge)(图 1-35)开启了大跨度钢拱桥的新时代,它因多个第一而闻名:第一座全钢结构桥梁,第一座使用气压沉箱建造桥墩的桥梁,第一座使用悬臂施工法建造的拱桥,第一座使用钢管弦杆的桥梁。其设计的新概念、建造的程序和设备在后续钢桥中沿用达 40 年。此桥的设计师伊兹具有良好的艺术素养,他一生只设计了这一座桥,他因完全使用全新的材料、技术和结构形式,放弃任何附加的装饰而成为现代主义桥梁建筑的开山之人。

图 1-35　美国圣路易斯伊兹桥

(2)有机主义

19 世纪末,在折中主义盛行时期路易斯·沙利文(Louis Sullivan)积极投身于新建筑运动中,成为有机建筑开拓性的人物。他认为建筑应该与大自然一样"通过结构和装饰显示自己的艺术美",这是有机主义的基础观点。弗兰克·L.赖特(Frank Lloyd Wright)在继承沙利文的思想基础上,提出了更加完善的有机建筑思想。赖特的有机主义强调了建筑与环境方面的和谐、整体性准则、形式追随功能、尊重材料的天然属性、装饰与建筑的统一。

马亚尔(Maillart)设计的瑞士萨尔基纳山谷桥(Salginatobel Bridge),被评为 20 世纪世界最美丽的桥梁(图 1-36)。该桥镶嵌在阿尔卑斯山的山谷间,白色的桥身在蓝天和青山的映衬下显得格外突出,给人以"万绿丛中一点红"之感。建筑师们说:"在桥上漫步是一种真正的精神享受。它和高山、白云、蓝天那么靠近,构成了阿尔卑斯山的一幅美妙的风景画。"

图1-36 瑞士萨尔基纳山谷桥

5)技术发展成就艺术多元化

现代主义发展到后期,面临的社会结构和经济状况发生了改变。随着社会经济的恢复,收入殷实的中产阶级成为社会的核心。在这种背景下,功能主义的"形式追随功能"已经不再适用,现代主义开始逐渐远离功能这个中心,而向着形式的方向发展。在技术的推动下,桥梁建筑的形式变得多样化,形式和功能的联系被弱化了。

(1)典雅主义

典雅主义在审美取向上主张在一定程度上回溯历史渊源,努力运用传统的美学法则来组织现代的材料与结构,产生规整、端庄、精美、典雅的形象,塑造类似古典主义的庄严感。典雅主义一方面保持了现代主义的简单和技术美特征,另一方面又以环境处理、细节处理、比例上的古典手法等途径改变现代主义刻板的面貌。

1967年建成的高富诺桥(Grosvenor Bridge)建于经拓宽的原桥基础上,是钢筋混凝土拱桥。基础的风格决定了其整体风格不得不向传统学习。为方便拓宽,此桥的每条拱肋对应一条车道,拱上立柱纤细,整齐有序地排列,和拱肋一起形成韵律感。密布的立柱借鉴了古希腊建筑的柱廊形式[图1-37a]。

a)英国高富诺桥

b)法国圣-皮埃尔桥

图1-37 典雅主义代表性桥梁

传统华伦式桁架表现出典雅的美感，在19世纪末和20世纪初使用较多，作为桥梁建筑传统元素也得到合理应用。1987年法国图卢兹市建成的圣-皮埃尔桥（Saint Pierre Bridge），为主跨55m华伦式组合桁梁公路桥[图1-37b)]。此桥主梁采用新型结构，外观简洁。栏杆与路灯形成的高低序列表现了附属结构的韵律美。下部结构采用厚重感十足的钢筋混凝土结构，并通过两侧的附属建筑结构增强了这种厚重感。桥墩凸起至桥面以上是中世纪桥梁建筑的传统。

(2) 关注环境和人情化倾向

在现代主义桥梁建筑强调功能、理性和技术的同时，一些设计师注意到桥梁建筑与自然、景观、历史、文化等环境因素的联系，也意识到桥梁建筑需要关注人的感受，逐渐形成了关注环境和人情化的倾向。

一些桥梁专家提出关联设计的思想，建议在桥梁设计中考虑自然平衡，以尽可能不破坏景观的方式构建桥梁。桥梁建筑形象可以通过隐喻的方法反映城市的地方性特色，如历史、文化等。乌拉圭1963年建成的马尔多纳多桥（Maldonado Bridge）为罕见的公路预应力混凝土悬带桥（图1-38）。此桥的设计结合了当地优美的自然环境，桥梁柔和的曲线和桥墩轻巧的形态都表达了对自然的尊敬。

人情化桥梁设计并不排斥新材料和新技术的应用，而尽量把技术特征处理得柔和、多样。为了实现这一点，设计中不局限于直线和直角，曲线也被大量应用。在线形设计和空间布置上，反对结构的一目了然，而是有层次、有变化，随着接触的深入而熟悉桥梁结构。1972年，捷克斯洛伐克建成的布拉迪斯拉发新大桥（Most SNP），在技术上采用中央索面倾斜桥塔，表达了对技术的自信和崇拜（图1-39）。在功能上，塔顶设置供游客观光、休息的飞碟形桥塔，以便游客将多瑙河两岸的旖旎风光尽收眼底。此外，箱梁主体为单箱双室矩形钢箱梁，顶面悬臂正交异形钢桥面布置车道，下层设悬臂人行道，人车分离，为行人提供更好的通行环境。

图1-38　乌拉圭马尔多纳多桥

图1-39　捷克斯洛伐克布拉迪斯拉发新大桥

人情化桥梁设计注重造型的柔和，即使在利用新技术的情况下也主张柔和的处理方式。1970年，德国弗莱堡建成一座预应力混凝土人行悬带桥。此桥以极小的垂跨比梁体形成柔和的曲线，纤细的梁体和轻薄的桥墩通过平滑的曲线造型自然衔接。柔和、自然的特色吸引行人，并和平坦的绿地环境呼应[图1-40a)]。人情化设计同时也注重行人对桥梁的感受，为行人提供便利、优质的通行环境。1984年，西班牙建筑师设计的巴塞罗那巴克·德·罗达桥（Bac de Roda Bridge）通过倾斜的辅拱增强桥梁抗扭转、抗倾覆能力，避免了在宽桥两拱间影响外观的横向联系[图1-40b)]。在结构创新的同时，通过将人行道结构和辅拱结合，改变了人行道附属建筑的地位，利用主拱将人行道分割出来，表达了对行人的人性化关怀。

a)德国弗莱堡悬带桥

b)西班牙巴塞罗那巴克·德·罗达桥

图1-40 具有人情化设计的桥梁建筑

1.3 当代桥梁美学发展

正如徐利平在《当代桥梁美学》中所说,城市桥梁美学形成的历史背景代表了当代桥梁美学的主流发展方向。城市桥梁美学随着城市建设的发展而发展,与其他类型桥梁美学的发展内涵是一致的,外延略有不同,但不影响桥梁美学的发展趋势。总体而言,当代桥梁美学的发展可以从外在需求、内在能力和专业合作三个角度来阐述。

(1)外在需求

即城市建设和城市品质提升。无论是既有城市需要改造升级,完善城市功能,提升城市能级,还是新建城市高标准、高规格规划建设,其中,桥梁无疑是被城市建设者、使用者寄予厚望的重要角色之一,这也是被城市建设的历史早已验证了的一条经验。

欧美发达国家城市化建设早于我国,城市化率也高于我国,既有城市的改造升级的建设实践于20世纪末开始。我国大规模的新城新区建设始于20世纪末21世纪初,近年来,无论是新城新区建设还是既有城市改造升级,都在城市功能、品质和创新等方面有了极大的能级提升,随之对桥梁提出了更多、更高的要求。

(2)内在能力

即桥梁工程技术发展与进步。总体来看,随着结构理论和数值分析能力的发展,大型装备和施工工艺的进步,材料科学的创新发展,桥梁工程技术取得了长足的进步。工程师应对大跨、复杂和创新结构的能力越来越强大,结构的安全、耐久、稳定、防灾等性能获得了充分的保障。

这一发展进程在桥型结构方面表现为:从无到有,从有到优,从优到丰富,以适应各种自然条件和满足社会人文的需求。近70年来,各种桥型在主跨跨度、桥型体系、结构性能、新材料和新技术研发应用等多方面都取得了日新月异的进步。

(3)专业合作

桥梁作品是工程师和建筑师合作的产物。工程师努力涉猎专业以外的学科,有助于开阔视野,提升设计、建造优美创新桥梁的能力。建筑师勇敢地涉足桥梁专业领域,给桥梁带来了巨大的创造力和无限的创意。工程师和建筑师紧密合作,直接产生许多优秀的桥梁作品的同时,也逐渐形成了当代桥梁美学的内涵与特征。

基于以上三个发展动力,自20世纪80年代以来,我国的桥梁美学经历了显著的发展与变革。这一时期,随着经济的持续增长和人民生活水平的提高,人们对桥梁的审美需求也日益增长。桥梁不仅需满足基本的交通功能需求,还被赋予了更高的美学和艺术价值。在桥梁美学的发展过程中,结构美、比例美以及与环境相协调的设计理念逐渐受到重视。桥梁工程师和建筑师开始紧密合作,将建筑美学的思想理论、艺术形式以及创作技法融入桥梁设计中,创造出了一批既实用又美观的桥梁作品。这些桥梁不仅展现了桥梁结构的简洁、稳定和优雅,还充分考虑了与地方人文传统、城市情感的契合,形成了具有地域特色的桥梁美学。

此外,材料科学、结构理论和施工工艺的进步为桥梁美学的发展提供了更多的可能性。例如,斜拉桥、悬索桥等新型桥型的出现,不仅提高了桥梁的跨越能力,也为桥梁美学带来了新的元素和风格。同时,桥梁美学的研究也逐渐深入。学者们从历史文化、结构造型、工程技艺等多个维度对桥梁美学进行探究,提出了许多新的思想和理论。这些研究不仅丰富了桥梁美学的内涵,也为现代桥梁设计提供了重要的理论支撑和实践指导。

(1) 拱式桥

拱式桥作为当代桥梁美学发展的重要分支,更是将力学之美与自然景观、人文情感巧妙融合。拱式桥以其优美的主拱曲线和刚柔并济的结构形态,展现出独特的韵律感和跨越感,成为桥梁美学中的瑰宝。南京大胜关长江大桥与秭归长江大桥便是拱式桥美学发展的杰出代表(图 1-41)。

南京大胜关长江大桥[图 1-41a)],作为世界首座六线铁路大桥,其设计灵感源于对高速铁路桥梁功能性与经济性的极致追求,同时融入了现代桥梁美学的精髓。该桥为六跨连续钢桁梁拱桥,全长 9273m,主跨达 336m,其以体量大、跨度大、荷载大、设计速度高的特点,成为桥梁美学与工程技术完美结合的典范。大桥的钢桁结构与长江的自然风光相映成趣,形成了一道独特的风景线,体现了当代桥梁美学中对功能、技术与美学的综合考量。

秭归长江大桥则以其独特的空间变截面桁架式结构[图 1-41b)],彰显了拱式桥在美学上的创新与突破。该桥全长 883.2m,主跨 531.2m,是中承式钢桁架拱桥的典型代表。其设计灵感来源于对三峡库区地理环境的深刻理解与尊重,桥梁的拱肋采用空间变截面桁架式结构,主拱轴线采用悬链线形,既满足了桥梁的通行功能需求,又巧妙地融入了周边的自然景观,成为连接秭归县郭家坝镇与归州镇的重要通道。大桥在建设过程中克服了地质复杂、施工难度大等挑战,最终以其雄伟的姿态横跨长江,不仅改善了当地的交通条件,也成为三峡库区的一道亮丽风景,展现了当代桥梁美学中对自然与人文环境的和谐共生理念的践行。

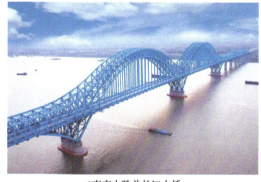
a) 南京大胜关长江大桥

b) 秭归长江大桥

图 1-41 当代典型拱式桥

(2) 斜拉桥

从当代桥梁美学发展的视角来看,斜拉桥经历了从稀索体系到密索体系,再到轻型化、组合式结构的演变,这一过程不仅提升了桥梁的跨越能力和结构效率,也赋予了斜拉桥更加流畅简洁、和谐统一的美学特质。斜拉桥的结构特征源于其独特的受力体系,即由承压的塔、受拉的索和承弯的梁体组合而成,这种结构使得梁体内弯矩减小,降低了建筑高度,减轻了结构重量,节省了材料,同时也为桥梁设计提供了更多的美学发挥空间。浙江嘉绍大桥与贵州鸭池河大桥便是这一美学特质与技术结合的典范(图1-42)。

浙江嘉绍大桥[图1-42a)],全长10.137km,主桥长2680m,由连续的五跨六塔斜拉桥组成,每跨428m,桥面宽40.5m,设计为八车道,设计速度为100km/h。嘉绍大桥采用了典型的斜拉桥设计,独柱塔与四面悬索的造型,既体现了现代桥梁技术的先进性,又通过其宏伟的气势和流畅的线条,展现了桥梁与自然环境的和谐共生。大桥的建设不仅完善了国道、省道网络,还大大缩短了杭州湾两岸的时空距离,对长三角经济一体化和产业结构调整升级起到了极大的促进作用。

贵州鸭池河大桥[图1-42b)],则是世界上跨径最大的钢桁梁斜拉桥,也是世界山区斜拉桥之最。大桥全长1240m,主跨800m,采用双塔双索面半漂浮体系的混合梁斜拉桥结构,主塔为"H"形索塔,贵阳岸塔高243.2m,黔西岸塔高258.2m,桥面双向四车道,设计速度为80km/h。鸭池河大桥的设计灵感融合了现代简约风格与自然环境,其独特的"H"形主塔设计,不仅提升了桥梁的结构稳定性,还通过其线条,展现出桥梁与自然环境的和谐统一。大桥在建设过程中充分考虑了生态保护,通过合理的选址和布局,以及采取水土保持、植被恢复等措施,实现了桥梁与周围环境的和谐共生。鸭池河大桥的建成,不仅提升了当地交通的便捷性,也成为山区桥梁美学的典范之作。

a)浙江嘉绍大桥

b)贵州鸭池河大桥

图1-42 当代典型斜拉桥

(3) 悬索桥

悬索桥从古老的原始悬索结构逐步演变为现代大跨度、高强度的桥梁形式,这一过程不仅体现了技术的进步,也展现了桥梁美学理念从简单实用到复杂精致、与自然和谐共生的演变。悬索桥的结构特征源于其利用高强度缆索作为主要承重构件,通过索塔悬挂并锚固于两岸,形成抛物线状的几何形态,这种结构使得悬索桥能够跨越极大的距离,同时缆索的柔性也赋予了桥梁独特的动态美感(图1-43)。

云天渡(张家界大峡谷玻璃桥)[图1-43a)],作为世界最长、最高、全透明的玻璃桥,其设计灵感源自中国传统美学中的"大音希声,大象无形"美学观念,以及"中国结"的吉祥寓意,将现代科技与自然景观完美融合。大桥横跨于悬崖之间,桥面全部采用透明玻璃铺设,主跨430m,桥面长375m、宽6m,距谷底相对高度约为300m,不仅提供了惊险刺激的视觉体验,还通过其轻盈透明的形态,展现了桥梁与自然环境的和谐共生。这座桥不仅是一项工程奇迹,更是一件艺术品,它让人们在欣赏自然美景的同时,也感受到了桥梁美学的独特魅力。

浙江舟山西堠门公铁两用跨海大桥[图1-43b)],则是世界上首个嵌入式设置沉井深水基础的公铁两用悬索桥,其设计灵感源于对跨海大桥功能性与美观性的双重追求。大桥全长3118m,主跨1488m,桥面宽68m,采用斜拉悬索协作体系,实现了双线铁路与六车道高速公路的同层布置。西堠门公铁两用跨海大桥的建设不仅解决了复杂海洋环境下的桥梁建设难题,还通过其雄伟壮观的形态,展现了桥梁的力量与美感。大桥的塔柱高耸入云,缆索横跨海面,与周围的自然环境形成了鲜明的对比,既体现了人类工程的伟大,也展现了桥梁与自然环境的和谐统一。

a)云天渡(张家界大峡谷玻璃桥)　　　　b)浙江舟山西堠门公铁两用跨海大桥

图1-43　当代典型悬索桥

1.4　桥梁发展代表人物

桥梁设计师与桥梁工匠作为桥梁发展过程中的灵魂人物,既是技术的执行者,也是文化和艺术的传递者。他们在桥梁美学的发展中扮演着至关重要的角色。

他们在创新设计理念、融合艺术与工程、塑造地标形象、传承与发展美学风格、激发公众对美学的关注上做出贡献。

①创新设计理念:桥梁发展代表人物往往能够突破传统的设计思维,将美学元素融入桥梁的结构和形式中。他们的创新理念为桥梁美学的发展开辟了新的道路,推动了桥梁设计从单纯的功能性向功能性与美观性相结合的方向发展。

②融合艺术与工程:他们能够巧妙地将艺术的美感与工程的严谨性相融合。他们深知桥

梁不仅仅是交通设施,更是城市或自然景观中的艺术作品,通过独特的设计使桥梁与周围环境和谐共生,提升整体景观的美学价值。

③塑造地标形象:他们所设计的杰出桥梁常常成为当地的标志性建筑,具有极高的辨识度和美学吸引力。这些标志性桥梁成为城市或地区的象征,吸引游客,促进文化交流,增强当地人对地域的认同感和自豪感。

④传承与发展美学风格:他们在职业生涯中可能形成独特的美学风格,并将其传承和发展。他们的美学风格影响了后续的桥梁设计师,形成了不同的美学流派和传统,丰富了桥梁美学的多样性。例如,西班牙的圣地亚哥·卡拉特拉瓦(Santiago Calatrava),其作品以独特的造型和动感的线条展现了桥梁的美学魅力,为桥梁美学的发展做出了重要贡献。

⑤激发公众对美学的关注:他们的杰出作品引起了公众对桥梁美学的关注和欣赏,提高了社会对建筑美学的认知和审美水平,促进了公众对城市基础设施美学价值的重视。

由于文化背景、材料与技术、社会需求以及艺术风格的不同,我国古代与西方桥梁设计师及桥梁工匠在美学和设计理念上存在明显差异:

(1)设计理念方面

我国古代桥梁设计师与桥梁工匠注重桥梁与周围自然环境的和谐,比如在山区,桥梁的造型、材质和颜色会尽量与山林景色相融合;在水乡,会考虑与水流、河岸景观等相协调,使得桥梁宛如自然生长于环境之中,达到"天人合一"的整体美感。精心设计桥梁各部分的比例关系,如梁桥的长度和宽度比例、拱桥的拱高与跨度比例等,力求达到视觉上的协调和美观,使桥梁具有符合大众审美的形式美。

(2)结构造型方面

我国古代桥梁设计师与桥梁工匠创造了梁桥、拱桥、吊桥等多种经典桥梁结构形式。例如拱桥,以其优美的弧形,展现出一种柔和且富有张力的线条美,如赵州桥似"长虹饮涧"。在设计结构时充分考虑力学原理,使桥梁不仅具有稳定性和功能性,而且在形式上呈现出简洁、大气、稳固之美。如赵州桥的敞肩圆弧拱结构,既实用又在造型上显得轻盈美观。

(3)建筑工艺方面

我国古代桥梁设计师与桥梁工匠通过高超的建造技艺,如对石材的精雕细琢(雕刻精美图案装饰桥梁部件)、对木材的巧妙加工(木桥的构建和装饰)等,展现出工艺美。在栏杆、望柱、桥头建筑等细节之处,工匠精心施工,有的雕刻瑞兽,有的雕刻吉祥图案等,提升桥梁的艺术审美价值。

(4)文化内涵方面

我国古代桥梁设计师与桥梁工匠在桥梁设计建造中融入地域文化特色和时代文化风格。例如一些桥梁上有展现民俗风情的雕刻,或建筑装饰风格具有时代特征等,赋予桥梁浓厚的文化底蕴和历史厚重感。一些桥梁的建造形式或装饰内容反映了当时人们对美好生活的向往、对神灵的敬畏等精神层面的追求,使桥梁成为文化精神的一种物质载体和寄托。

(5)实用与审美融合方面

我国古代桥梁设计师与桥梁工匠以实用为基础,在满足交通、跨越障碍等基本功能需求的同时,不断提升桥梁的审美价值,让行人在使用桥梁的过程中,能感受到其带来的视觉愉悦和心理舒适。建造的桥梁坚固耐用,历经岁月洗礼而不倒或留存很长时间,这种耐久性本身就是一种美学价值的体现,展现出桥梁人的智慧和时间沉淀之美。

1.5 本书主要内容

本书系统探讨了桥梁设计中的美学理念与实用性之间的关系。桥梁不仅是交通基础设施,更是城市景观中的艺术作品,深刻影响着城市文化表达与环境塑造。

第 1 章为绪论,分析了桥梁之美的起源,总结了桥梁美学的历史发展过程,并指出桥梁不仅需满足基本的交通功能需求,还被赋予了更高的美学和艺术价值。

第 2 章探讨了桥梁美学的哲学基础,从哲学的高度认识景观桥梁的实践活动,分析了东西方文化差异造就了不同的时代背景与思维方式,东西方美的哲学基础的联系与区别。

第 3 章专注于桥梁美学形式表现,探讨桥梁设计风格及桥梁色彩在景观桥梁中的应用,指出桥梁设计过程中,应综合考虑地形、环境、使用需求以及文化内涵等多方面因素。

第 4 章论述了桥梁美学的意象表达。桥梁美学的意象表达是一个复杂而多元的过程,涉及诗文与故事、环境与景观、历史与文化、动态与静态以及意境与情感等多个方面。

第 5 章讨论了景观桥梁结构形态,对于景观桥梁,桥梁的外在景观与内在结构相统一的力形结合理念即结构造型与受力的协调性是景观桥梁设计的核心思想,将景观桥梁的形与力统一起来就是桥梁结构形态的体现。

第 6 章讨论了景观桥梁构件造型,指出受力构件在各个几何维度上的延伸和变化造就了景观桥梁丰富多彩的形态,强调每个构件在整体美感中的重要性。

第 7~10 章分别介绍了不同类型的景观桥梁结构形态,包括梁式形态、拱式形态、斜拉形态和悬索形态,分析其美学特征与设计原则。

第 11 章探讨了桥梁景观小品,包括竹结构景观桥、木结构景观桥、园林景观桥以及 3D 打印景观桥等。

本书为桥梁工程师和设计师提供了理论指导与实践参考,帮助读者深入理解桥梁在现代社会中的多重角色,欣赏其蕴含的艺术价值。

思 考 题

1. 桥梁之美是如何起源的?
2. 我国桥梁美学在哪个历史时期开始萌芽?
3. 我国古代桥梁美学特征有哪些?
4. 桥梁如何体现自然、社会与艺术美的融合?
5. 中国桥梁美学的发展历程是怎样的?
6. 西方桥梁美学的发展历程是怎样的?
7. 新中国成立以来的桥梁发展历程是怎样的?
8. 21 世纪以来我国桥梁结构形式发生了什么样的变化?

9. 西方桥梁美学中,巴洛克风格的特点是什么?
10. 现代桥梁美学强调哪些设计理念?
11. 当代桥梁美学发展的动力有哪些?
12. 通过赏析桥梁美学方面的代表性作品,我们可以受到哪些启示?

第 2 章

桥梁美学的哲学基础

2.1 引言

桥梁是人工建筑,是人类智慧与创造力的结晶,其构思设计与最终呈现无不是设计者审美观念与美学理念的直观映射。美学本身即属于哲学范畴,是一门关于人的审美价值的学科,与社会的各个方面都有着紧密的联系。它研究的是人与现实的审美关系,这种关系的建立以人的审美价值论为前提。而桥梁美学,作为应用美学的一个分支,其理论基础同样植根于哲学。哲学为桥梁美学提供了思考问题的框架和方法,使得桥梁美学能够超越具体的桥梁形态和技术细节,深入美的本质和内在规律中去。

在桥梁美学的研究中,哲学思考起着至关重要的作用。它不仅帮助我们理解桥梁美的本质和内在规律,还指导我们如何创造和欣赏桥梁美。例如,通过哲学思考,我们可以认识到桥梁美的多样性与统一性,理解桥梁美的创造是一个既遵循法则又充满想象的过程。同时,哲学思考还促使我们关注桥梁美与社会、文化、环境等方面的联系,从而推动桥梁美学的不断发展。

纵观历史长河,东西方文化差异造就了不同的时代背景与思维方式,各自孕育了独特的时代风貌与思维模式。这种文化差异,深刻地影响了东西方对于美的哲学基础的理解与构建。

2.2 中国美学的哲学基础

中国美学的哲学基础,其完整的思想体系在春秋战国时期便已形成。尽管这一体系在历史演进中不可避免地掺杂了封建意识与迷信色彩,但其核心一直是对自然与社会发展客观规律的科学提炼与总结,这些规律长久以来一直主导着民众的思想与行动。中国哲学不仅深深植根于国人的思维深处,而且其影响力还惠及了其他国家。西方人士在接触了中国哲学后,不断从中挖掘出丰富且深邃的哲理,这些哲理对现代社会科学与艺术产生了深远的影响。追溯中国美学的哲学渊源,其滥觞于春秋战国时期的诸子百家,其中影响最为深远的两大流派当属儒家(以孔子为代表)与道家(以老子为代表)。不同的哲学流派和哲学思想对桥梁美学的审美观念产生了深远的影响。例如,儒家美学思想强调美与善的统一,重视审美与艺术道德伦理的作用,这在桥梁美学中体现为对桥梁实用性与美观性的双重追求。而道家美学则看重人的自然本性和人所处的自然环境,追求人与自然的和谐统一,这在桥梁美学中则体现为追求桥梁与自然环境的融合与协调。

2.2.1 儒家思想与桥梁美学

儒家美学思想以其入世哲学为指导,着重人的现实社会生活,追求人与社会和谐统一的审美境界,强调美与善的统一,重视审美与艺术道德伦理的作用。在建筑美的追求上,可概括为"致用、目观、比德、畅神"八个字,即坚持效用为美,讲求目观之美,看重社会伦理,追求精神满足。

早在美的观念产生之初,人们就以致用为美,如"美"的甲骨文,似一个人头上戴着羊角,许慎《说文解字》中说"美,甘也。从羊,从大。羊在六畜主给膳也。美与善意义"。"致用"观念强调事物的实用价值,在桥梁美学中,实用性被放在首位,设计师们需要在确保桥梁结构安全、稳定、耐用的前提下,进行美学设计。在"致用"观念的影响下,设计师们不仅注重桥梁的实用性,还积极探索新的设计理念和技术手段,以创造出更加独特和美观的桥梁作品。这些创新性的设计不仅提升了桥梁的视觉效果,还提高了其实用性和耐久性。例如,赵州桥就很好地体现了"致用"观念(图2-1),其在具备美观性的同时,也具备了更强的承载能力,更好的泄洪能力。

图2-1　体现"致用"观念的赵州桥

"目观"观念强调通过视觉来感知和欣赏自然物的美感。在周代已经出现了和谐为美的观念,周太史史伯认为"和实生物,同则不继""声一无听,物一无文,味一无果",即不同的声音、颜色、滋味并存且协调,才有美。在桥梁美学中,这意味着设计师们需要特别关注桥梁的外观设计和视觉效果。他们通过运用桥梁的形态与结构比例、色彩与材质、景观融合度、夜景照明以及文化内涵等,创造出具有独特魅力和吸引力的桥梁形象,这些桥梁不仅具备实用功能,还能给人以美的享受,成为城市或地区的重要景观。例如:北京郊区的卢沟桥(图2-2),它不仅具有重要的历史意义,还是一座极具美感的桥梁。卢沟桥的栏杆上雕刻了485个狮子,这些狮子千姿百态,堪称一绝;桥头的华表、碑亭更是典雅华丽。从整体造型上看,卢沟桥对称均衡,比例恰当,和谐统一。

图2-2　北京卢沟桥桥面外观

然而，美的观念并没有停留在这种仅满足物质需求与感官快适上，"比德"说在中国古代美学和文学艺术中有着广泛的应用和深远的影响。这里的"德"指伦理道德或精神品格，"比"意指象征或比拟。自然物象之所以美，在于它作为审美客体可以与审美主体"比德"，亦即从中可以感受或品味到某种人格美。"比德"把美与伦理道德联系在一起。孔子最早以山水比拟君子之德，提出了"知者乐水，仁者乐山；知者动，仁者静；知者乐，仁者寿"。后世许多文学作品中同样也有各式各样"比德"思想的提出。《荀子·法行》中"夫玉者，君子比德焉。温润而泽，仁也；栗而理，知也；坚刚而不屈，义也；廉而不刿，行也；折而不挠，勇也；瑕适并见，情也；扣之，其声清扬而远闻，其止辍然，辞也"，把玉之美人格化，同人的品德相比拟，以此为象征、作隐喻，从而使美的观念变得更为深刻。

在桥梁美学中，"比德"说促使设计师们以桥梁的形态、材质等比拟人的品德。在古代，人们常用玉石等材质来象征君子的品德，同样地，在桥梁设计中，人们也会选择具有特定象征意义的材质来体现桥梁的品德美。例如，使用青石或花岗岩等坚硬耐用的材质来象征桥梁的坚韧，使用木材或竹子等自然材质来象征桥梁的和谐与自然。桥梁的命名也是"比德"在桥梁美学中的体现之一。许多桥梁的名称都蕴含着深刻的品德寓意，如"仁爱桥""忠信桥"（图2-3）等，来传达特定的道德和伦理观念。

图2-3　苏州忠信桥

魏晋南北朝时期，社会动荡不安，人们开始追求精神上的解脱和自由。在此背景下，"畅神"观念逐渐形成，此阶段的自然审美活动注重审美主体的审美心境和审美体验，追求与自然山水之间的精神交融和心灵沟通。例如，南朝宋画家宗炳在其《画山水序》中提出的"畅神"说，就是强调山水画的审美功能在于使人获得精神上的愉悦和超脱。在桥梁美学中，这一观念促使设计师们不仅关注桥梁的实用功能，还注重其精神愉悦功能。他们通过优美的线条、精致的造型和丰富的文化内涵，赋予桥梁独特的艺术魅力和审美价值。人们漫步在桥上时，不仅能够感受到桥梁的便捷与实用，还能够领略到其独特的艺术美感，从而获得精神上的愉悦和满足。另外，"畅神"观念认为自然物能够体现人的伦理道德品质和精神追求。在桥梁美学中，这一观念促使设计师们注重挖掘桥梁的文化内涵和象征意义。他们通过桥梁的造型、装饰和命名等方式，传达出特定的文化信息和价值观念。例如，一些桥梁被设计成具有象征意义的形状，如"龙凤呈祥""鱼跃龙门"（图2-4）等，以寓意吉祥如意、美好前程等。这些具有文化内涵和象征意义的桥梁，不仅丰富了城市的文化景观，还提升了人们的精神境界和审美体验。

图 2-4　江苏淮安白马湖大桥"鱼跃龙门"造型

中国桥梁在儒家美学的影响下,展现出鲜明的人性特征。它们不仅是物质的存在,更是精神的寄托,创作目的超越了形式本身,追求气韵生动、神形兼备的艺术境界。儒家美学所追求的入世之境,既植根于功利与现实,又蕴含着浓厚的政治与社会伦理色彩,对后世桥梁设计理念产生了深远影响。

2.2.2　道家思想与桥梁美学

道家美学思想以其超然物外的哲学理念为指引,深刻影响着美学领域的探索与发展。它强调回归人的自然本性,追求人与自然和谐共生的审美理想,倡导美与真的统一,重视审美与自然规律的和谐共生。在桥梁美学的构建中,道家思想尤为显著,其精髓可概括为"顺应、自然、无为、逍遥"八字,即顺应自然之美,讲求与自然环境的和谐共生,倡导无为而治,追求心灵的自由与超脱。

早在道家思想萌芽之初,人们便已对自然有了敬畏,对自然之美产生了向往。《道德经》中"人法地,地法天,天法道,道法自然",揭示了万物遵循自然规律的奥秘,也奠定了道家美学中自然为美的基石。在桥梁美学的实践中,强调桥梁不仅是人类智慧的结晶,更是自然环境的延伸,应与山川、河流、植被等自然景观融为一体,形成一幅和谐共生的美丽画卷(图 2-5)。

图 2-5　济南佛慧山东南入口绿道连接桥

道家美学在桥梁设计中的体现，不仅在于对自然环境的尊重与顺应，更在于将自然规律融入其中。如古代的石拱桥，其形态优美，线条流畅，既满足了实用需求，又与自然景观相得益彰，展现出一种浑然天成的美感。这种美感并非人为雕琢，而是自然与人文的巧妙结合，是道家"无为而治"思想的生动体现（图2-6）。

图2-6　重庆忠县犀牛河石拱桥

与儒家美学相比，道家美学在桥梁设计中更注重自然与人文的和谐统一，强调桥梁作为自然环境的组成部分，应追求与自然的和谐共生，而非仅仅满足人类的功利需求。在道家美学的影响下，桥梁不仅是物质的存在，更是精神的寄托，承载着人们对自然的敬畏与向往，以及对美好生活的追求。

如今，在桥梁设计中，依然强调实用、经济与美观并重，将桥梁艺术视为意识形态的重要组成部分，这无不与儒家美学思想有着千丝万缕的联系。同时，道家美学思想也为桥梁美学提供了另一种视角，它关注人的自然本性与自然环境，追求人与自然和谐共生的审美境界，为桥梁设计注入了更多的自然元素与生态理念（图2-7）。在儒家与道家美学思想的共同影响下，中国桥梁美学呈现出独特的魅力与韵味，成为中华文化宝库中的瑰宝。

图2-7　南京玄武湖情侣园鹊桥

2.3 西方美学的哲学基础

西方美学哲学基础中的关键是认识论与辩证法,自古以来,哲学家层出不穷,观点各异,各种学说、主义在争论、思索、实践中不断分化、修正和发展,而人类又是在认识论和辩证法的指导下,不断认识世界、改造世界,创造美和发展美的。西方美学的哲学基础从宏观上可以概括为两大派别——唯心主义与唯物主义。美学的发展历史可以看作唯心主义与唯物主义的斗争史。

1)客观唯心主义

客观唯心主义者是从客观的精神实体中寻找美的根源与本质。其早期代表如古希腊的柏拉图(前427—前347),在他的"理念说"中,把人的理性神化,同时又把神变为人能理解的理念,认为理念是万物之本,也是美的本源,理念是第一性的。他说:"事物是理念的摹本,艺术是摹本的摹本。"即首先存在着永恒的世界,然后才有感性世界,其间才有艺术世界,精神世界是客观存在。古罗马时期的普罗提诺(205—270)作为新柏拉图派的代表发展了"流溢说",认为"物体美是由分享一种来自神明的理式而得到的""神才是美的来源"。他认为物质世界是从超越一切存在的精神的始源中神秘地流出来的,再通过静观物质世界回归到精神世界的始源,他的神秘主义倾向为中世纪宗教美学做了铺垫。到了中世纪,美学受神学支配,奥古斯丁(354—430)径直把这种理念叫作上帝,上帝成了一切事物美的根源;托马斯(约1225—1274)也说"事物之所以美,是因为神住在它们里面",他认为美本质上与真、善一样是超属性的。到了近代,德国古典美学家黑格尔(1770—1831)则用绝对精神去代替理念、上帝,把美的理念视为绝对精神发展的一个环节,认为美是绝对理念通过人的心灵外化为感性形象,即美是理念的感性显现。总之,这类观点都是把某种客观精神看作美的起源与本质,美仅是客观精神的体现。这种客观唯心主义长期控制和影响着西方美学的哲学思想。

2)主观唯心主义

这类美学思想是从主观心理上探求美的根源与本质,把美的本质归结为某种心理因素,有的从感觉情感中,有的从想象中、从理性中、从意志中寻找美。如英国的乔治·贝克莱(1685—1753)认为,"不存在于人的知觉中的东西是根本没有的。没有主体就没有客体",这是"我说美就美"的极端唯我论;休谟(1711—1776)也认为美来自情感愉快,"美不是事物本身的属性,它只存在于观察者的心里"。德国的鲍姆加登(1714—1762)把美视为感性认识的完善;康德(1724—1804)把美归结为想象力和悟性对表象的和谐活动而引起的愉快。到了18世纪末19世纪初,从主观心理方面探求美又有了进一步发展,甚至成为当时美学研究的主流,如叔本华(1788—1860)把意志看作美的根源——"意志由于单纯的空间现象而有恰如其分的客体化便是客观意义上的美";意大利克罗齐(1866—1952)在他的"表现说"里认为美是直觉成功的表现,直觉即艺术;后来科林伍德(1889—1943)继承了这一观点,认为美就是情感的表观;桑塔亚纳(1863—1952)认为"美是在快感的客观化中形成的,美是客观化了的快感"……所有这些观点都是把主观心理作为美的本源。

3)朴素唯物主义和形而上学唯物主义

这类观点是从客观(或自然)事物中探寻美的本源与属性,往往把美归结为客观事物的形式、属性、特质、规律。如古希腊毕达哥拉斯(前580—前500)学派认为美来自事物的数量关系,美在于数的适当比例与和谐;亚里士多德(前384—前322)认为"凡是不曾存在于感官的东西就不可能存在于理智,美的本质不在所谓的理念之中,而在具有完整形式的对象中",承认美的形式法则——"秩序、匀称与明确"。古希腊哲学家这一唯物论就是到了中世纪神学家那里也没有完全被抛弃,他们也不否认美可以离开形式而获得现实存在。到了近代,古希腊哲学家这一唯物论在经验主义美学那里有了进一步发展,如英国的伯克(1729—1797)认为事物那些小的、光滑的、融为一体的、娇柔纤细的、洁净明快的、多样变化的品质是构成美的因素。18世纪法国的唯物主义美学家狄德罗(1713—1784)提出了"美在关系"的说法,认为美是事物本身的属性,是存在于我们身外的,称为"外在于我的美",同时也承认美与人这个主体有关,是一种"关系到我的美",它有赖于人的判断,而"关系"这个概念是同事物所处的"情境"相联系的,这实际上已涉及美与社会的关系。

综上所述,形而上学唯物主义是静止地、机械地看待现实的客观事物,故又称机械唯物主义,与朴素唯物主义、唯心主义都缺乏对人类现实实践活动的深刻认识,因而都不能正确地解决美的本源与属性问题,而19世纪后的马克思主义哲学则为人类探讨美提供了科学的观点和方法。

2.4 马克思主义美学

2.4.1 马克思主义美学的内涵

19世纪俄国革命民主主义者、唯物主义美学家车尔尼雪夫斯基(1828—1889)提出了"美是生活"的著名论断,在强调了美的客观性的同时,认为美不能离开人和人的活动而独立地存在,肯定了美是人类社会的现象。他由自然属性转向人类生活去探求美的本源,但仍没有摆脱自然唯物主义的影响。马克思主义哲学,是历史的、辩证的唯物主义。它认为人类物质生产活动创造了人类本身,创造了人类社会。人类物质生产生活是一切历史现象、一切现实生活的最终根源,也是美的最原始的根源。它认为美不是自然物质的属性,不在客观精神中,不在主观心里,而存在于人类物质生产活动对自然界的征服改造之中,简言之就是"劳动创造了美"。劳动是人类生存活动最基本的形式,是人类历史的真正起点。正是通过劳动,人类才不断地认识和改造客观世界,使自然界日益符合人类生存和发展的需要,同时劳动也不断地改造人类自身,使人类自身的本质力量得到丰富和完善。

马克思主义美学认为,美是客观存在的,但它不是自然生成的,而是人类社会实践的产物。在创造美的过程中,人类不仅按照自然规律和美的规律来改造世界,同时也将自己的本质力量对象化到产品中,使产品成为人的本质力量的确证。这种确证过程既体现了人的自由创造,也体现了人对自然的超越和征服。马克思在《1844年经济学哲学手稿》中指出,人类劳动是一种自由自觉的活动,人类通过这种活动把自己的本质力量(创造力)表现出来,物化在对象之中,这就是所谓"本质力量的对象化"。具体地说就是人类通过创造性的劳动,在改造客观世界的过程中实现自己的目的,体现自己的意志,给自然界打上自己的印记,使之成为"人化的自然界"。

2.4.2 马克思主义美学在桥梁中的应用

将马克思主义美学理论应用于桥梁设计、欣赏与评价,可以从实践性、主体性、社会性等三个方面着手。

(1)实践性

马克思主义美学强调桥梁美的实践性,认为桥梁美是人类社会实践的产物。在桥梁设计和建造过程中,人们不仅关注其实用性,还注重其审美价值的体现。这种实践性使得桥梁美具有鲜明的时代特征和地域特色。设计应注重桥梁的美观性与实用性相结合,创造出既满足交通需求又富有艺术美感的桥梁作品。

(2)主体性

在马克思主义美学中,审美主体(即人)起着至关重要的作用。人们根据自己的审美经验和审美标准来欣赏和评价桥梁美,这种主体性使得桥梁美具有多样性和差异性。这也启示我们在桥梁设计中应注重设计者的主体性和创新性,鼓励设计者根据自己的审美经验和审美标准来进行设计,并勇于突破传统思维的束缚,进行必要的创新。创新设计,可以使桥梁在形态、结构、材料等方面呈现出独特的美感,增强桥梁的艺术性和观赏性。

(3)社会性

桥梁美不仅是个体审美经验的体现,更是社会文化的反映。桥梁作为城市景观的重要组成部分,其审美价值往往与城市的历史、文化、经济等方面密切相关。因此,马克思主义美学强调桥梁美的社会性,认为桥梁美应该与城市的社会文化环境相协调。设计者应充分了解城市的历史、文化、经济等方面的情况,将相关元素融入桥梁设计中,使桥梁成为城市文化的重要载体和标志。

马克思主义桥梁美学是将马克思主义美学理论应用于桥梁设计、欣赏与评价中的一种美学观念。它强调桥梁美的实践性、主体性和社会性,为桥梁美学的发展提供了新的思路和方法。我们应注重实践性与功能性的统一、主体性与创新性的融合、社会性与文化性的融合、形式美与功能美的统一以及历史经验与现代技术的结合等方面,努力创造出既满足实际需求又富有艺术美感的桥梁作品和其他设计作品。

2.5 桥梁美学基本法则与相关著作

2.5.1 桥梁美学应遵循的基本法则及不同学者的观点

1)《公路桥梁景观设计规范》

《公路桥梁景观设计规范》(JTG/T 3360-03—2018)中规定公路桥梁景观设计应遵循的总则有:①以桥梁自身及其与环境的协调为目标;②选用结构合理、传力路径清晰的造型。针对桥梁结构造型特点,应遵循的原则有:协调、比例、稳定与平衡、均衡、连续、简洁、流畅、过渡、色彩、变化与统一。

2)不同学者的观点

(1)莱昂哈特

莱昂哈特在《桥梁建筑艺术与造型》中认为桥梁美学应遵循的法则为:目的与功能、比例、序列、精炼的形式、与环境相结合、表面质地、色彩、特性、复杂性与多变性的魅力、组合的自然界。

(2)唐寰澄

唐寰澄在《桥梁美的哲学》中提到桥梁美学应遵循的法则为：多样与统一、协调与和谐、比例、对称、韵律。

(3)盛洪飞

盛洪飞在《桥梁建筑美学》中认为桥梁建筑造型美的形式法则有：协调与统一、主从与重点、对称与均衡、比例与尺度、稳定与动势、韵律和节奏。

(4)和丕壮

和丕壮在《桥梁美学》中认为桥梁美学的基本要素有：统一和谐、均衡稳定、比例协调、韵律优美。

(5)卡拉特拉瓦

卡拉特拉瓦将工程师的理性与艺术家的浪漫完美结合，形成了以运动、力和仿生建筑形式为主要创作理念的独特建筑语言。在卡拉特拉瓦设计的桥梁中，这种"力感"最为显著。他认为，如果将桥梁看作整个人体，那么静力学状态就是它的心脏。桥梁设计的关键在于如何解决"力在两个堤岸之间进行传递的问题"。

(6)陈艾荣

陈艾荣在《桥梁造型》中提到桥梁造型的美学规则有：统一与变化、对比与调和、重点与一般、过渡与呼应、尺度、比例、节奏与韵律、均衡、稳定与轻巧。

(7)徐风云

徐风云在《桥梁审美原理》中认为桥梁造型美表现为形态（式）美、内涵美、整（主）体美、装饰美、静感美、动感美。桥梁形态元素的组合法则有：协调与和谐、多样与统一、复杂与简洁、对比与联想、韵律与序列、对称与非对称、比例。桥梁造型艺术的形态思维有：虚与实、刚与柔、冲击与力度、镇静与凝重、飞跃与跨越、平衡与稳定。

(8)项海帆

项海帆等在《桥梁概念设计》中提出桥梁造型应遵循的美学设计准则有：创新（变化）美、统一美、比例美、平衡美、和谐美、韵律美和协调美。

(9)林长川

林长川等在《桥梁设计美学》中提到桥梁美学应遵循的形式组合法则为：统一与变化、调和与对比、节奏与韵律、对称与均衡、主体与从属、比例与匀称、体量与尺度、虚实与层次、过渡与呼应。

(10)徐利平

徐利平在《城市桥梁美学创作》中提到桥梁美学的语言有：结构与造型、内部空间与外部空间、体量、质感和肌理、光与影、色彩、细部、群体。

(11)朱尔玉

朱尔玉等在《桥梁文化与美学》中提出桥梁景观设计应遵循的原则有：城市文化传承原则、因地制宜原则、多学科融合原则。

(12)丁建明

丁建明在《跨越的风景：景观桥梁"四维"创新理念与实践》中提出景观桥梁创作的"四维"理念：结构表现、建筑文化、环境协调、多元体验。

可见,不同学者对桥梁美学的基本法则有着很多相近的认识。我们认为,桥梁美学的基本原则主要包括以下几个方面:

(1)与周围环境相协调

桥梁应与周围环境相融合,成为自然整体中的协调部分。对于特大桥梁,其规模宏大,应成为环境中的主要景观,而小规模桥梁则应与环境融合,不宜突出。

(2)造型匀称,比例适当

桥梁在三维空间中应有和谐的比例关系。点、线、面是三维空间的三个基本要素,它们之间的比例关系和平衡状态决定了桥梁造型的视觉形象和艺术形态,桥梁结构整体或局部的三维尺寸关系、整体与局部之间的尺寸关系应合理设计。

(3)结构简单,线条明快

合理的结构体系能够自然表达力的传递关系,使桥梁具有稳定、连续、明快、流畅等形态美。当代桥梁的风格特点主要为结构简单、较少装饰、造型协调、表现跨越。

(4)韵律和协调

桥梁美学强调韵律和协调,韵律是艺术的核心,桥梁设计需要在外形上具有节奏感和律动感,整体协调,浑然一体,桥梁各组成部分的功能和造型应在和谐和秩序中得到有机统一。

(5)对称与均衡

对称的造型统一感好,均衡则在不等的距离中形成力量平衡感,具有变化美和动感。

(6)稳定与动态

桥梁的造型应具有稳定感和动势感,安全稳定是桥梁建筑的基本使用要求。

(7)主从与重点

在由若干要素组成的整体中,每个要素应占有一定的比重和地位,主次分明,才能形成完整协调的有机体。

2.5.2 桥梁美学相关著作

桥梁美学从20世纪30年代左右开始受到桥梁界的广泛关注,随着桥梁建设的发展,有些学者结合自己在桥梁工程领域的实践、对桥梁美学的认知编写了书籍,这些书籍从不同的角度探讨了桥梁美学的理论和实践。例如,1936年舍希特勒和莱昂哈特编写的《桥梁造型》一书,标志着桥梁美学作为一门学科的正式提出;1991年美国交通研究委员会汇总编写的《环球桥梁美学》(*Bridge Aesthetics Around the World*),凝结了全球24位杰出的桥梁工程师与建筑师关于桥梁设计美学方面的经验,强调了桥梁与所在地环境的结合以及采用相互关联设计促进这一结合的重要性;强调同时满足结构功能和外观表现两个方面需求的重要性,并鼓励设计师要更多地应用自己的创造能力与直觉判断。

从莱昂哈特等《桥梁造型》对桥梁美学有了初步的认识,到唐寰澄《桥梁美的哲学》中讨论了桥梁美学的哲学基础,再到项海帆《桥梁概念设计》中提出了桥梁的"创新美",标志着桥梁美学从注重桥梁美学设计的比例与形式的古典美学,向综合关注技术创新、艺术审美与哲学思想等多元化的,涵盖技术、艺术与哲学的现代美学方向的发展。

2.6 本章小结

桥梁美学属于应用美学的一个分支。在桥梁美学的实践中,哲学思想的应用不可或缺。哲学为桥梁美学提供了理论基础和思考框架,影响了桥梁美学的审美观念和实践应用。设计师和工程师在创作桥梁时,需要运用哲学思维来审视和解决问题,不仅要关注桥梁的技术性能和安全性,还要关注桥梁的美观性和文化价值。通过哲学思考,可以更好地把握桥梁美的创造原则和方法,创作出既符合技术要求又富有艺术美感的桥梁作品。同时,桥梁美学也通过其实践活动不断丰富和发展着哲学的内涵和外延。因此,在探讨桥梁美学时,不能忽视其与哲学的紧密联系和相互作用。从哲学高度认识桥梁之美,不仅能够欣赏到桥梁外在的形态与内涵的统一,更能够体会到人类与自然的和谐共生的深刻内涵。

思 考 题

1. 桥梁美学与哲学的关系是什么?
2. 中国美学的哲学基础有哪些主要流派?
3. 儒家美学思想在桥梁设计中有哪些体现?
4. 道家美学思想的核心观念是什么?在桥梁设计中如何应用它?
5. 西方美学的哲学基础可以概括为哪两大派别?
6. 马克思主义美学的内涵是什么?它如何解释美的起源?
7. 桥梁美学的基本法则有哪些?请列举并解释其中的几个。
8. 桥梁美学在现代桥梁设计中的地位和作用是什么?
9. 桥梁美学与社会、文化、环境等方面的联系体现在哪些方面?
10. 在未来的桥梁设计中,桥梁美学可能有哪些新的发展趋势?

第 3 章
桥梁美学形式表现

3.1　引言

桥梁美学是一种独特的艺术形式,它通过结构、形态、色彩等多个方面,塑造多样的风格,生动地展现出桥梁的魅力。景观桥梁的设计风格繁多,根据设计理念,可划分为古典风格、植物风格、动物风格、工具风格、历史文物风格、自然元素风格、拟人风格、符号风格等多种类型。每一种风格都蕴含着独特的审美价值和深厚的文化内涵,为城市与乡村增添了别样的魅力。

桥梁作为连接两岸的重要交通设施,其美学价值不仅体现在形态与结构设计上,更在于色彩的运用。色彩作为桥梁美学的重要组成部分,在提升桥梁的整体美感、与周边环境的协调性,以及传达特定的情感与文化内涵等方面发挥着重要作用。色彩的巧妙运用能够赋予桥梁生命,令其在自然与人文的交融中绽放出独特的光彩。

3.2　景观桥梁风格类型

3.2.1　古典风格

在实现中华民族伟大复兴的中国梦的伟大征程中,我国正稳步迈向交通强国。在交通建设过程中,许多景观桥梁巧妙地融合了丰富的传统文化元素,展现出独特的美学价值,可称为古典风格景观桥梁。古典风格景观桥梁在造型设计方面主要有以下特点:①桥头堡的设计灵感源自我国古代特有的亭台楼阁,既体现了传统建筑的优雅,又赋予桥梁一种文化的庄重感[图3-1a)、f)];②栏杆和扶手上的雕刻,常常呈现出丰富的花鸟鱼虫图案,不仅美化了桥梁,更传达了人与自然和谐共生的理念;③亭廊结构的设计借鉴古代木制建筑形式,体现了传统工艺的精湛与温润[图3-1b)、c)];④缆索承重桥的桥塔、横梁等结构融入中国结、窗花等古典文化元素,赋予桥梁深厚的文化内涵与象征意义[图3-1e)];⑤拱式桥采用古典石拱桥的样式,展现古代建筑的坚固与美观[图3-1a)、c)、d)]。

古典风格景观桥梁不仅在功能上满足了现代交通需求,更在造型设计上深刻体现了中华民族的传统文化,成为连接历史与现代、自然与人文的重要纽带。这些桥梁以其美学特征,诠释了文化自信与民族自豪感,彰显了我们对美的追求与对传统的尊重。

a)安徽六安未名湖大桥

b)浙江湖州城北大桥

图 3-1

c)山西太原汾河文源大桥

d)浙江湖州马军巷人行桥

e)重庆寸滩长江大桥

f)陕西咸阳古渡廊桥

图 3-1 古典风格典型桥梁

3.2.2 植物风格

植物风格是一种在造型设计与装饰中巧妙融入植物元素的设计风格,旨在营造自然、生态、美观的和谐氛围。植物风格景观桥梁通常展现出以下几个显著特点:①部分结构仿生设计的灵感来源于植物的形态,如桥塔的造型宛如盛开的花朵[图 3-2a)、b)、f)、g)、h)],或桥梁整体轮廓呈现出植物造型,生动展现自然的韵律与生命的力量[图 3-2c)、d)、e)];②丰富多彩的植物形态与色彩赋予桥梁独特的视觉吸引力,使其在不同季节中呈现出各异的景观效果;③植物风格景观桥梁不仅能给城市或景区增添自然与艺术的魅力,还可以为人们提供宜人的出行与休闲空间,使人们在桥梁上漫步时能够感受到自然的气息。

植物风格景观桥梁以其独特的设计理念和生态价值,不仅丰富了城市的景观层次,也展现了对自然的敬畏与热爱,成为连接现代城市与自然环境的纽带。

a)广东东莞滨海湾大桥

b)广西贵港罗泊湾大桥

图 3-2

c)江苏南京外秦淮河祥天桥

d)陕西西安木塔寺人行天桥

e)江苏扬州柳叶桥

f)辽宁沈阳三好桥

g)山东聊城兴华路跨徒骇河大桥

h)四川遂宁涪江六桥

图 3-2 植物风格典型桥梁

注：a)~h)仿生的植物分别为兰花、荷花、梅花、郁金香、柳叶、百合、莲花、石榴花。

3.2.3 动物风格

动物风格景观桥梁是一种在结构设计、造型和装饰中巧妙融入动物元素的桥梁类型，旨在创造具有鲜明个性和文化深度的桥梁景观。这类桥梁的特点主要体现在：①整体造型通常模仿特定动物的形态，如龙[图 3-3a)]、海豚[图 3-3b)]、鱼[图 3-3c)]、仙鹤[图 3-3d)]、贝壳[图 3-3e)]、蝴蝶[图 3-3f)]等，赋予桥梁一种自然的美感，使其不仅在视觉上具有吸引力，还在无形中传达了自然界的灵动与和谐；②桥梁的细部设计同样充满创意，在栏杆、桥头和桥柱等部位，设置动物主题的雕塑，以增强其艺术性与观赏性；③通过在桥面上绘制动物相关的图案，或在建筑材料表面印制动物形象的纹理，进一步丰富视觉体验，使桥梁成为一件艺术品；④动物风格的桥梁常常选用具有特定象征意义或文化内涵的动物元素，在增强桥梁艺术性的同时，也使桥梁成为传承地方文化的重要载体。

动物风格景观桥梁通过独特的造型设计和丰富的文化寓意,不仅美化了公共空间,增添了趣味和个性,还深刻体现了当地的文化特色与审美取向。这样的桥梁设计,使得人们在通行的同时,也能享受到视觉与文化的双重盛宴。

a)江苏常州龙城大桥

b)港珠澳大桥江海桥

c)四川宜宾盐坪坝长江大桥

d)江苏如皋长江大桥

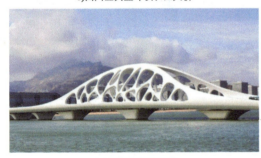
e)山东青岛珊瑚贝桥

f)陕西西安浐灞1号桥

图 3-3 动物风格典型桥梁

注:a)~f)模仿的动物分别为祥龙、海豚、江鱼、仙鹤、贝壳、蝴蝶。

3.2.4 工具风格

工具风格景观桥梁是以日常生活中常见物品为设计灵感,或在外观上具有这些物品特征的桥梁形式。工具风格景观桥梁的特点主要体现在:①以公众熟悉的物品形象呈现,使其设计易于被大众理解和接受;②通过对平凡物品进行放大或变形,将其巧妙应用于桥梁设计中,使桥梁在视觉上形成鲜明的个性;③可以取材于各种不同类型的常用物品,如乐器、家具、厨具等(图 3-4),为桥梁赋予鲜明的文化内涵;④通过引入与当地人民生活密切相关的设计元素,有效反映当地的生活文化和特色,生动地展示地域文化。

工具风格景观桥梁通过亲切的形象、独特的创意、丰富的素材和趣味性,不仅美化了公共空间,提升了人们的出行体验,还深刻体现了地方文化的独特魅力。这样的桥梁设计,使人们在通行的同时,能够感受到生活的乐趣与文化的魅力。

a) 港珠澳大桥青州航道桥

b) 福建三明如意桥

c) 港珠澳大桥九洲航道桥

d) 重庆千厮门嘉陵江大桥

e) 江苏淮安运河大桥

f) 江苏常泰长江大桥

g) 西藏拉萨河特大桥

h) 陕西西安南三环-雁翔路环形天桥

i) 河南洛阳火炬大桥

j) 安徽池州长江大桥

图 3-4 工具风格典型桥梁

注:a)~j) 分别取材于中国结、如意、帆船、梭子、戒指、宝瓶、哈达、丝带、火炬、佛珠。

3.2.5 历史文物风格

历史文物风格景观桥梁是一种深受历史文化熏陶的桥梁形式,其设计灵感源自特定文物的造型与特征,旨在将古老的文化元素与现代功能相结合,创造出独特的景观效果。

历史文物风格景观桥梁的特点主要体现在:①整体形态往往模仿特定文物的外形,在体现古典美学韵味的同时,在功能上满足现代交通的需求;②从文物中提取独特的细节元素运用于景观桥设计中,如构件形状、雕刻图案和装饰花纹等(图3-5),细腻的细节处理不仅增强了桥梁的文化韵味,还使其在视觉上更具吸引力;③在材料选择上追求与文物相似的质感,常用的材料包括仿古石材、木材以及经过做旧处理的金属,不仅增强了历史感,还提高了桥梁与周边环境的和谐性;④通常采用古朴、沉稳的色调,如青灰色和棕褐色,使桥梁在视觉上与历史文化形成强烈的关联感。

a)湖南长沙汉桥

b)四川成都交子之环立交桥

c)广东湛江调顺跨海大桥

d)湖北襄阳卧龙大桥

e)四川泸州沱江六桥

f)湖北宜昌香溪河大桥

图 3-5

g)湖北棋盘洲长江公路大桥

h)江苏扬州剪影桥

i)广西南宁英华大桥

j)广西北海西村港跨海大桥

图 3-5　历史文物风格典型桥梁

注：a)~j)设计原型来自汉琴、交子纸币、印章、羽扇纶巾、酒杯、琵琶、编钟、剪纸、羊角钮编钟、铜凤灯。

历史文物风格景观桥梁以其独特的形态、精致的细节、考究的材料与和谐的色彩，展现了历史与现代的交融。这种设计不仅满足了现代交通的需求，更为文化的传承与发展开辟了新的视野。

3.2.6　自然元素风格

自然元素风格的景观桥梁，设计灵感来源于自然界的元素或形态。通过借鉴自然界的线条与形状，创造出流畅而富有韵律的桥梁造型，使其与周围环境和谐共生。

自然元素风格景观桥梁的特点主要体现在：①桥梁的整体或局部造型常常模仿自然界中的物体或现象（图3-6），例如，借鉴山脉的起伏、水流的动态，以流畅、柔和的曲线来表现，使桥梁在视觉上更具自然感，传达灵动之美；②色彩搭配上通常选择与周围自然环境相融合的色调，如大地色系和绿色系，避免过于鲜艳和突兀的颜色，使桥梁在视觉上更为柔和，与自然环境形成统一的整体，营造出宁静和谐的氛围；③注重与周围环境的互动，设计中通常会考虑周边的地形、植被和水流等，通过设计灵活地调整，使桥梁成为自然景观的延伸与连接；④在材质的选择上，倾向于使用能够与自然相呼应的材料，如木材、石材等，增强桥梁与环境的亲和力，使人们在使用时能够感受到大自然的气息；⑤通过桥梁的造型、材质与色彩的综合设计，为使用者营造出一种放松身心的氛围，使其在桥上漫步时，获得独特的视觉体验。

自然元素风格景观桥梁以其灵动的造型、和谐的色彩、自然的材质、与环境互动的设计，展现人与自然之间的和谐关系。自然元素风格景观桥梁不仅满足了现代交通的需求，更为人们提供了一个亲近自然、享受生活的空间。

a) 浙江玉环漩门湾大桥

b) 重庆白居寺长江大桥

c) 河北崇礼太子城桥

d) 内蒙古呼和浩特大黑河桥

e) 安徽六安晓天河大桥

f) 江苏南京秦淮湾大桥

图 3-6　自然风格典型桥梁

注：a)～f) 设计灵感来源于月亮、水滴、冰雪、云朵、水波、山。

3.2.7　拟人风格

拟人风格景观桥梁秉承独特而富有创意的设计理念，旨在通过模仿人体形态与动态，实现美学与功能的完美结合。拟人风格景观桥梁的主要特点体现在以下方面：①整体轮廓或局部结构通常借鉴人体的形态（图 3-7），使其在视觉上更具亲和力，与周围环境融为一体；②通过线条和造型营造出一种动态感，仿佛人在行走、奔跑或舞动，使桥梁不仅仅是静态的结构，更是一种充满生命力的艺术表达；③桥梁的连接部位设计得灵活和富有变化，整体结构在实现承载功能的同时，具备一定的适应性；④能够传达出诸如力量、优雅、活力和和谐等象征意义，使桥梁成为一种文化符号，激发人们的思考与共鸣；⑤在桥梁的栏杆、扶手等部位，加入类似人体装饰的元素，如纹理或线条，让每一位行人都能体会到设计的用心与关怀；⑥注重桥梁与周围环境的协调性，使桥梁与自然景观相得益彰，成为极具吸引力的标志性建筑景观。

a) 江苏南京眼步行桥

b) 江苏南京花山大桥

c) 广东广州海心桥

d) 湖南郴州赤石大桥

e) 四川成都清水河大桥

f) 中国台湾淡江大桥

图3-7 拟人风格典型桥梁

注：a)～f)设计灵感来源于眼睛、心、舞动、小蛮腰、脸谱、手指。

　　拟人风格景观桥梁的设计通过对人体形态的独特诠释，展现了桥梁建筑的无限可能性。它不仅是连接空间的通道，更是人与自然、人与文化之间的桥梁。

3.2.8 符号风格

　　符号风格是一种将特定符号元素融入桥梁设计的创新形式，旨在创造出具有独特视觉效果和深刻象征意义的桥梁。符号风格景观桥梁的特点主要体现在：

①简洁明了的符号设计。

　　通常采用简洁、直观、易于识别的符号作为设计元素。这些符号可以是几何图形、抽象图案，或是具有历史、文化内涵的文字和标志（图3-8）。通过这些符号，桥梁不仅成为通行的通道，更成为一种视觉与文化的象征。

②较大的尺度和醒目的色彩。

在符号的运用上，往往选择较大的尺度和鲜艳的色彩，以便能在第一时间吸引人们的注意力。这种设计策略确保了桥梁的视觉冲击力，使其在城市或景区的景观中脱颖而出，给人留下深刻的印象。

③多样化的表现形式。

符号可以通过多种方式呈现，如桥身的整体轮廓、栏杆的装饰、桥面的铺装等。这种多样化的表现形式不仅丰富了桥梁的视觉层次，也为行人提供了不同的体验，使桥梁在不同的角度和距离下展现出独特的魅力。

④与环境的和谐融合。

根据设计意图，符号造型的景观桥宜与周边环境相融合，形成和谐统一的景观。桥梁可以与周边的自然景观或城市建筑风格相呼应，以增强整体的美感与一致性，同时，也可以通过鲜明的对比，使桥梁成为突出的视觉焦点。

⑤文化与地域属性的体现。

某些符号可能具有特定的文化或地域属性，使得景观桥梁能够反映当地的传统、特色，引发当地居民身份认同。这种设计不仅丰富了桥梁的文化内涵，也使其成为当地居民与游客之间的情感纽带，激发人们对地方文化的认同。

总之，符号风格景观桥梁通过对符号元素的巧妙运用，展现了桥梁设计的艺术性与文化性。这种设计风格不仅满足交通功能需求，更作为艺术表达和文化传播的载体，赋予桥梁丰富的文化内涵。

a)江苏南京仙新路长江大桥

b)安徽六安寿春西路桥

c)四川成都五岔子大桥

d)江苏苏州澹台湖景观桥

图 3-8　符号风格典型桥梁

注：a)～d)设计灵感来源于字母"N"、字母"V"、符号"∞"、数字"8"。

3.3 景观桥梁色彩运用

色彩是建筑设计中不可或缺的元素,尤其在景观桥梁的设计中,色彩不仅影响视觉美感,还能传达情感与文化内涵,使桥梁在功能与艺术之间取得平衡。通过深入理解和巧妙运用色彩,设计师能够创造出既美观又富有内涵的桥梁作品,赋予其独特的生命力与灵魂。

3.3.1 色彩原理

1)色彩基本知识

色彩可分为光源色和表面色。光源色是来自发光源(如太阳或电灯)的色彩,而表面色则是物体在光照下显示出的颜色。显然,桥梁建筑主要涉及表面色,因此对表面色的理解尤为重要。表面色可分为单色(又称无彩色,如黑色、白色和灰色)与彩色(如红色、黄色、绿色、蓝色和紫色等)。色彩的多样性体现在其丰富的表达与识别上,这一过程依赖于色彩三要素。

(1)色彩三要素

①色相(色别)。色相是指颜色的种类,体现了不同颜色之间的质的差异,如红、黄、蓝、绿等属不同色相。

②明度(亮度)。明度是指色彩的明暗程度,反映了同一色相在光照条件下的反射强度。明度的变化使得同一种色相呈现出不同的视觉效果,例如,明度高的红色显得生动活泼,而明度低的红色则显得沉稳内敛。

③彩度(纯度、饱和度)。彩度表示色彩的纯度和浓淡程度。当某一色相的浓度达到饱和时,表现为鲜艳的正色;而当其浓度降低时,则会呈现出柔和的中性色。

(2)色彩表征

在色彩的表征中,通常采用立体坐标系来描述色彩三要素之间的关系,如图3-9所示。色立体图以明度为垂直轴,形成了一个五彩轴,轴的底部为黑色,顶端为白色。围绕此轴线的等色相面呈放射状展开,形成色相环。彩度则通过水平轴线表示,从轴心向外扩展的同心圆表示不同的饱和度,半径越大,彩度越高。这种表示方法非常直观,所有表面色都能够在三维空间中得到准确定位。设计师可以通过这种方法,清晰地表达色彩之间的关系,便于在创作中进行合理的色彩组合与调配。

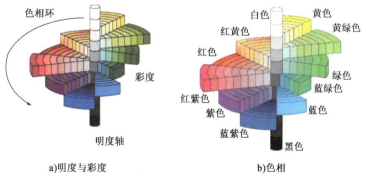

a)明度与彩度　　b)色相

图3-9　色立体图

(3)色彩的心理效果

色彩不仅给人带来视觉体验,更深刻地影响着人的情感和心理反应。以下是几种常见的色彩心理效果:

①温度感。色彩分为暖色与冷色。暖色(如红色、橙色、黄色)给人以温暖、活力和兴奋的感觉,而冷色(如蓝色、绿色、紫色)则传达出宁静、舒适和沉稳的感觉。暖色调通常使空间更具亲和力,冷色调则营造出疏离的感觉。在桥梁设计中,合适的色彩能够促使其更好地融入周围环境。

②重量感。色彩的明度和饱和度会影响人们对物体重量的感知。明度较高的色彩(如亮黄色)通常给人轻盈的感觉,而明度较低的色彩(如深灰色)则显得厚重。暖色往往在视觉上更为"沉重",而冷色则显得"轻盈"。通过巧妙运用明度和饱和度,设计师可以使桥梁在视觉上达到平衡与营造空间感。

③尺度感。色彩不仅影响形状的视觉效果,还能改变人们对尺度的感知。高明度和高饱和度的颜色通常给人以膨胀感,即便几何形状相同,颜色饱和度和明度高的物体会显得更大;而低明度和低饱和度的颜色则有收缩的效果,即便几何形状相同,颜色饱和度和明度低的物体会显得更小。在设计景观桥时,色彩的选择可以有效地影响整体的视觉尺度,增强或减弱桥梁的存在感。

④疲劳感。色彩的饱和度和明度也会影响视觉疲劳感。高饱和度和高明度的色彩通常更刺激,容易使人感到疲劳。相对而言,低饱和度的色彩则更加柔和,能够减轻视觉负担。在景观桥的设计中,合理搭配色彩,避免过于鲜艳的组合,可以提升使用者的舒适度,减少视觉疲劳。

⑤情感联想。人们对色彩的反应常常与个人经历、文化背景密切相关。不同的文化中的色彩有不同的象征意义,某些色彩可能在一种文化中代表喜庆,而在另一种文化中则与悲伤相关。例如,红色在中国文化中象征着好运和喜庆,而在某些西方文化中,红色可能与危险或警告相关。因此,在桥梁的色彩设计中,设计师需要考虑当地文化习俗,以便更好地引发公众产生共鸣。

(4)色彩的诱目性

色彩的诱目性是指某一色彩在视觉上对人们的吸引力和识别性。不同的色彩具有不同的心理效应与视觉特性,这使得某些色彩能够在特定环境中脱颖而出,成为引人注目的焦点。具有高识别性和记忆性的色彩在桥梁设计中发挥着重要的信号与标志作用,而诱目性较低的色彩则更适用于需和谐融合或隐匿于周围环境中的桥梁。色彩的诱目性具有以下特点:

①色彩诱目性与色相有着密切的关系。根据色相环的排列,顺时针顺序即红色至紫色的诱目性递减。

②彩色的诱目性要强于单色,而纯色的诱目性又优于中间色。这是因为彩色能够在视觉上形成强烈的对比,容易吸引目光。

③鲜艳的色彩相比于朴素的色彩,能够产生更强的视觉冲击力。亮色相比于暗色相在诱目性上也更具优势。

④单纯的色彩和简单的形状更容易被人们记住。在景观桥设计中,单纯色彩和简单形状的使用,有助于提高辨识度。

(5)色彩的表情

色彩的表情是指不同颜色所传达的情感与心理感受。色彩不仅仅是视觉元素,它们还深刻地影响着人们的情绪、心理状态和行为反应。表3-1列出了9种常见色彩的表情。

色彩的表情　　　　　　　　　　　　表3-1

色彩	表情
红色	温暖,非常热烈,愉快,非常华丽,锐利,冲动,急躁
橙色	非常温暖,华丽,柔和,活力
黄色	温暖,华丽,轻巧,干燥,强烈,愉快,可视性强
绿色	湿润,稳重,活力,健康
蓝色	湿润,凉爽,平和,宁静,遥远,理智,质朴
紫色	柔和,迟钝,高贵
黑色	严肃,沉重,力量,刚正
白色	正直,光明,纯洁,开阔
灰色	柔和,平凡,中庸,含蓄,稳定

在景观桥梁的色彩设计中,恰当地运用色彩能够塑造独特的环境氛围,提升桥梁的艺术性与丰富桥梁的文化内涵。设计中综合考虑驾驶者和行人的心理需求、周边环境及文化背景等多重因素,结合色彩的表情,营造出富有特殊文化记忆的氛围,能够使桥梁突破交通设施的定位,成为人们心灵的寄托与文化的象征。

2)配色与色彩协调

配色是色彩设计中不可或缺的重要组成部分。通过将两种或多种色彩相结合,能够创造出单一色彩无法呈现的独特效果。然而,在这一过程中,如何确保色彩的协调性是一个关键问题。色彩协调主要可以通过调和与对比两种手法来实现。

(1)调和

调和是指在配色时选择相对接近的色彩元素,以达到相似色之间的平衡,从而实现主色与配色的统一与和谐。例如,采用同一色相但明度不同的浅红、淡红和深红色,或者同色相但彩度不同的橘红、大红和紫红色。此外,相邻色相之间的配色,如红、橙、紫等,通常能创造出和谐、平和而舒适的视觉效果。色相环中1/4圆范围内的邻近色组合,往往能够形成协调的色调。

暖色之间的配色,能够营造出更为温暖和热烈的氛围,而冷色之间的配色则传达出阴凉、清爽和宁静的感觉。然而,需要注意的是,如果色彩元素过于接近,可能导致色彩的模糊感,反而削弱其表现力。

(2)对比

对比强调色彩要素之间的差异,通过达成互补色之间的平衡,带来鲜明而强烈的视觉感受。对比色是指在色相上相离甚远的色彩,如黑与白、红与绿、黄与紫、橙与蓝等。此外,浓淡、明暗、冷暖之间的显著差异也能形成有效的对比。当对比色之间的明度和彩度相差较大时,明亮的色彩会更加明亮,暖色更加温暖,从而增强色彩的表现力。然而,如果对比色的彩度过高,可能会造成刺眼和不安的感觉。例如,交通信号灯中利用红、黄、绿的对比效果,确保其引人注目。

此外,还需要注意色彩对比的效果。例如,灰色在白色背景下显得较深,而在黑色背景下则显得较亮;蓝色背景下的黄色会显得更为明亮,红色背景下的绿色则显得更加鲜活。这些现象表明,色彩的表现是相互关联的,而非孤立存在的。

总之,任何色彩的美感都源于色彩之间的协调与配合。在进行配色构思时,应总体上强调调和,同时在关键位置形成对比,以达到统一中有变化、调和之中有对比的效果。在整体构思中,选择主色调至关重要,正如音乐中的主旋律一样,它为整体设计奠定了基调,形成特定的氛围和色彩情感。在桥梁色彩设计中,通常应以简约、淡雅、浅色为主,通过小面积的色块对比来避免整体的单调,从而增强空间的视觉效果。同时,要防止主次不分或喧宾夺主的情况,避免色彩的单调或杂乱。

3)影响色彩表现的因素

设计色彩与现实所呈现的色彩之间常常存在差异,现实中可能无法达到理想效果,甚至出现意想不到的结果。因此,桥梁色彩设计,除了依赖于理论上的配色原则外,还要考虑影响色彩表现的因素,如光照、天气、面积、材质等。

(1)光照

色彩源于对光波的反射,因此光照对色彩的表现具有直接的影响。例如,在日光灯和自然光下观察同一块布料时,色彩会有所不同。此外,受光面通常会给人以温暖的感觉,而在强光照射下使用红色则会显得更为刺激;相对而言,背光面应用浅蓝色则可能使其显得更加灰暗。

光线越强,色彩的明度越高,而彩度则会降低;光线较弱时,明度降低,彩度同样会降低。在强光和弱光条件下,视觉的敏锐性都会受到显著影响。此外,光影对建筑色彩的表现也起着重要作用。建筑表面凹凸不平会影响光影的深浅,强光下阴影更为明显,而在弱光下阴影则不那么明显。因此,在壁面处理时,可以利用这一原理,选择在凹部使用暗色,以减弱面积感。

(2)天气

天气状况对色彩的表现也有显著影响。晴朗时,色彩显得清新明亮,而阴沉时,色彩变得模糊混沌。

(3)面积

色彩的面积直接影响其表现效果。随着面积的增大,色彩的明度和彩度通常会提高。因此,在追求色感均衡时,应考虑色彩面积与明度及彩度之间的关系,即面积增大,彩度和明度应相应降低。在色立体图中,不同色相的纯色明度各异,例如,黄色的明度为9,橙色为8,红色为6,蓝色为4,紫色为3。为了在视觉感受上实现均衡,面积比例应恰恰相反。同样,明度较高的色相应与彩度较低的色彩搭配,小面积的强烈色彩则应与大面积的弱色相配。而同等强度和面积的对比色仅能引起注意,难以营造出美感。

(4)材质

色彩表现与材料所固有的质感密切相关。光滑表面的色彩通常显得明亮而鲜明,但在大面积光滑面上使用过于鲜艳的色彩可能导致视觉疲劳,进而减弱色觉。对于背阴面,采用光滑表面并施以浅色是较为合适的选择。相对而言,粗糙表面反光较少,明度降低,色相则显得较暗。

综上所述,配色是一个复杂而微妙的问题,需要在设计过程中仔细斟酌。理解光照、天气、面积和材质等因素对色彩表现的影响,将有助于创造出既美观又富有表现力的景观桥作品。

3.3.2 色彩设计

1)桥梁色彩设计的目的

桥梁作为大型公共建筑,不仅是独立的视觉对象,更是周围环境的重要组成部分。因此,桥梁的色彩设计在环境中的效果和影响不可忽视。桥梁色彩设计目的主要包括以下几个方面:

①与周围环境协调。通过色彩设计,创造出更为美丽的新景观,使桥梁与其周围环境和谐共存。

②表现地域性与文化性。色彩设计应体现地域特征、文化内涵和主题性,传达桥梁建筑的独特风格与亲切感。

③预示结构功能。色彩应有助于展现桥梁的形态美与功能美,使其结构特征得到更好的体现。

④防止材料锈蚀。合理的色彩设计可以有效防止构件材料的裸露和锈蚀,延长桥梁的使用寿命。

⑤增强标志性。利用色彩的诱目性,提升桥梁的标志性,使其在景观中更加引人注目。

⑥提高安全性。通过涂装安全色,提醒过桥者注意,降低交通事故发生的风险。

⑦减轻视觉疲劳。合理运用色彩的心理效果,防止驾驶员产生视觉疲劳,提高行车安全性。

2)桥梁色彩设计应注意的问题

(1)色彩与周围环境的协调

桥梁存在于多样化的环境中,因此,在进行色彩设计时,首先应了解环境色彩的基调。根据桥梁与环境的协调方式,色彩设计策略可分为三种:

①若希望突出桥梁,则可选用对比色,使其生动而引人注目,形成主景。无论是大型桥梁还是中小型桥梁,色彩涂装都能强调其存在,使其成为景观的主体。例如,红色的主拱圈在绿水青山的背景下显得鲜明而优雅。

②当希望桥梁与环境融为一体时,应选用调和色,即与环境主色调相近的色彩。

③采用无彩色配色作为中间色,既易于调和,又可体现桥梁自身的气质。例如,在灰色中掺入蓝色或绿色,或在白色中加入黄色或红色,均能展现高雅的气质。

(2)色彩与桥梁规模、形态的协调

桥梁的形态和规模受多种因素影响,包括桥位条件、荷载、跨径、构造形式和材料等。因此,选择与桥梁规模和形态相适应的色彩至关重要。雄健强劲的桥梁应采用明亮而强烈的色彩,而纤细轻巧的桥梁则适合使用柔和优雅的中间色或调和色。

(3)构件配色的统一与和谐

桥梁的整体涂色往往成本高昂,许多混凝土桥梁仍以材质固有色为主。大面积单一色彩可能显得单调且缺乏生气,因此,在条件允许的情况下,应结合形态特征对塔、拱、梁、桁杆、主缆、栏杆和灯柱等进行部分配色,以突出重点,展现风格。在配色时应限制在三种色彩以内,以避免造成繁乱感。同时,各构件的配色需服从于整体格调,保持和谐统一。

对于梁桥,可以通过梁缘及栏杆的配色形成"金边"或"彩带",展示桥面优美的竖曲线,体现流畅之美。对于拱桥,主拱圈的配色可以突出其优美的空间形象。悬索桥与斜拉桥的主塔通常以钢筋混凝土固有的灰色为主,但为了显示其高耸挺拔的形象,常会进行着色处理。许多主塔采用高明度的白色、白灰或银灰色,在蓝天白云的映衬下,形成崇高感。

为了防止锈蚀,拉索的外层通常采用聚乙烯材料套管,其本身为黑色,具有良好的抗紫外线能力和减缓老化的效果。由于聚乙烯套管的着色难度较大且成本较高,通常不进行额外的配色。为了更好地突出拉索的存在,设计师往往会选择将拉索涂装为红色、绿色或黄色等鲜明的色彩。这些明亮的色调不仅能够吸引目光,还能在视觉上形成强烈的对比。在进行任何配色时,必须时刻关注各构件之间的和谐与统一,以确保整体设计的美感和功能性。通过恰当的配色与设计,可以使桥梁的结构更具视觉吸引力,同时提升其安全性与识别度。

(4)配色中安全色的应用

在桥梁设计中,利用色彩发出危险信号或引起注意,有助于提升交通安全性,同时防止驾驶员产生视觉疲劳。桥梁应确保行人与车辆安全通过,因此,清晰可见的栏杆、照明灯柱、标识牌等应采用安全色来强调其重要性。许多桥梁的主塔采用红与白、红与绿等对比色,明显起到了警示作用。栏杆色彩应选用温和亮丽的色调,以便于识别和防撞。照明灯柱的色彩设计同样需注重安全性,确保其醒目但不杂乱,以免干扰驾驶者的视线。此外,油漆的色彩在阳光直射和车灯照射下可能引起眩目现象,这对驾驶员而言是安全隐患。因此,栏杆、灯柱等的色彩明度不应过高。

极端的明暗对比或单一色调易导致视觉疲劳,并可能引发交通事故。桥的梁底或桥墩内侧宜使用明亮且高反射率的色彩,以保障通行中人与车辆(船舶)的安全。

(5)考虑地域风土人情与气候对色彩的影响

桥梁的色彩设计应充分考虑当地的风土人情及居民的色彩偏好。例如,汉族偏好喜庆的红、黄、褐等暖色,而信奉伊斯兰教的民族则偏爱象征圣洁的白、蓝、青等色彩。此外,寒冷地区宜使用暖色,而炎热的南方则更适合冷色调。这些文化和气候因素在配色时应予以充分考虑,以确保桥梁设计能够与当地环境和文化相契合。

3.3.3 桥体颜色

景观桥通过色彩的巧妙运用,营造出独特的视觉效果和氛围,具有以下几个显著特点:

①主题色彩突出。通常会选择一种或几种鲜明的主色调,如红色、蓝色或绿色,以定义桥梁的整体风格。这些主色调不仅能迅速吸引人们的目光,还能成为桥梁的标志性特征,赋予其独特的识别性。

②色彩对比强烈。运用对比强烈的色彩组合,例如经典的黑白对比,或冷暖色调的对比(如红与蓝、黄与紫),以增强视觉冲击力和艺术感。

③与环境的协调或反差。桥体的颜色可以与周围的自然景观或建筑环境相协调,形成和谐统一的整体效果;同时也可以特意采用反差较大的颜色,使桥梁在环境中脱颖而出,成为视觉焦点。

④色彩的象征意义。所选择的颜色往往承载着特定的象征意义,例如,红色传达热情与活力,蓝色代表宁静与深邃,而绿色则象征自然与生机。这些色彩通过视觉传达特定的情感和氛围,进而丰富桥梁的文化内涵。

⑤光影效果的增强。不同颜色在不同的光线条件下(如白天、夜晚)会产生各异的光影效果,进一步丰富桥梁的视觉表现。光影的变化为桥梁增添了层次感和动态美,使其在不同时段展现出不同的面貌。

⑥文化与地域特色的体现。某些地区或文化可能对特定颜色有着独特的偏好,或特定颜色在某些地区或文化中有特定的含义,桥体颜色的选择宜反映当地的文化传统和地域特色,从而增强桥梁的地方认同感。

⑦情绪引导作用。通过色彩的巧妙运用,可以有效地影响人们在经过桥梁时的情绪和感受,营造出轻松、愉悦或庄重的氛围。这种情绪引导不仅提升了桥梁的使用体验,也使其成为人们心灵的寄托。

总之,景观桥的色彩设计不仅是视觉上的装饰,更是文化、情感与自然的交融,赋予桥梁生命与灵魂。通过科学合理的色彩运用,桥梁能够更好地服务于人们的生活,成为城市景观中不可或缺的一部分。

桥体常见的颜色有红色、黄色、蓝色、绿色、白色、黑色、紫色、混合色等。以下列举我国已建成桥梁中典型的桥体配色。

1)红色

红色能够快速吸引注意力,给人以强烈的视觉冲击,常见于传统建筑和桥梁,象征着吉祥和喜庆(图3-10)。

a)武汉鹦鹉洲长江大桥

b)重庆寸滩长江大桥

c)武汉晴川桥

d)成都交子之环立交桥

e)上海杨浦大桥

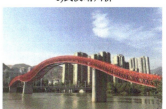
f)攀枝花米易龙桥

图3-10 红色桥梁

2)黄色

黄色能够带来明亮和愉悦的感觉,常用于提升环境的活力,营造出轻松的氛围(图3-11)。

a)舟山西堠门大桥

b)池州长江大桥

c)上海滴水湖E港桥

d)武汉杨泗港长江大桥

e)安徽舒城柴岗大桥

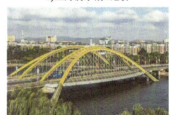
f)浙江义乌丹溪大桥

图 3-11 黄色桥梁

3)蓝色

蓝色常与水和天空联系在一起,给人以冷静和放松的感觉,适用于现代桥梁设计,传达出平和和理性的气息(图3-12)。

a)南京大胜关长江大桥

b)贵州平塘特大桥

c)武汉古田桥

d)杭州复兴大桥

e)六安梅山南路桥

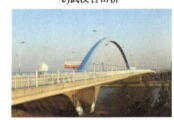
f)常州阳湖大桥

图 3-12 蓝色桥梁

4)绿色

绿色是自然界中最常见的颜色,能够与环境和谐融合,象征着环保和可持续发展(图3-13)。

5)白色

白色常用于现代桥梁设计,能够营造出明亮开放的视觉效果,象征着简约和未来感(图3-14)。

a)杭州余杭塘路桥　　　　　b)南京浦云路大桥　　　　　c)哈尔滨阳明滩大桥

图 3-13　绿色桥梁

a)南京秦淮湾大桥　　　　　b)东莞滨海湾大桥　　　　　c)咸阳平沙落雁桥

  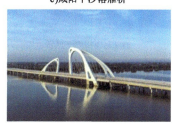

d)南京眼步行桥　　　　　　e)广州海心桥　　　　　　　f)淮安白马湖大桥

图 3-14　白色桥梁

6)黑色

黑色常用于简约和现代的桥梁设计,尤其是钢桁架桥的设计,能够传达出一种深邃和高端的气质,适合于都市环境(图3-15)。

a)武汉长江大桥　　　　　　b)兰州中山桥　　　　　　　c)上海外白渡桥

图 3-15　黑色桥梁

7)紫色

紫色在设计中常常与独特性相关联,适用于具有文化或艺术象征意义的桥梁,以突出其独特性(图3-16)。

a) 珠海横琴天沐河桥

b) 成都江安桥

c) "上海之鱼" 3号桥

图 3-16 紫色桥梁

8) 混合色

混合色通过不同颜色的组合展示桥梁的独特性和多样性,适用于具有文化背景或艺术主题的桥梁设计,以体现出多元化的特征(图 3-17)。

a) 河北崇礼太子城桥

b) 青岛彩虹桥

c) 南京青奥体育公园跨河桥

图 3-17 混合色桥梁

3.3.4 灯光景观

通过精心设计的灯光系统,营造出独特的视觉效果和氛围。桥梁的灯光景观具有以下特点:

①多样化的灯具选择。景观桥通常采用多种类型的灯具,包括路灯、壁灯、地灯、射灯和灯带等,以达到丰富多样的照明效果(图 3-18)。这种多样性不仅增强了灯光的层次感,还为桥梁的整体设计增添了更多可能性。

②丰富的灯光色彩。灯光的颜色可以是单一的纯色,如白色、黄色或蓝色,也可以是多彩变幻的,营造出绚丽多彩的视觉效果。这些色彩的运用能够有效地吸引观众的目光,提升桥梁的视觉冲击力。

③动态灯光设计。灯光可以设计成动态模式,如闪烁、渐变和流动等,增强桥梁的动感与活力。这种动态效果不仅使桥梁在夜间更具吸引力,也为观众带来了视觉上的新鲜感。

④突出结构美感。通过灯光的巧妙布置,可以有效地突出桥梁的结构线条和轮廓,展现其建筑美感与独特造型,使桥梁在夜间呈现出一种优雅而迷人的姿态。

⑤营造多样的氛围。灯光设计能够根据不同的场景与需求,营造出浪漫、神秘或庄严等多种氛围,提升桥梁的观赏性和吸引力。

⑥与环境的协调。灯光设计充分考虑与周边自然环境(如河流、山峦)和城市景观的协调,形成统一的整体景观,在美化桥梁的同时,也提升了周围环境的整体视觉效果。

⑦多重功能的实现。除了提供照明功能、保障行人安全之外,灯光还起到装饰桥梁和提升城市形象的作用。灯光照明使景观桥在夜晚成为城市的一道亮丽风景线,为人们带来美的享受,同时促进了夜间经济与旅游业的发展。

随着夜间经济的发展,桥梁的灯光设计逐渐成为提升城市形象的重要手段。而喷水景观作为一种动态的水体表现形式,与灯光设计的结合更是为景观桥增添了生机与活力。以下从灯光照明和喷水景观两个方面展示灯光景观在桥梁景观设计中的应用。

1)灯光照明

灯光景观设计不仅是技术与艺术的结合,更是城市文化与人文氛围的体现。通过科学合理的灯光运用,景观桥能够在夜间焕发出独特的魅力(图3-18)。

a)南京眼步行桥

b)南京映虹桥

c)广州海心桥

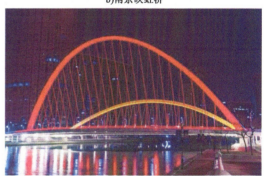
d)天津海河大沽桥

e)上海杨浦大桥

f)上海卢浦大桥

图3-18 灯光照明典型桥梁

2)喷水景观

灯光可以与喷泉的水流相结合,通过灯光照明增强水流的动态效果,利用颜色和亮度变化,营造出多样化的氛围(图 3-19)。

a)南京小龙湾桥

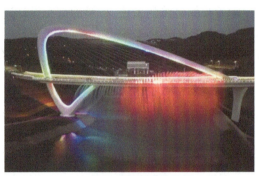
b)常州沙河大桥

图 3-19 喷水景观典型桥梁

3.4 本章小结

景观桥梁的美学形式主要体现在风格类型与色彩运用等方面。在设计过程中,需要综合考虑地形、环境、使用需求及文化内涵等多重因素,以选择最合适的表现形式。风格类型的选择至关重要,风格体现出不同的文化背景与审美理念;色彩的运用也是景观桥梁美学的重要组成部分,色彩不仅影响视觉感受,更能传达情感与营造氛围。在追求美学的同时,结构的稳定性与安全性同样不可忽视。景观桥梁设计需要在艺术表现与工程技术之间找到平衡,确保桥梁的功能性与美观性的完美契合。理想的景观桥梁应成为一件具有独特魅力的艺术作品,不仅是交通的通道,更是连接人与自然、文化与环境的纽带。

思 考 题

1. 桥梁美学的表现形式主要有哪些?
2. 景观桥梁主要有哪些风格类型?
3. 古典风格景观桥梁有什么特点?
4. 植物风格景观桥梁有什么特点?
5. 动物风格景观桥梁有什么特点?
6. 工具风格景观桥梁有什么特点?
7. 历史文物风格景观桥梁有什么特点?
8. 自然元素风格景观桥梁有什么特点?
9. 拟人风格景观桥梁有什么特点?
10. 符号风格景观桥梁有什么特点?
11. 色彩的基本要素有哪些?是如何表征的?
12. 桥梁色彩设计的主要目的是什么?需要注意哪些方面?
13. 灯光在桥梁美学中起什么作用?

第4章
桥梁美学意象表达

4.1 引言

从桥梁的物质属性到桥梁的象征意象,桥梁美学得以生动展现。桥梁的物质属性,包括其结构、材料和地理位置等,为桥梁意象的形成奠定了坚实的基础。在这些物质属性的基础上,丰富多样的桥梁意象应运而生。桥梁不仅是物理空间的连接,更是情感与文化的交汇,展现了人类对连接与沟通的渴望。桥梁美学的要义正在于对这些意象的深刻理解与把握。

在桥梁设计过程中,应充分考虑其结构的合理性与美感的统一,使力学的逻辑与艺术的表达相得益彰。材料的选择亦不可忽视,应确保其不仅满足功能需求,更能传达出独特的质感和情感。与此同时,设计应与周边环境相协调,使桥梁与自然景观和谐共生,成为大地之上的一道亮丽风景线。通过对桥梁意象的深入挖掘和精心塑造,能够创造出既实用又具有高度美学价值的桥梁作品,为人们的生活增添更多的美好与诗意。

4.2 桥梁属性

"桥梁"一词在《现代汉语词典》(第7版)中具有双重释义:①架在水面上或空中以便行人、车辆等通行的构筑物;②比喻能起沟通作用的人或事物。英文单词"bridge"在《牛津高阶英汉双解词典》(第7版)中对应的两种释义:①a structure that is built over a road, railway/railroad, river, etc. so that people or vehicles can cross from one side to the other;②a thing that provides a connection or contact between two different things。我们可以看出,"桥梁"既蕴含了物质的构造特性,也承载了精神的象征意义,这反映了人类对桥梁这一概念的普遍认知。

桥梁作为供汽车、火车、行人等跨越障碍(如河流、海湾、湖泊、山谷或其他线路等)的建筑物,承载着重要的交通功能。而"桥梁工程"这一术语则涵盖了两层含义:一方面,它指代桥梁建筑的实体结构;另一方面,它涉及建造桥梁所需的科学知识与工程技术,包括桥梁的基础理论研究、桥梁规划、勘测设计、施工以及后期的养护与维修等。桥梁工程在学科上隶属于土木工程,而在功能上则是交通基础设置的重要组成部分。

从马克思主义哲学的视角来看,物质决定意识,桥梁的精神属性属于人的意识范畴。作为跨越障碍的结构物,桥梁的功能性无疑是首要的,而在此基础上,桥梁所蕴含的心理学层面含义则体现了人们希望建立两种事物之间联系的沟通属性,表达着从此岸跨越至彼岸的美好愿望。

4.3 桥梁意象

桥梁的属性与桥梁意象之间有着紧密而深刻的联系。从物质属性来看,桥梁的结构、材料和地理位置等为其意象的形成奠定了基础。在精神属性方面,桥梁作为连接不同地域的通道,天然地具有沟通与融合的象征。这一功能性特征打破了空间的阻隔,促进了人员、物资和文化的交流,使桥梁在公众心中成为连接心灵、促进合作的象征。同时,桥梁的实用性也承载着人们对美好生活的向往,体现了人类对进步与发展的追求。总之,桥梁的属性为桥梁意象的形成提供了源泉,而桥梁意象则丰富了人们对桥梁的认知和感受。

"桥梁意象"通常指的是桥梁在人们心中所引发的联想、感受、象征和隐喻等心理和文化层面的形象,从以下几个方面理解:

①视觉形象。包括桥梁的外形、结构、颜色、材质等直观的视觉特征。例如,一座古老的石桥可能给人以沧桑、坚固的印象,而一座现代化的斜拉桥可能让人感受到科技与力量。

②象征意义。桥梁常常被视为连接、沟通的象征,代表着人与人之间的交流、地域之间的联系,甚至是不同文化和思想的融合。

③情感联想。桥梁能够引发人们各种情感,如跨越困难时的希望与勇气,归乡途中的亲切与期待,或者面对历史悠久桥梁时的敬畏与感慨。

④文化内涵。在不同的文化中,桥梁可能承载特定的文化意义。比如在中国文化中,有些桥梁与神话传说、诗词歌赋密切相关。

⑤历史记忆。桥梁承载着特定地区的历史记忆,见证了社会的发展和变迁,成为历史的见证者。

⑥心理暗示。在心理学上,桥梁也可被视为从一种状态到另一种状态的过渡,代表着成长、转变与突破。

桥梁意象是桥梁的物质形态与人们的文化、情感、心理等因素相互作用所产生的综合性感知与理解,体现了桥梁的形与神的完美结合。

4.3.1 外形意象

桥梁外形意象是指人们通过桥梁的外部特征所产生的一系列联想与感受。不同的景观桥梁外形能够激发各异的情感与联想,其反映的意象也会因观赏者的文化背景、个人经历及当时的心境而有所差异。桥梁的外在造型意象丰富多样,以下是一些常见的类型:

①"彩虹"意象。诸如拱桥,其优美的弧线类似彩虹的形状,给人带来美丽、梦幻和充满希望的感觉。彩虹通常被视为美好和幸运的象征,这类桥梁造型传递出积极向上的情感。

②"巨龙"意象。若桥梁的造型蜿蜒曲折,且具备一定的气势与威严,便可能令人联想到巨龙。在中国文化中,龙象征着力量、权威与吉祥,这一意象赋予桥梁雄伟、强大的寓意。

③"飘带"意象。一些线条流畅、轻盈的桥梁,如斜拉桥或悬索桥,其缆索和主梁的组合形似飘带,给人一种优雅、灵动和自由的印象。

④"翅膀"意象。具有展开或上扬形态的桥梁,可能会让人联想到翅膀,象征着飞翔、进取和超越。

⑤"纽带"意象。造型简洁直接、连接两个区域的桥梁,往往会传达出纽带的意象,代表着连接、沟通和团结。

⑥"层叠山峦"意象。多层结构或有高低起伏的桥梁造型,可能会让人联想到层叠的山峦,传达出稳重、厚实和坚韧的特质。

这些外在造型意象不仅赋予了桥梁独特的视觉魅力,还常常蕴含着丰富的文化、情感和象征意义。通过这些意象表达,桥梁在功能性之外,成为艺术与情感的载体。

4.3.2 意境神韵

桥梁常常与周围的山水风光相互映衬,营造出一种和谐的美感,体现为一种与自然融为一体的宁静与和谐,让人感受到大自然的美妙与神秘。表 4-1 中列举了 10 种典型的桥梁意境。

桥梁意境　　　　　　　　　　　　　　　　表 4-1

序号	实景	景色	景区	桥名	地点
1		卢沟晓月	卢沟桥景区	卢沟桥	北京
2		断桥残雪	西湖景区	断桥	浙江杭州
3		枫桥夜泊	枫桥景区	枫桥	江苏苏州
4		灞柳风雪	灞河景区	灞桥	陕西西安

续上表

序号	实景	景色	景区	桥名	地点
5		二十四桥明月夜	瘦西湖景区	二十四桥	江苏扬州
6		迎祥夜月	金泽古镇	迎祥桥	上海
7		四桥烟雨	瘦西湖景区	五亭桥、春波桥、长春桥、大虹桥	江苏扬州
8		花桥烟雨、花桥虹影	漓江支流小东江	外花桥	广西桂林

续上表

序号	实景	景色	景区	桥名	地点
9		双桥日落	鱼嘴湿地公园	南京大胜关长江大桥	江苏南京
10		湾区之晖	滨海湾新区	龙涌人行桥	广东东莞

桥梁美景所营造出的意境往往令人陶醉,以下是几种典型的意境:

①宁静悠远。清晨的阳光洒在古老的石桥上,桥下河水悠悠流淌,周围静谧的村庄与青山绿水交相辉映。此时,桥梁宛如一位沉默的守护者,整个画面营造出一种宁静而悠远的意境,让人心灵得到片刻的宁静,仿佛时间已然静止。

②雄浑壮阔。在波涛汹涌的大江大河之上,一座巨大的现代化斜拉桥连接两岸,高耸的桥塔直插云霄,粗壮的钢索在风中微微颤动。夕阳西下,余晖将桥梁和江水染成一片金黄,此景展现出一种雄浑壮阔的意境,使人不禁感叹人类工程的伟大与自然力量的磅礴。

③浪漫诗意。夜晚,华灯初上,一座装饰着彩灯的桥梁横跨波光粼粼的湖面。情侣们手挽手漫步在桥上,微风拂过,带来阵阵花香。此时,桥梁弥漫着浪漫的诗意,成为爱情的见证和美好回忆的一部分。

④神秘深邃。在雾气弥漫的山谷中,一座古老的木桥若隐若现。桥身被青苔和藤蔓所覆盖,桥下是深不见底的峡谷,隐隐传来潺潺的流水声。这一场景营造出神秘深邃的意境,激发人们的好奇心和探索欲。

⑤和谐共生。在风景如画的水乡,一座小巧玲珑的石桥连接两岸,岸上有白墙黑瓦的房屋。桥边垂柳依依,河中倒映着桥梁和房屋的倩影。人们在桥上、桥下忙碌而又和谐地生活,展现出人与自然、人与建筑和谐共生的意境,令人感受到生活的宁静与美好。

⑥灵动活泼。在欢快流淌的小溪上,一座造型别致的石桥宛如一条灵动的游龙,轻盈而富有活力。溪水在桥下欢快地跳跃,溅起朵朵水花。周围五彩斑斓的花朵与飞舞的蝴蝶交相辉映,整个画面充满生机与活力,营造出灵动活泼的意境。

4.4 桥梁工匠——意象的奠基者

桥梁工匠是桥梁意象的奠基者。他们凭借卓越的技艺和不懈的努力,为我国桥梁的发展书写了辉煌的篇章。他们不仅是智慧的实践者,更是桥梁的创造者。通过对结构的巧妙构思与对材料的精挑细选,工匠们将抽象的设计理念转化为坚实的现实,使桥梁成为跨越障碍的交通设施和美好意象的物质载体。

历史长河中,桥梁工匠们以其卓越的专业精神和丰富的实践经验,推动了桥梁工程技术的不断进步。以李春和蔡襄为代表的古代工匠,凭借对桥梁结构的深刻理解与创新思维,设计并建造了许多具有里程碑意义的桥梁。这些桥梁不仅在当时的技术水平上独树一帜,更成为后世学习和借鉴的典范。例如,李春所设计的赵州桥,以其优雅的拱形结构和精湛的石材运用,成为古代桥梁工程的巅峰之作,体现了工匠在技术与美学上的双重追求。表4-2列出了我国悠久的桥梁发展史上一些杰出的桥梁工匠。他们以独特的技艺与丰富的经验,创造出许多具有地域特色的桥梁,使其成为当地文化的象征。

桥梁工匠   表4-2

序号	年代	人名	身份	桥名	主要贡献或桥名缘由
1	战国	李冰	太守	七星桥	上应七星
2	西汉	王尚友	郎中	圣人桥	率众修桥
3	东汉	张俨	隐士	葫芦桥	种葫芦卖钱造桥
	明	戴月强	知县		重建
4	隋	宇文恺	建筑师	洛阳天津桥	浮桥横跨洛水,有天汉津梁之气势
5	隋	李春	匠师	赵州桥	建桥渡河以利交通
6	唐	王仲舒	刺史	宝带桥	捐束身宝带建桥
7	唐	刘从	—	南桥	为同榜进士而建
		李可忠	耆民		重建
8	唐	蔡洸	郡守	绿水桥	重修
	明	郑杰	知府		再修
	明	徐垣	知府		重建
9	宋	蔡襄	知府	泉州洛阳桥	感念民生疾苦,决心修筑桥梁
10	宋	陈希亮	太守	汴水虹桥	造飞桥,以利往来
11	宋	秦九韶	—	西溪桥	回临安丁父忧,建桥以利百姓
12	宋	史正志	知府	饮虹桥	重修
		丘崇	—		重修
		马光祖	—		重建
13	宋	文惠	僧人	武陵桥	—

续上表

序号	年代	人名	身份	桥名	主要贡献或桥名缘由
14	宋	—	—	放生桥	苏东坡买鱼放生
	明	王克明	县丞		重建
	明	赵立聪	耆民		修建
	明	赵士彬	耆民		—
	清	赵纯璧	庠生		重修
15	宋	戴弼先	士人	状元桥	伐石砌桥
16	元	张吉夫	—	吉夫桥	—
17	元	史宾	知州	瀛洲浮桥	创船桥
	明	余氏	节妇		重修为木桥
	明	徐朝钦	—		捐资及田产修桥
18	明	蒯祥	侍郎	金水桥	仿周桥设计建造
19	明	潘季驯	尚书	潘公桥	承父志建桥以利民渡
20	明	王时和	知县	六龙桥	六人中举会丁桥
21	明	邢氏	长者	永济桥	甃石修整
	明	丘如嵩	知州		曾修砖墙、石栏
	清	王元臣	乡民		重修
22	明	—	僧人	万寿桥	断手发誓建桥
23	明	江海	僧人	筛巴桥	—
24	明	史澄	邑民	钟秀桥	重建
25	明	于未	邑民	—	改建
26	明	何琏	邑民	上马桥	新建
		惠宗	僧人		
		何氏	节妇		重修
		程九龄	邑民		重修
27	明	张彦仪	—	婺源花桥	兄弟奉母命重建
		应庚	—		再建
28	明	管韶	医士	通远桥	捐资建桥
29	明	谭至文	义民	枫林桥	募捐建桥
		张应奎	百户		捐银重修
		曾仕杰	百户		
30	明	邹希闵	邑民	杜陵桥	重建
31	明	王仙源	乡民	石湖桥	造石桥36座
32	清	陶尚虞	里人	苏墅桥	与子孚尹重建
33	清	王元臣	乡民	陈家桥	重修陈家桥,半途病殁
		李饰绣	州人		将陈家桥修竣

续上表

序号	年代	人名	身份	桥名	主要贡献或桥名缘由
34	清	李正茂	知府	利涉桥	桃叶渡长久无桥而修之
35	清	高恒	御史	五亭桥	修建
36	清	姜桂松	石匠	通西桥	捐资修建石桥
37	清	刘春恒	拔贡	白玉桥	桥形如白玉
38	—	郑启清	里人	界竹桥	募捐修桥
	清	陈富	乞民		捐所乞之钱重建
39	—	李文宪	卖菜人	昼锦桥	省吃俭用重修
40	—	詹成通	里人	—	建桥济民
		詹伯仁	詹子	—	
		詹伯佳	詹子	—	
41	—	—	僧人	接渡桥	行旅渡河受阻而建
42	—	—	潘潢之母	四封桥	四人共建
		—	方舟之母		
		—	潘选之妻		
		—	潘钺之妻		
43	—	郭起德	铁匠	西桥	购砖石重修石桥
44	—	—	文世兴之妻	成夫桥	贺氏承夫志建桥
45	当代	杨似玉	工匠	程阳永济桥	传承祖父杨唐富技艺建桥
46	当代	黄春财	工匠	金造桥	传承祖父黄金书、父黄象颜技艺建桥
47	当代	郑辉明	工匠	泰顺德贤桥	传承郑惠福、郑多金技艺建桥
48	当代	邱学斌	工匠	廊桥	传承技艺建桥
49	当代	曾家快	工匠	廊桥	传承技艺建桥
50	当代	张昌智	工匠	廊桥	传承技艺建桥

  福建地区的桥梁工匠们在古廊桥的建设上展现了非凡的创造力。廊桥集桥梁、廊屋、楼阁等多种建筑形式于一体，既满足了交通需求，又为人们提供了休憩场所，体现了对自然与人文环境的深刻理解。在西南地区，许多杰出的工匠建造的索桥和石桥同样令人瞩目。这些工匠凭借对地形的深入研究和对材料的巧妙运用，设计出适应当地复杂地形与交通需求的桥梁，展现了超凡的智慧与精湛的技艺。

  桥梁工匠的努力与奉献，不仅推动了桥梁工程技术的发展，也为后人留下了宝贵的建筑遗产。他们在技艺上的执着追求和对桥梁的热爱，成为工匠精神的生动体现。了解桥梁工匠，不仅能够汲取他们的造桥智慧，更能在职业操守、文化传承和创新能力等方面获得启示。

4.5 桥梁命名——意象的赋予者

桥梁的命名进一步丰富了桥梁意象。一个恰当的名字能够赋予桥梁独特的个性与文化内涵。它可能源于桥梁的地理位置、历史背景、造型特点等。例如"卢沟桥",这一名称不仅点明了其地理位置,还承载着厚重的历史记忆。命名为桥梁赋予了特定的标识和意义,使人们在听到名字时能够联想到与之相关的各种意象。桥梁名称不仅仅是一个称谓,更是地理、历史、文化、情感等多方面因素的综合体现。桥梁名称蕴含的意义主要体现在以下几个方面:

百个代表性桥名

①纪念意义。用于纪念重要的人物、事件或历史时刻。例如"中山桥"是为了纪念孙中山先生,"解放桥"则与城市解放的历史事件有关。

②文化传承。反映当地的文化传统、风俗习惯与价值观念。例如一些桥名带有古老传说或神话元素,承载了地域文化。

③美好寓意。寄托了人们对生活的美好期望和祝福,比如"平安桥""福运桥""吉祥桥"等,表达了对平安、幸福和好运的向往。

④情感纽带。对于当地居民而言,桥梁名称可能承载着他们的回忆和情感,成为社区或地域的情感纽带。

4.6 桥梁故事——意象的丰富者

百个代表性桥梁故事

桥梁故事为其意象增添了生动的色彩。发生在桥上的传奇故事、历史事件或民间传说,使桥梁变得鲜活。这些故事可能涉及英雄的壮举、浪漫的爱情,或普通人的生活点滴。桥梁故事丰富了桥梁的内涵,使人们对桥梁意象的理解与感受更加深刻。

桥梁故事不仅丰富了人们的知识与情感世界,还在多个领域发挥积极的作用,具有不可忽视的价值。桥梁故事具有多方面的重要意义:

①历史传承。记录了桥梁建设的历史背景、技术发展及相关社会变迁,为后人提供了了解过去的窗口,有助于传承历史文化。

②文化象征。桥梁常是一个地区或民族文化的象征,相关故事能够展现当地的价值观、信仰和传统,增强文化认同感与民族自豪感。

③工程智慧。包含了桥梁建造过程中的技术难题及解决方案,体现了人类的工程智慧和创新精神,对推动工程技术的发展具有借鉴意义。

④人文情感。往往涉及建造者、使用者的经历和情感,使人们感受到人类在面对困难与挑战时的坚韧、勇气和奉献精神,引发情感共鸣。

⑤教育价值。可作为教育素材,培养人们的洞察力、思考和解决问题的能力,同时激发对科学、历史与文化的兴趣。

⑥社会联系。通过讲述桥梁如何连接不同地区和人群,强调社会交流、合作与共同发展的重要性。

⑦旅游推广。富有吸引力的桥梁故事能够增强旅游景点的魅力,吸引更多游客,促进当地旅游业的发展。

⑧艺术灵感。为文学、艺术创作提供丰富的灵感源泉,激发创作者以桥梁为主题创作出更多优秀作品。

4.7 桥梁美文——美化意象

桥梁美文以优雅的文字描绘桥梁的美丽与魅力,以细腻的笔触与生动的描写,展现桥梁的结构之美、与周围环境的和谐之美以及所承载的情感之美,使读者仿佛身临其境,深切感受到桥梁的独特魅力,从而进一步美化了桥梁的意象。

桥梁美文以其独特的魅力与价值,在文化、情感、审美及思想等多个领域发挥积极的作用,丰富人们的精神世界。桥梁美文蕴含多重意义,主要体现在以下几个方面:

①审美价值。通过优美的语言和生动的描写,展现桥梁的形态美、结构美和与周围环境融合的和谐美,给读者带来美的享受。

②情感共鸣。能够触动读者内心深处的情感,引发对桥梁所承载的历史、文化和记忆的共鸣,让读者意识到桥梁不仅是建筑物,更是情感的寄托与纽带。

③文化传承。有助于传承和弘扬桥梁所蕴含的地域文化、建筑文化及人类文明。通过文字记录桥梁背后的故事、传统工艺与文化内涵,使这些宝贵的文化遗产得以传承。

④激发想象。用丰富的意象和细腻的笔触描绘桥梁,激发读者的想象力,使其在脑海中构建出独特而美妙的桥梁画面,拓展思维空间。

⑤增进理解。帮助读者更深入地理解桥梁在人类社会发展中的重要作用,以及其作为沟通与连接的象征的意义,促进对人类文明进步的思考。

⑥文学创作与发展。丰富了文学的题材和表现形式,为文学创作注入新的活力,推动文学的持续发展和创新。

下面分别以《桥颂》❶和《树驮桥记》❷两篇美文为例,赏析文中所表达的桥梁之美的意象。本章附录 A 还收录了《桥说》《南林大桥赋》《念桥赋》等 3 篇桥梁美文,供读者鉴赏。

桥颂

董峰辉

林有嘉木,桥以降兮。

受命跨越,生山水兮。

自强厚德,更壹志兮。

景观结构,美其可喜兮。

独立跨越,岂不可悦兮。

---

❶ 董峰辉:《桥颂》,《南京林业大学报》2022 年 4 月 15 日第 4 版。

❷ 安徽宿州埇桥区曹村镇三环桥桥头碑文。

自强厚德,无闻无求兮。
秉德无私,参天地兮。
行比尧舜,置以为像兮。

赏析:以桥为颂,意象丰富且寓意深刻。"桥以降兮""受命跨越"赋予桥神圣使命,展现其担当。"自强厚德,更壹志兮"等句强调了桥的品质,如自强、厚德、无私,将其与高尚品德相联系。用桥来类比尧舜,凸显其伟大形象。通过对桥的赞美,传达出一种积极向上的价值观。同时,也表达对桥所象征的精神品质的敬仰,引发对责任、担当、品德等的思考。

树驮桥记

胡秋源

天下多桥,未见树驮桥之奇。天下多树,未见桥驮树之奇。宿徐二州之间,埇北吉地曹村,树桥互驮,横亘于泥水之上。桥建何时?未审其年,或曰清代,或曰明朝。遥想数百年前,芥子一粒,顺流而下,遇桥驻足,萌芽于桥基之下,盘结于石隙之间。虬枝劲努,夹缝中求生存,千扭百曲,忍重负而向上,万般委屈终成材,桥树相驮见沧桑。负桥青枫,见生命之顽强,驮树之桥,现虚怀之包容。石桥拥树,传千古佳话,青枫抱桥,结木石奇缘。树若朽则桥必毁,桥若塌则树必摧,二君本是同根命,互相依存共枯荣。驮桥之树,一枝一叶摇曳长吟;驮树之桥,块块青石铸就至理。无青枫之坚韧,则桥不奇,无石桥之包容,则树不奇。无彼则无我,无屈则无伸。无争不强,争中有让,抗中有容。无容不立,容让成就自身,和合始呈双美。

赏析:在《树驮桥记》中,桥梁意象丰富而深刻。它是坚韧的象征,历经岁月沧桑,默默承载着过往的行人、车马,见证着历史变迁,宛如一位沉稳的守护者。同时,桥梁又展现出包容之态,接纳了意外生长于桥缝的树,为其提供生长空间,与自然和谐共生。它犹如大地一般,孕育着生命的奇迹。桥梁不再仅仅是连接两岸的建筑,更是连接过去与现在、人类与自然的纽带,承载着人们对历史的敬畏、对生命的尊重和对和谐共生的向往。

4.8 桥梁诗歌——升华意象

桥梁诗歌以高度凝练的语言和强烈的情感,赋予桥梁这一结构深刻的意象和丰富的内涵。作为连接两岸的物理实体,桥梁不仅是人类工程智慧的结晶,更是诗人情感寄托和哲学思考的载体。诗人通过吟咏桥梁,抒发个人情感,探索人与自然的关系,反思生命的意义,传达对时间流逝的感慨,或表达对未来的希冀与梦想。这些情感的交织,使桥梁的意象更加深刻且富有诗意。

对桥梁诗歌进行分类有助于我们从不同的视角理解和欣赏桥梁诗歌中丰富多样的意象表达。桥梁诗歌可以从多个维度进行分类,这些分类并非完全独立,许多诗作可能同时符合多种分类标准,具体的分类需依据诗歌的内容及其所表达的情感来进行判断。桥梁在诗歌中常常蕴含丰富的象征意义与审美价值,通过对桥梁的细腻描绘,诗人能够传达出各种复杂的情感和思想。

此处列举几种常见的桥梁诗歌分类及其代表作品,以便读者更深入地领会桥梁意象在诗歌中的多重含义。同时,本章附录 B 中提供关于桥梁的经典诗歌,供读者参考与欣赏。这些诗作不仅展示了桥梁作为艺术意象的独特魅力,也为我们提供了理解人类情感与自然环境关系的重要视角。

1)按情感表达分类

①爱情类。如"桥成汉渚星波外,人在鸾歌凤舞前"(晏几道《鹧鸪天·当日佳期鹊误传》),以桥为背景,烘托浪漫的氛围。

②思乡类。如张继的"姑苏城外寒山寺,夜半钟声到客船",桥成为诗人寄托思乡之情的载体。

③感怀类。通过描写桥的今昔对比,表达对历史变迁的感慨,比如刘禹锡的"朱雀桥边野草花,乌衣巷口夕阳斜"。

④孤独寂寞类。如"驿外断桥边,寂寞开无主"(陆游《卜算子·咏梅》),借助桥的孤寂景象,映衬诗人内心的孤独。

2)按桥所处环境分类

①繁华之桥。通常描绘热闹城镇中的桥,如"烟柳画桥,风帘翠幕,参差十万人家"(柳永《望海潮·东南形胜》),展现桥周边的繁华景象。

②遗世之桥。描写处于荒郊野外或人迹罕至之处的桥,如"鸡声茅店月,人迹板桥霜"(温庭筠《商山早行》),营造出孤寂的氛围。

3)按桥的象征意义分类

①连接之桥。象征着沟通、连接,如"小桥流水人家"(马致远《天净沙·秋思》)中的桥,连接着不同的景象。

②梦想之桥。寓意着追求理想的途径,如屈原《离骚》中"麾蛟龙使梁津兮"的"梁"。

③爱情之桥。例如"鹊桥",是传说中牛郎、织女相会的地方,象征着爱情。

4)按时间或季节分类

①不同季节的桥。描写不同季节的桥景,如"天津桥下冰初结,洛阳陌上人行绝"(孟郊《洛桥晚望》)写的是冬季的桥。

②今昔对比的桥。对比同一座桥在不同时间的变化,以体现世事无常,像"二十四桥仍在,波心荡、冷月无声"(姜夔《扬州慢·淮左名都》)。

5)按具体桥型分类

①拱桥。如"长桥卧波,未云何龙"(杜牧《阿房宫赋》)。

②平桥。"小桥流水人家"中的小桥可能就是平桥。

③浮桥。"造舟为梁"(《诗经·大雅·大明》)提到的是用船只相连而成的浮桥。

4.9 桥梁哲思——感悟意象

桥梁哲思,作为一种从哲学角度审视桥梁意义与价值的思考方式,探讨了桥梁在人类社会中的多重角色及其所蕴含的深刻人生哲理。桥梁哲思不仅让人们认识到桥梁作为物质存在的功能,更揭示了其作为精神象征的深远内涵。桥梁哲思的意义主要体现在以下几个方面:

①启发思考。促使人们深入思考桥梁所蕴含的哲学意味,以及这些意味与生活、人生等方

面的关联,拓展思维的深度和广度。

②洞察本质。透过桥梁这一具体的存在,促使人们洞察事物之间相互联系、相互依存的本质,理解世界运行的一些基本规律。

③提供隐喻。以桥梁为隐喻,为理解复杂的人生问题和社会现象提供了直观而形象的参照,让抽象的概念变得更易于理解和把握。

④培养审美。引导人们从哲学的角度欣赏桥梁的美,不仅仅是外在的形式美,更是其内在蕴含的功能美、结构美以及象征意义上的美,提升审美层次。

⑤促进成长。让人们从桥梁的稳固、连接、适应变化等特性中汲取智慧和力量,应用于个人的成长和发展,学会建立稳固的内心基础,跨越障碍,适应环境变化。

⑥加深认识,传承智慧。加深对桥梁所承载的文化内涵和历史价值的认识,传承和弘扬人类在建筑和工程领域所积累的智慧和精神财富。

⑦推动创新。激发在设计、建造以及社会治理等方面的创新思维,借鉴桥梁的设计理念和功能特点,为解决现实问题提供新的思路和方法。

⑧提供心灵慰藉。在面对生活中的挑战和不确定性时,桥梁哲思可以成为一种心灵的慰藉和指引,给予人们勇气和希望。

4.9.1　桥人桥语

桥梁不仅仅是功能性的构造物,它们在设计上也蕴含着美学的追求。桥梁专业人士常常在造型设计中融入独特艺术创作,力求实现桥梁与周围环境和谐共生。这样的设计不仅提升了桥梁的视觉吸引力,也赋予了其优雅、壮观等丰富的意象。此外,桥梁的设计与建造也承载着深厚的历史文化价值与社会意义。桥梁作为连接过去与未来的纽带,见证了人类文明的演进与社会的变迁。

桥梁专业人士(桥人)的哲思(桥语)往往从工程学的高度出发,深入探讨桥梁的结构合理性、材料耐久性以及施工的可行性。每一座桥梁的设计,都是对科学与技术的严谨考量,确保其在承载功能与安全性上的卓越表现。正是这种专业思考,使得桥梁在形态上呈现出坚固可靠的意象,唤起人们对人类智慧与自然力量完美结合的深刻感悟。"桥人桥语"往往会融入对历史的敬畏与对文化的反思,因而,桥梁不仅是交通的通道,更是文化的载体。

本章附录 C 中收录了"桥人桥语"。"桥人桥语"是桥梁专业人士思考的结晶,深刻体现了桥梁专业人士对桥梁的思考和感悟,体现了他们对技术、艺术与人文的综合考量。他们的思考与设计,激发了我们对桥梁更深层次的理解与欣赏,促使我们在欣赏其壮丽形态的同时,也感受到其背后蕴藏的人类智慧与精神追求。

4.9.2　名人名言

非桥梁专业人士关于桥梁的哲思,尤其是与桥梁相关的名人名言,赋予了桥梁意象新的活力与意义,使其成为承载人类情感、智慧与精神追求的重要象征。本章附录 D 收录了以名人名言为代表的对桥梁的感悟。名人名言拓展了桥梁意象的象征意义。当我们听到"宽容是心灵的桥梁"这样的表达时,桥梁的内涵便超越了实体的建筑结构,成为连接人与人心灵的通道。这样的比喻提醒我们,宽容如同桥梁,能够跨越人与人之间的矛盾与冲突,促进心灵的相互靠近和交流。此外,"友谊是沟通心灵的桥梁"则将友谊与桥梁紧密联系,强调了友谊在拉近人们距离、促进情感交流中的重要作用,为桥梁意象注入了情感的温度与厚度。

与桥梁相关的名人名言提升了桥梁意象的精神高度。这些独特的视角和深刻的思考,不断丰富着桥梁意象的内涵,赋予其更高的文化和精神价值。

4.10 本章小结

桥梁作为跨越障碍的重要通道,不仅是交通基础设施的重要组成部分,更是美学艺术的重要载体。其独特的形态、结构、色彩与材质,以及其与周围环境的和谐融合,共同传达出丰富而深刻的美学意象。桥梁美学的意象表达是一个复杂而多元的过程,涵盖了桥梁工匠的技艺、命名的寓意、传承的故事以及诗文与哲思的交融。

桥梁工匠们凭借精湛的技艺和独特的理念,将自己的情感与精神注入桥梁建设中,使其不仅具备实用功能,更具备艺术的感染力;桥梁的命名往往蕴含着深刻的寓意,反映出地域特色和历史内涵;而桥梁故事则为其增添了传奇色彩,丰富了其美学意象的内涵。此外,桥梁诗文与哲思,通过优美的语言和深邃的思考,生动展现了桥梁的美学价值。通过巧妙运用这些元素,景观桥梁不仅能实现物理上的有效连接,更能成为触及心灵的艺术之桥。它们为人们提供了美好的视觉享受与情感体验,在连接物理空间的同时,也架起了人与人、人与自然之间的心灵桥梁。

思 考 题

1. 桥梁的基本属性主要体现在哪些方面?
2. 桥梁外形意象有哪些常见类型?
3. 桥梁意境神韵体现在哪些方面?
4. 景观桥梁设计中如何营造意境?
5. 桥梁工匠在桥梁意象塑造中的作用是什么?
6. 桥梁命名如何丰富桥梁意象?
7. 桥梁故事对桥梁意象有何影响?
8. 桥梁诗歌如何通过语言赋予桥梁深刻意象?
9. 桥梁意象在文化传承中扮演什么角色?
10. 如何理解桥梁哲思中的深刻人生哲理?

第 5 章
景观桥梁结构形态

5.1 引言

桥梁景观注重外形,桥梁结构注重受力,将形与力结合,便是桥梁结构形态的体现。桥梁结构形态指的是桥梁在空间中所呈现的外形、构造以及各组成部分之间的相互关系和布局方式,涵盖了桥梁的整体轮廓、跨径布置、桥墩和桥台形式、上部结构(如梁、拱、索等)的形状和组合方式等。桥梁结构形态不仅决定了桥梁的外观美学特征,还对其力学性能、稳定性以及施工方法和成本等产生重要影响。不同的桥梁结构形态适应不同的地理环境、交通需求和设计要求。

5.2 力形结合原理

力形结合原理是景观桥梁结构形态设计的核心理论基础。从力学角度来看,景观桥梁需承受各种荷载,其结构形态必须遵循力学原理进行设计,以确保稳定性与安全性。在确保受力安全的基础上,优美的结构形态能提升桥梁的视觉吸引力,成为城市或自然景观的亮点。结构形态与受力性能相互影响,不同的造型可能带来不同的受力特点,而通过优化受力性能又能塑造出更理想的结构形态。

基于"力形结合"思想的定性分析方法,旨在打破静定结构与超静定结构之间的界限,通过结构在外部作用下的变形特性进行逻辑推理,对结构受力特性进行分析,将结构的变形特性与受力特性统一起来。基于"力形结合"思想的定性分析方法受我国《周易》中的观象取义思维启发,即通过观察结构变形特性反推其受力特性。

5.2.1 构件受力类型

结构体系是结构抵抗外部作用的构件组成方式,构件的受力特征与体系的传力路径存在个体与整体之间的辩证关系,构件是传力体系中最基本的个体。构件从简单的受力特征来说为承受拉伸、压缩、弯曲、剪切、扭转等五种内力的元构件(表 5-1),其中受压构件会出现压杆稳定问题(表 5-2)。

构件局部受力 表 5-1

受力类型	受力图示	内力表达式	应力表达式	应变表达式
拉伸		$N = \sigma A = EA\varepsilon$	$\sigma = \dfrac{N}{A}$	$\varepsilon = \dfrac{\Delta l}{l} = \dfrac{N}{EA}$
压缩		$N = \sigma A = EA\varepsilon$	$\sigma = \dfrac{N}{A}$	$\varepsilon = \dfrac{\Delta l}{l} = \dfrac{N}{EA}$
弯曲		$M = EIk$	$\sigma = \dfrac{My}{I}$	$\varepsilon = \dfrac{My}{EI}$

续上表

受力类型	受力图示	内力表达式	应力表达式	应变表达式
弯曲		$M = EIk$	$\sigma = \dfrac{My}{I}$	$\varepsilon = \dfrac{My}{EI}$
剪切		$F = \tau A = GA\gamma$	$\tau = \dfrac{F}{A}$	$\gamma = \dfrac{\tau}{G}$
扭转		$T = GI_P \dfrac{\mathrm{d}\varphi}{\mathrm{d}x}$	$\tau = \dfrac{T\rho}{I_P}$	$\gamma = \dfrac{T\rho}{GI_P}$

注:N 为轴力,F 为剪力,M 为弯矩,T 为扭矩,E 为弹性模量,G 为剪切模量,A 为截面面积,I 为抗弯惯性矩,I_P 为扭转惯性矩,σ 为正应力,ε 为正应变,τ 为剪应力,γ 为剪应变,l 为长度,Δl 为伸长量,y 为正应力计算位置到中性轴的距离,ρ 为剪应力计算位置到剪切中心的距离,φ 为扭转角,x 为扭转纵向位置,k 为曲率。下同。

压杆稳定承载力 表5-2

杆类型	简支杆	悬臂杆	固铰杆	固接杆
约束类型	铰接+铰接	固接+自由	固接+铰接	固接+固接
示意图				
稳定承载力	$F_{cr} = \dfrac{\pi^2 EI}{l^2}$	$F_{cr} = \dfrac{\pi^2 EI}{(2l)^2}$	$F_{cr} = \dfrac{\pi^2 EI}{(0.7l)^2}$	$F_{cr} = \dfrac{\pi^2 EI}{(0.5l)^2}$

注:w 为横向挠度。

5.2.2 受力定性分析

1) 结构外形分析

结构外形分析是绘制结构弯矩图的重要基础,结构内力由结构内部组成和结构外部约束共同决定。相同的内部组成在不同的外部约束下,结构的受力特性会有所不同。以单梁模型为例,根据外部约束的不同,主要有四种结构外形,见图5-1。对于两跨梁和三跨梁,主要结构外形见图5-2。对于刚架和拱,主要结构外形见图5-3。

图5-1 单梁模型结构外形

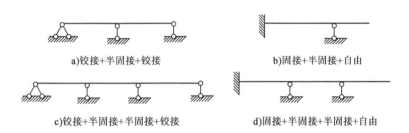

图5-2 两跨梁和三跨梁模型结构外形

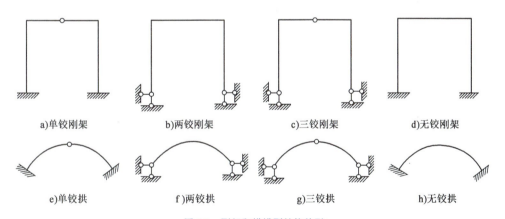

图5-3 刚架和拱模型结构外形

需要注意的是,单跨梁的两端约束类型主要包括自由、铰接和固接三种。两跨梁和三跨梁的中间约束则介于铰接和固接之间,这种约束可称为半固接约束。同样,刚架上节点处的约束也可称为半固接约束。铰接约束仅限制线位移,不限制角位移,固接约束同时限制线位移和角位移,半固接约束在限制线位移的基础上对角位移也有一定程度的限制。

通过分析刚架和拱模型结构外形规律可以发现,刚架是直线外形,拱是曲线外形,直线是曲线的特殊形式,刚架可以看作拱结构的特殊形式。因此,从定性分析的角度来看,刚架和拱模型的结构外形具有很强的相似性。

2)结构变形分析

在分析结构在外力作用下的变形时,应考虑结构的线位移和角位移。通过观察结构在外力作用下的运动趋势,可以判断其位移情况。结构的整体运动趋势可视为刚体运动,而其局部运动趋势则需根据刚体运动趋势和自由度约束来判断。

对于单梁模型变形(表5-3):①两端铰接的单跨梁(简称简支梁)在跨中作用向下的集中力时,整个结构有向下运动的趋势,左端转角顺时针、右端转角逆时针,因此变形特性为整体下凹,整个结构下侧受拉;②一端固接一端自由的单跨梁(简称悬臂梁)在自由端作用向下的集中力时,整个结构有向下运动的趋势,右端转角顺时针、左端转角为零,因此变形特性为整体上凸的悬臂侧下挠,整个结构上侧受拉;③一端固接一端铰接的单跨梁(简称固铰梁)在跨中作用向下的集中力时,整个结构有向下运动的趋势,右端转角逆时针、左端转角为零,因此变形特性为靠近固接约束处为上凸而下凹、靠近铰接约束处为下凸而上凹,整个结构靠近固接约束处上侧受拉(类似情形②)、靠近铰接约束处下侧受拉(类似情形①);④两端固接的单跨梁(简称固接梁)在跨中作用向下的集中力时,整个结构有向下运动的趋势,左右端转角均为零,因此变形特性为靠近固接约束处为上凸、跨中为下凹,整个结构靠近固接约束处上侧受拉、靠近跨中处下侧受拉。

单梁模型外力作用下变形　　　　　表5-3

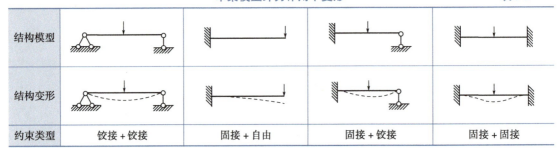

结构模型				
结构变形				
约束类型	铰接+铰接	固接+自由	固接+铰接	固接+固接

对于刚架和拱模型(表5-4)来说:①三铰刚架和三铰拱的变形均有两铰相对靠近的趋势,类似曲梁受到一对向内平衡的相对力;②两铰刚架和两铰拱的变形在外力作用点附近类似两端固接的约束变形,同时存在类似简支梁的受力特征,这是因为力作用点附近的约束介于纯铰接和纯固接之间;③单铰刚架和单铰拱的变形在力的作用点附近类似悬臂梁的变形;④对于无铰刚架和无铰拱的变形,水平构件的变形在力的作用点附近类似单梁刚接约束变形,竖向构件的变形则是由水平梁刚节点的旋转而引起的。

刚架和拱模型在外力作用下变形　　　　　表5-4

模型名称	单铰刚架	两铰刚架	三铰刚架	无铰刚架
结构模型				

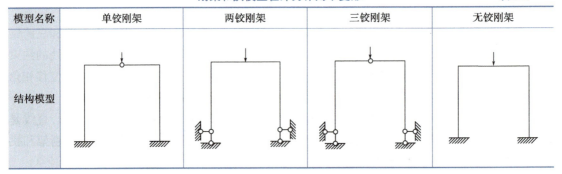

续上表

模型名称	单铰刚架	两铰刚架	三铰刚架	无铰刚架
结构变形				

模型名称	单铰拱	两铰拱	三铰拱	无铰拱
结构模型				
结构变形				

通过分析刚架和拱模型在外力作用下的变形规律可以发现,由于刚架和拱模型的结构外形具有相似性,刚架和拱模型的变形具有很强的相似性。进一步分析发现,刚架和拱模型在外力作用下的共同变形规律是:结构的整体变形特征是向下变形的同时出现了两边向外扩张的趋势。

3)结构弯矩图

对于结构在外力作用下的弯矩图绘制,需要分析结构在外力作用下的凹凸侧,将弯矩图绘制在凸侧(受拉侧),同时结合铰接约束不传递弯矩、固接约束传递弯矩、半固接约束也传递弯矩的特点,可快速绘制结构的弯矩图。结构弯矩可按式(5-1)计算:

$$M = EI\kappa \tag{5-1}$$

式中:M——弯矩;

EI——弯曲刚度;

κ——曲率。

对于单梁模型弯矩图(表5-5):①两端铰接的单跨梁在跨中作用向下的集中力时,整个结构下侧受拉,因此弯矩图特征为两端弯矩为零、集中力作用点处弯矩绘制在下侧;②一端固接一端自由的单跨梁在自由端作用向下的集中力时,整个结构上侧受拉,因此弯矩图特征为自由端集中力作用点处弯矩为零、固接端弯矩绘制在上侧;③一端固接一端铰接的单跨梁在跨中作用向下的集中力时,整个结构靠近固接约束处上侧受拉、靠近铰接约束处下侧受拉,因此弯矩图特征为铰接处弯矩为零、集中力作用点弯矩绘制在下侧、固接端弯矩绘制在上侧;④两端固接的单跨梁在跨中作用向下的集中力时,整个结构靠近固接约束处上侧受拉、靠近跨中处下侧受拉,因此弯矩图特征为两端固接处弯矩绘制在上侧、集中力作用点弯矩绘制在下侧。

单梁模型在外力作用下的弯矩图 表 5-5

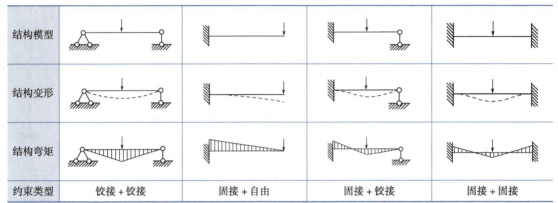

结构模型				
结构变形				
结构弯矩				
约束类型	铰接+铰接	固接+自由	固接+铰接	固接+固接

对于刚架模型和拱模型弯矩图,根据前述分析可知,刚架和拱模型在外形和变形上的相似性,决定了二者在弯矩图上的相似性(表5-6)。刚架模型和拱模型的弯矩图均可以从单梁模型弯矩图推演而来,具体如下:

①对于单铰刚架和单铰拱,弯矩图可通过水平悬臂梁+竖向固接梁模型推演得到。
②对于两铰刚架和两铰拱,弯矩图可通过水平固接梁+竖向悬臂梁模型推演得到。
③对于三铰刚架和三铰拱,弯矩图可通过水平悬臂梁+竖向悬臂梁模型推演得到。
④对于无铰刚架和无铰拱,弯矩图可通过水平固接梁+竖向固接梁模型推演得到。

刚架和拱模型在外力作用下的弯矩图 表 5-6

模型名称	单铰刚架	两铰刚架	三铰刚架	无铰刚架
结构模型				
结构变形				
弯矩图				

续上表

模型名称	单铰拱	两铰拱	三铰拱	无铰拱
结构模型				
结构变形				
弯矩图				

5.2.3 刚度定性分析

结构刚度指的是结构抵抗变形的能力[式(5-2)]，结构刚度与外部约束、材料、截面惯性矩、跨度等因素有关[式(5-3)]，主要相关规律如下：结构刚度的大小与外部约束成正比，外部约束越强，结构刚度越大；结构刚度的大小与材料弹性模量成正比，弹性模量越大，结构刚度越大；结构刚度与截面惯性矩成正比，截面惯性矩越大，结构刚度越大；结构刚度与跨度成反比，跨度越大，结构刚度越小。因此，如要增大或减小结构刚度，可根据需求从外部约束、材料、截面惯性矩、跨度等因素着手修改设计方案（表5-7）。

$$K = \frac{F}{\Delta} \tag{5-2}$$

$$K = \alpha \frac{EI}{l^3} \tag{5-3}$$

式中：F——外力；
　　　K——刚度；
　　　Δ——变形量；
　　　EI——弯曲刚度；
　　　l——跨度；
　　　α——结构约束相关的系数。

简支梁和悬臂梁在外部荷载作用下的响应　　表5-7

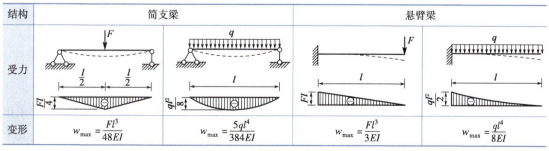

注：w_{max}为最大挠度，q为均布荷载。

5.3 桥梁结构形态

"形态"在《辞海》中的解释是:形状神态,亦指事物在一定条件下的表现形式。"形态学"(morphology)起源于古希腊,morphology 一词由希腊语 morphe(形)和 logos(逻辑)演变而来,意指形式的构成逻辑。可见,形态学的内涵在于探究事物的内部规律与外部表现之间的关系。作为形态学的一个分支,结构形态学遵循形态学的核心思想,专注于探究结构外在造型与内在受力之间的关系。其目标是在给定条件下寻找既美观又具有优良受力性能的结构形体,实现两者的协调统一。

桥梁结构形态作为形态学的应用之一,遵循结构形态学的一般规律,即探究景观桥梁外在造型与内在受力的协调性。通过应用力形结合的基本原理,寻求景观桥梁的结构造型和受力机理的统一。桥梁结构体系大体分为四种类型:梁式桥、拱式桥、斜拉桥和悬索桥。相应地,桥梁结构形态也可划分为四种基本元模型:梁式形态、拱式形态、斜拉形态和悬索形态。从结构形态的基本元模型出发,通过"遗传"和"变异"演化出四种基本桥梁结构类型。每一种类型通过构件或体系的数量组合,进一步派生出景观桥梁结构。随着桥梁工程建设的发展,景观桥梁结构逐渐多样化。这些虽数量有限但生机勃勃的景观桥梁结构形态,已成为桥梁结构形态的一部分,可称为"新形态"。

5.3.1 梁式形态

梁式形态体现了梁式结构外形与受力的有机统一。梁式形态主要有四种元模型:简支梁(图 5-4)、悬臂梁(图 5-5)、桁架梁(图 5-6)、张弦梁(图 5-7),其中桁架梁和张弦梁可由简支梁和悬臂梁派生而来。

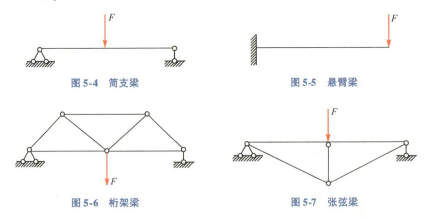

图 5-4 简支梁　　图 5-5 悬臂梁

图 5-6 桁架梁　　图 5-7 张弦梁

5.3.2 拱式形态

拱式形态体现了拱式结构外形与受力的有机统一。拱式形态主要有四种元模型:上承拱(图 5-8)、下承拱(图 5-9)、中承拱 I (有外推力,图 5-10)、中承拱 II (无外推力,图 5-11),其中中承拱 I 和中承拱 II 分别由上承拱和下承拱派生而来。

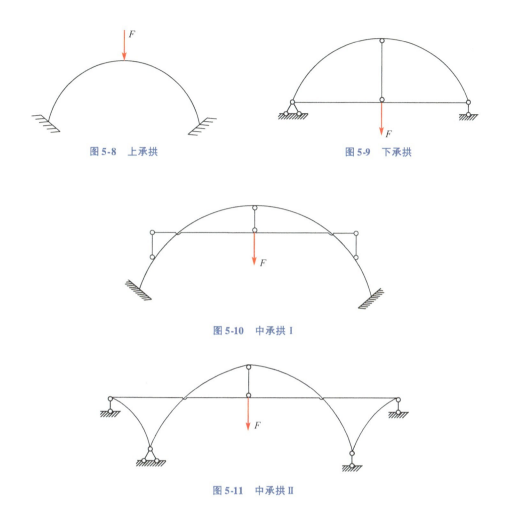

图 5-8　上承拱

图 5-9　下承拱

图 5-10　中承拱 Ⅰ

图 5-11　中承拱 Ⅱ

5.3.3　斜拉形态

斜拉形态体现了斜拉结构外形与受力的有机统一。斜拉形态主要有四种元模型：斜拉杆（图 5-12）、斜拉梁（图 5-13）、对称斜拉（有背索，图 5-14）、非对称斜拉（无背索，图 5-15）。

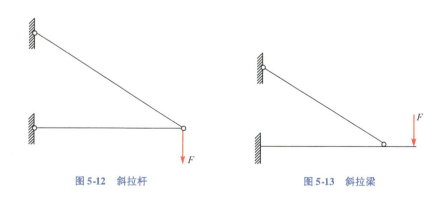

图 5-12　斜拉杆

图 5-13　斜拉梁

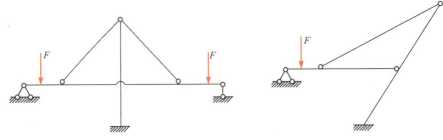

图 5-14 对称斜拉(有背索)　　图 5-15 非对称斜拉(无背索)

5.3.4 悬索形态

悬索形态体现了悬索结构外形与受力的有机统一。悬索形态主要有四种元模型:悬吊梁(图 5-16)、悬索带(图 5-17)、地锚缆(图 5-18)、自锚缆(图 5-19),其中地锚缆指的是缆索锚固在地上,自锚缆指的是缆索锚固在梁上。

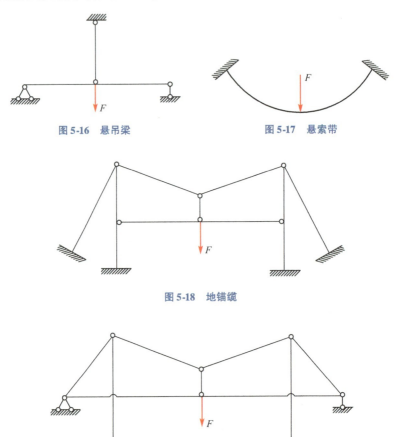

图 5-16 悬吊梁　　图 5-17 悬索带

图 5-18 地锚缆

图 5-19 自锚缆

5.4 桥梁景观形态

从广义上看,虽然桥梁结构属于建筑结构的一个分支,但由于其功能属性与普通建筑结构存在本质上的差异,桥梁结构与建筑结构有着根本的区别。建筑是围护结构,其主要功能为居住和生活,提供长久的安居环境;而桥梁则是跨越结构,主要功能为通行和跨越,仅供短暂逗留。从科学属性来讲,景观桥梁具有工程结构之受力合理性;从艺术属性来讲,景观桥梁具有几何形态之视觉感官性;从人文属性来讲,景观桥梁具有浪漫情怀之文化意象性。所以,一座出众的景观桥梁,应当是科学、艺术与人文的统一,即"力-形-意"三位一体(图5-20)。

a)南京眼步行桥

b)常州龙城大桥

c)广州海心桥

d)港珠澳大桥青州航道桥

图5-20 "力-形-意"三位一体的典型桥梁

景观桥梁在功能性基础上主要分为三种风格:纯结构风格、纯装饰风格和半装饰半结构风格。这些风格在设计立意上可分为"有形无力""有力无形""力形合一"三种类型。此外,为了达到预期的景观效果,桥梁设计师有时会故意采用"力形分离"的方式来设计桥梁的景观造型,如图5-21所示。

a) 深圳前海10号桥（飘带）

b) 南京文靖西路跨秦淮河桥（鱼纹）

c) 临汾跨汾河大桥（水波）

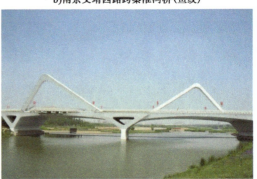
d) 咸阳沣河交通桥（朱鹮）

图 5-21 "力形分离"典型桥梁

5.5 景观桥梁分类

传统桥梁的分类基于纯力学原理,主要用于清晰分析桥梁在承受荷载时的内力传递和承载能力。然而,景观桥梁的核心价值不仅在于其力学性能,更在于它作为景观元素与周围环境的和谐共生以及给人的视觉冲击。因此,单纯的受力分类无法全面涵盖景观桥梁在设计和功能上的独特性,这就需要从新的视角,即依据力形结合的理念来进行分类。

景观桥梁,采用力形结合的理念按"形力桥"进行分类(表5-8),强调外在形和内在力的统一,形在前,力在后,落在桥。将形置于首位是突出景观桥在视觉呈现方面的重要性,而力则是支撑桥梁稳定存在的基础,这两者相互依存共同构成景观桥梁的整个体系。这种分类方式旨在更全面地理解和划分景观桥梁,突破传统仅基于受力因素的分类局限。

景观桥梁分类 表5-8

形态类型	受力形式			
	梁式受力	拱式受力	斜拉受力	悬索受力
梁式形态	梁式桥	梁拱桥	梁斜拉桥	梁悬索桥
拱式形态	拱梁桥	拱式桥	拱斜拉桥	拱悬索桥

续上表

形态类型	受力形式			
	梁式受力	拱式受力	斜拉受力	悬索受力
斜拉形态	斜拉梁桥	斜拉拱桥	斜拉桥	斜拉悬索桥
悬索形态	悬索梁桥	悬索拱桥	悬索斜拉桥	悬索桥
非跨越结构	装饰梁桥	装饰拱桥	装饰斜拉桥	装饰悬索桥

跨越结构是桥梁的主体部分,其主要功能是跨越障碍物,并承载交通流量,非跨越结构不承受桥梁跨越的主要荷载而主要在于保持非跨越结构自身的受力特性,这类结构形式更为多样化,无须专门设计以跨越特定障碍。如太原北中环桥(图5-22),其圆弧造型主要起装饰作用,这种并未主要参与实现跨越功能的装饰造型,是近年来城市景观桥梁发展的新趋势。

图5-22 太原北中环桥

5.6 本章小结

景观桥梁是指具有良好视觉效果和审美价值,与桥位环境共同构成景观的桥梁。"结构形态"应包括两方面基本内容:一是结构的"形",一是结构的"态"。结构的"形"包括结构的几何外形、构件的布置方式,以及构件尺寸等结构的外在特征;结构的"态"是指结构在外荷载作用下的内力分布状态,是结构的内在反映。景观桥梁结构形态则是景观桥梁外在艺术表现力下的内在科学合理性。基于此逻辑,景观桥梁应当是形与力的统一,力形结合基本原理是理解景观桥梁结构形态的核心。

思 考 题

1. 桥梁结构形态的定义是什么?
2. 力形结合原理在景观桥梁结构形态设计中扮演什么角色?
3. 构件的受力类型有哪些?

4. 如何通过结构变形分析快速绘制结构弯矩图？
5. 结构定性分析在桥梁结构形态设计中的重要性体现在哪里？
6. 什么是结构刚度？它受哪些因素影响？
7. 桥梁结构形态主要有哪些类型？
8. 景观桥梁的"力-形-意"三位一体理念是如何体现的？
9. 景观桥梁的分类与传统桥梁分类有何显著区别？
10. 非跨越结构在景观桥梁中的作用是什么？

第6章
景观桥梁构件造型

第6章 景观桥梁构件造型

6.1 引言

景观桥梁构件的基本分类依据为受力类型,同一受力类型的构件不同形态的变体可按几何维度进一步分类。不同受力类型的构件在几何维度上的延伸与变化,正是形成景观桥梁丰富多彩形态的关键因素。无论是优雅的曲线、刚毅的直线,还是复杂的几何图形,在形态变化的几何形式中,各种构件的相互作用与组合,展现出桥梁设计的内在逻辑与美学潜力。通过不同分类方法的运用,设计师能够在构件造型的设计过程中,灵活地探索与创造,赋予桥梁独特的视觉语言与文化意涵。本章将从受力构件的分类与几何形式变化两个方面,深入探讨景观桥梁构件的造型设计思路,为景观桥梁设计提供理论支持与实践指导。

6.2 受力构件类型

6.2.1 受拉构件

景观桥梁结构中的受拉构件(图6-1),一般以一维线构件和二维面构件为主,也会有少量三维体构件。一维线构件主要有斜拉索、主缆、拱桥吊杆和悬索桥吊杆,二维面构件主要有缆索系统、悬带,三维体构件主要有索网系统。

a)受拉一维线构件——斜拉索

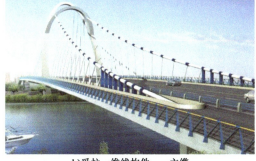
b)受拉一维线构件——主缆

c)受拉一维线构件——拱桥吊杆

d)受拉一维线构件——悬索桥吊杆

图 6-1

e)受拉二维面构件——缆索系统

f)受拉二维面构件——悬带

g)受拉三维体构件——索网系统Ⅰ

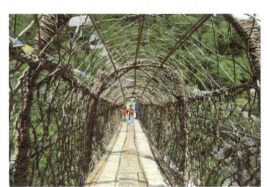

h)受拉三维体构件——索网系统Ⅱ

图 6-1　桥梁受拉构件

6.2.2　受压构件

景观桥梁中的受压构件(图 6-2),主要有一维线构件、二维面构件和三维体构件。一维线构件主要有桥塔、主拱、立柱、桥墩,二维面构件主要有桥塔、钢箱梁、钢箱拱肋,三维体构件主要有桥塔、桥墩、立柱、主拱。

a)受压一维线构件——桥塔

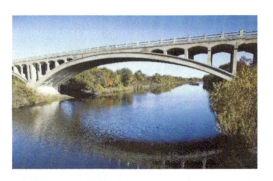

b)受压一维线构件——主拱

图 6-2

c)受压一维线构件——立柱

d)受压一维线构件——桥墩

e)受压二维面构件——横向桥塔

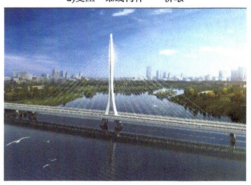
f)受压二维面构件——纵向桥塔

g)受压三维体构件——桁架桥塔

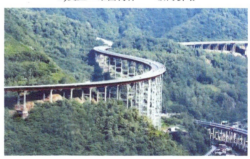
h)受压三维体构件——桁架桥墩

i)受压三维体构件——分支桥塔

j)受压三维体构件——分支桥墩

图 6-2 桥梁受压构件

6.2.3 受弯构件

景观桥梁中的受弯构件(图6-3),主要有一维线构件、二维面构件和三维体构件。一维线构件主要有梁,二维面构件主要有板,三维体构件主要有桁架梁、钢箱梁。由于受压的构件也有抗弯特性,受压构件造型可作为受弯构件造型的一种形式。

a)一维线构件——小箱梁

b)一维线构件——大箱梁

c)二维面构件——板

d)二维面构件——单片桁架主梁

e)三维体构件——桁架梁整体

f)三维体构件——钢箱梁

图6-3 桥梁受弯构件

6.3 景观造型

6.3.1 主梁

主梁不仅是桥梁的重要承重构件,同时也在很大程度上决定了桥梁的整体视觉效果和景观特征。在确保结构功能的前提下,主梁的造型应与桥梁整体的美学设计相协调,形成和谐的视觉效果。

主梁造型应与周边环境融合,对公路桥,需要考虑桥梁所在地的自然环境,如河流、山谷等,主梁设计应考虑与自然景观和谐共存,避免突兀;在城市环境中,主梁设计应考虑与周边建筑、道路等的协调,形成统一的城市景观。主梁造型设计中宜融入文化元素,如传统图案、历史符号等地域文化元素,丰富桥梁的文化内涵,也可以结合现代艺术和设计理念,打造具有时代感的桥梁造型。此外,宜采用新型材料和先进技术制造主梁,提升其结构性能和视觉效果。

主梁造型按形态可分为直梁、弯梁等(图6-4),按结构类型可分为实体梁、桁架梁、箱梁等形式。

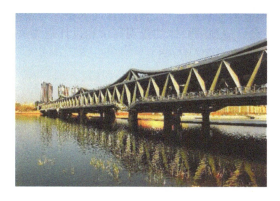
a)直梁(单梁)

b)直梁(多梁)

c)弯梁(人形)

d)弯梁(S形)

图 6-4

e)弯梁(C形)

f)弯梁(环形)

图 6-4 主梁造型

6.3.2 主拱

拱桥作为一种经典且美观的桥梁形式,其主拱的造型设计在景观桥梁设计中尤为重要。主拱不仅在结构上起到关键的承重作用,同时也对桥梁的整体美学和景观效果有着决定性的影响。

主拱的弧线形态是其最显著的特征,弧线的曲率和形状直接影响桥梁的视觉效果。柔和的弧线可以增强桥梁的优雅感,而较陡的弧线则显得更加稳重。主拱可以设计成单一的曲线,也可以是多段曲线的组合,甚至是自由曲线,形态设计应根据具体的景观需求和设计理念进行调整。主拱的结构组合形式有单拱、双拱、单双拱、组合拱等(图6-5)。

a)单拱(竖直)

b)单拱(倾斜)

c)单双拱(分叉)

d)双拱(竖直)

图 6-5

e)双拱(外倾)　　　　　　　　f)双拱(交叉)

g)跨边拱(单拱竖直)　　　　　　h)跨边拱(多拱竖直)

i)组合拱(单拱)　　　　　　　　j)组合拱(多拱)

图6-5　主拱造型

6.3.3　桥墩

桥墩作为桥梁的重要支承构件,不仅在结构上起到关键的承重作用,承受竖向压力、弯矩、剪力和水平推力的作用,同时也具有显著的美学和景观价值。桥墩的造型设计需要综合考虑其功能性、美学效果,与周边环境相融合,避免破坏整体景观。

桥墩的形态可以是简单的几何形状,也可以是复杂的艺术造型,形态设计应根据具体的景观需求和设计理念进行调整。桥墩的线条设计应流畅、优美,避免生硬和突兀。流线型的设计可以增强桥梁的动态感和现代感。常见的桥墩造型有矩形、圆形、多边形、拱形等(图6-6)。此外,通过彩绘、雕塑、灯光等装饰桥墩,也可以显著提升桥墩的景观效果。

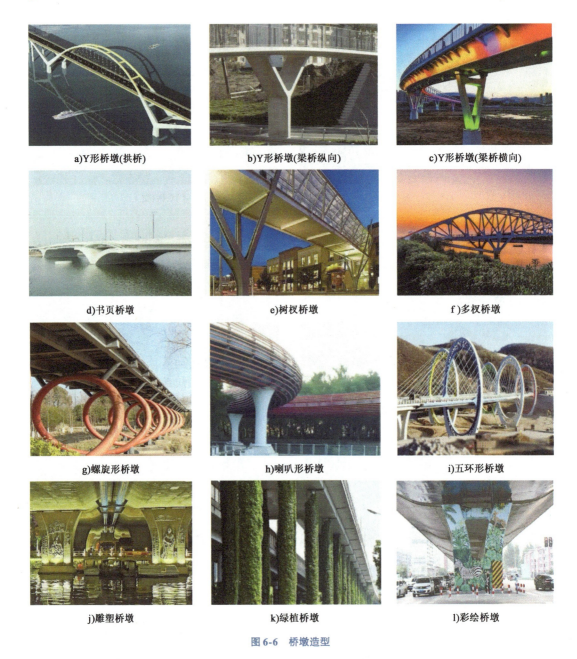

图 6-6 桥墩造型

6.3.4 桥塔

桥塔是斜拉桥和悬索桥等桥梁结构中非常关键的构件和视觉元素。桥塔的造型设计不仅影响桥梁的功能性,还决定了桥梁的美学效果。桥塔作为桥梁的"标志性"构件,其造型应具备较强的视觉吸引力,以人们从远处能识别出桥梁为佳。

桥塔的设计应考虑与周围环境相协调,考虑自然景观和城市建筑风格,以实现和谐共生。桥塔的造型可以融入当地历史、人文等艺术设计元素,使其成为文化表达的载体,成为景观桥梁的文化符号,提升整体景观效果。桥塔常见的造型有 A 形、H 形、倒 Y 形、单柱、钻石形等(图 6-7)。

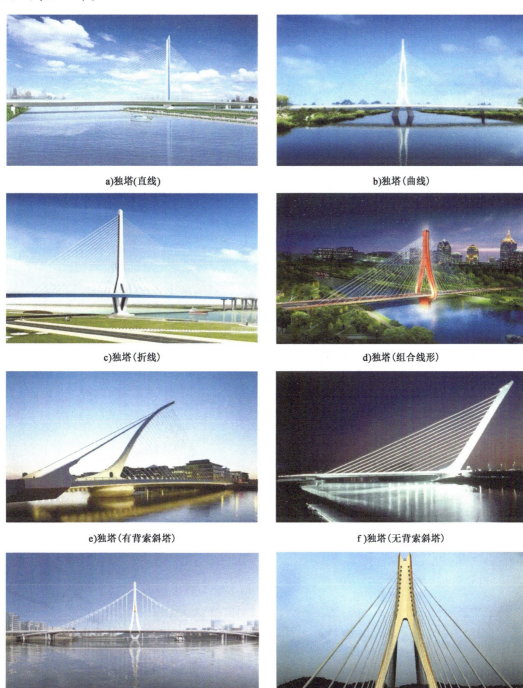

a)独塔(直线) b)独塔(曲线)
c)独塔(折线) d)独塔(组合线形)
e)独塔(有背索斜塔) f)独塔(无背索斜塔)
g)独塔(纵桥向倒Y形) h)独塔(横桥向倒Y形)

图 6-7

i) 独塔(纵桥向分叉)

j) 独塔(横桥向分叉)

k) 独塔(横桥向分合)

l) 独塔(弧形)

m) 双塔(直线)

n) 双塔(曲线)

o) 双塔(纵桥向倒Y形)

p) 双塔(横桥向倒Y形)

图 6-7

q)双塔(单背索斜塔)　　　　　　　　　　　r)双塔(多背索斜塔)

图 6-7　桥塔造型

6.3.5　吊杆

吊杆是桥梁结构中用于支撑桥面板或主梁的垂直或近似垂直的受拉构件,通常应用于悬索桥和拱桥等桥梁类型。吊杆通常采用细长的结构形式,强调轻巧感,能够在视觉上给人以轻盈的印象,同时,设计上应考虑其在动态荷载下的变形和响应。

吊杆的设计应考虑与桥塔、桥面等其他构件形成整体协调的视觉效果,确保桥梁在整体形态上的连贯性。通过对吊杆几何分布形态进行创新设计,探索平面、曲面等多种形式(图 6-8),可以增强视觉的丰富性和动态感。此外,通过合理的色彩运用和表面处理,能够增强吊杆的视觉效果,提升桥梁的整体美感。

a)平行式(拱桥)　　　　　　　　　　　b)平行式(悬索桥)

c)横桥向交叉式(拱桥)　　　　　　　　d)横桥向交叉式(悬索桥)

图　6-8

e) 纵桥向交叉式(拱桥)

f) 纵桥向交叉式(悬索桥)

g) 马鞍面(拱桥)

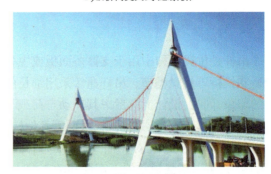
h) 马鞍面(悬索桥)

i) 双杆面(拱桥)

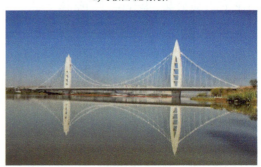
j) 双杆面(悬索桥)

k) 空间杆面(拱桥)

l) 空间杆面(悬索桥)

图 6-8　吊杆造型

6.3.6 拉索

拉索是斜拉桥中关键的承重和传力构件,其主要功能是通过拉索的拉力将桥面板或主梁的荷载传递至塔柱或锚固系统,从而满足桥梁的整体承载需求。拉索通常采用细长的形式,强调轻巧感,能够在视觉上给人以轻盈的印象。拉索索面造型设计是景观桥梁拉索设计中的关键,索面的布置可以增强视觉的丰富性和动感,提升桥梁的景观效果。斜拉桥常见的索面主要有单索面、双索面、多索面、空间索面等(图6-9)。

a)单索面(平面)

b)单索面(曲面)

c)双索面(平曲面Ⅰ)

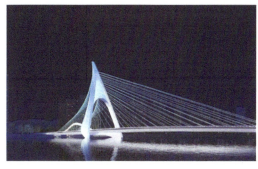
d)双索面(平曲面Ⅱ)

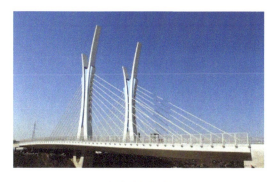
e)双索面(平行面)

f)双索面(倒V字面)

图 6-9

g) 双索面(八字面)

h) 双索面(倒八字面)

i) 双索面(马鞍面)

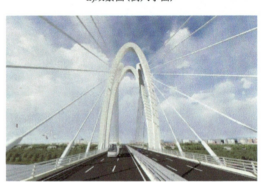

j) 空间索面

图 6-9　拉索造型

6.3.7　主缆

主缆是悬索桥的主要承重构件,通常由高强度钢丝或钢绞线编织而成。作为悬索桥的关键元素,主缆的造型设计直接影响桥梁的整体美感与视觉效果。主缆的几何形状应根据桥梁的跨度、荷载及环境条件进行优化,在设计上需要考虑主缆与其他桥梁构件的协调性,营造出和谐的整体景观。根据主缆的造型和布置方式,悬索桥的主缆可以分为单主缆、双主缆、多主缆等形式(图 6-10)。

a) 单主缆

b) 分叉主缆

图　6-10

c)双主缆(平行)

d)双主缆(不平行)

e)多主缆(竖向)

f)多主缆(横向)

图 6-10 主缆造型

6.3.8 横梁

横梁是桥梁结构中连接两侧支撑系统的水平构件。横梁不仅具有结构功能,还对桥梁整体美观性产生影响。横梁的造型应与桥梁整体设计风格相一致,同时横梁可以作为空间的分隔元素,增强桥梁的功能性与视觉效果[图 3-4j)、图 3-8a)、图 6-11]。根据横梁的造型和布置方式,桥塔中的横梁可以分为实腹横梁、桁架横梁、箱形横梁、组合横梁等类型。

a)中国结(港珠澳大桥)

b)长三角(张靖皋长江大桥)

图 6-11 横梁造型

6.3.9 风撑

风撑是桥梁结构中用于抵抗风荷载的水平或斜向支撑构件,通常布置在主梁、横梁之间或桥塔结构中,以提高桥梁的整体刚度和稳定性。在景观桥梁设计中,风撑的造型可以增强整体美感,成为桥梁的景观元素。根据风撑的造型和布置方式,桥梁的风撑可以分为水平风撑、斜向风撑、桁架风撑、组合风撑等,形状呈一字形、K字形、C字形、米字形、X字直线形、X字曲线形、曲线形、桁架形、板壳形、组合形等(图6-12)。

a)一字形　　　　　　　　　　　　　　b)K字形

c)C字形　　　　　　　　　　　　　　d)米字形

e)X字直线形　　　　　　　　　　　　f)X字曲线形

图 6-12

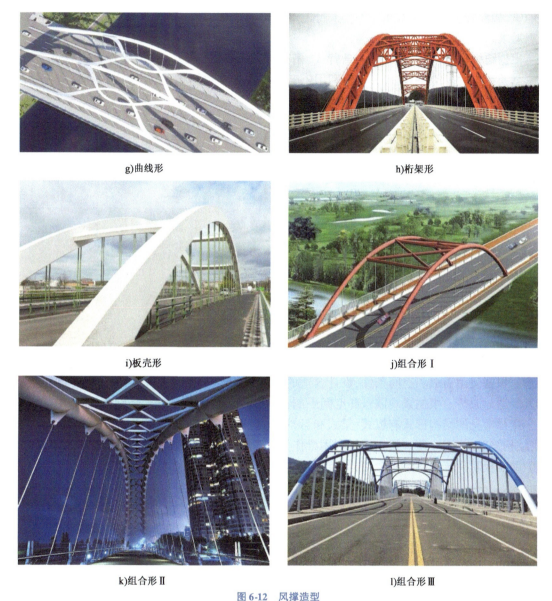

g) 曲线形　　　　　　　　　　h) 桁架形

i) 板壳形　　　　　　　　　　j) 组合形 I

k) 组合形 II　　　　　　　　　l) 组合形 III

图 6-12　风撑造型

6.4　附属设施

6.4.1　人行道

人行道是桥梁上供行人和自行车等非机动车通行的部分,其主要作用是保证行人和非机动车的安全,同时提供舒适的步行环境。在景观桥中,人行道还起到供人观赏风景、增进人与环境互动的作用。

桥梁人行道的宽度根据使用需求和桥面宽度而设置,一般采用防滑、耐磨、美观的建筑材料铺筑,如混凝土、地砖、木地板等。人行道可设计为单侧或双侧,直线或曲线形,以适应不同景观需求。

根据结构形式,人行道可分为悬臂式、桁架式和吊杆式(图6-13)。悬臂式人行道通过悬臂梁悬挂在主梁外侧;桁架式人行道利用桁架结构作为支撑结构,常用于大跨径桥梁;吊杆式人行道与主梁整体浇筑,形成悬吊结构。

a)悬臂式　　　　　　　　b)桁架式　　　　　　　　c)吊杆式

图6-13　人行道结构形式

6.4.2　楼梯

楼梯是连接桥梁上下部分的通道,主要作用是供行人上下桥,同时也可以作为桥梁的装饰元素。根据使用需求和空间条件,设计合适的坡度和踏步高度,同时要确保楼梯宽度足够,让行人舒适地通行。根据景观需求和空间限制,楼梯可以设置为直线形、螺旋形、曲线形等。

楼梯常见的结构形式有板式、梁式和悬挑式(图6-14)。板式楼梯由踏步板和支撑结构组成,结构简单,施工方便。梁式楼梯利用梁作为主要承重结构,适用于大跨径桥梁。悬挑式楼梯的踏步板悬挑于支撑结构之外,具有轻盈的视觉效果。

a)板式　　　　　　　　b)梁式　　　　　　　　c)悬挑式

图6-14　楼梯结构形式

6.4.3　栏杆

栏杆是桥梁上的安全防护设施,主要作用是防止行人和车辆跌落,同时起到美化桥梁、提升景观效果的作用。栏杆在景观设计中被广泛运用。作为景观设计的一部分,现代栏杆形式不断更新,在满足安全需求的前提下,更多的是被赋予功能性的作用,如防护、隔离、导向、优化空间等。栏杆的设置能够丰富空间层次,提升景观空间整体形象。桥梁栏杆形式变化多样,总体可以分为栅栏式、栏板式、棂格式和混合式四种形式。

1) 栅栏式

所谓栅栏式,是栏杆与立柱按等间距或有规则变化排列,用一根通栏扶手连接,根据使用材料可分为刚性和柔性(图6-15)。这种栏杆一般不加雕饰,只求规格严整、简洁明快、连续流畅、施工简便,适用于各种桥型。

a)刚性　　　　　　　　　　　　　　　b)柔性

图6-15　栅栏式栏杆

2) 栏板式

栏板式栏杆又可分为实体栏板式、镂空栏板式(图6-16)。实体栏板式是在两个立柱之间置以预制的栏板,上面常常有各种雕饰来体现民俗风情,增加艺术感,其适用于中小型石桥、混凝土桥及园林桥。长大桥也采用实体栏板式,其主要突出安全防护作用,可兼作"饰带"。镂空栏板式是将栏板按设计的图案和纹样以不同的方式镂空,留出不同几何形状的孔洞。此时不仅可以通过镂空的轮廓和形状形成刚柔、虚实、静动、疏密的美感,同时透过空隙,风景若隐若现,引起人们的遐想,增加情趣,达到无中求有的艺术效果。

a)实体栏板式　　　　　　　　　　　　b)镂空栏板式

图6-16　栏板式栏杆

3) 棂格式

棂格式栏杆以结构组成多变的棂格图案形成较强韵律感(图6-17)。这种形式的桥梁栏杆多用于一些景观场所的桥梁装饰上,而对于一些规模宏大的桥梁基本是不适用的。

a) 棂格式 Ⅰ　　　　　　　　　　　　　b) 棂格式 Ⅱ

图 6-17　棂格式栏杆

4) 混合式

混合式是前几种栏杆形式的结合,即在栅栏式的基础上,有规则地布置图案,可避免立柱式栏杆的单调感,还可赋予栏杆一定的内涵。望柱位于栏杆的端头,是体现风格、创意及铭刻桥名等标志的重要部分,古今中外桥梁都很重视望柱的造型表现,如我国古代桥梁望柱、柱头上的狮兽雕饰、西方望柱上的神话人物雕饰等。

桥梁栏杆造型千变万化,景观栏杆尚应注意以下几点:

(1) 栏杆的高度

"危楼不可居,危栏不可依",栏杆的基本功能是保证人、车的安全,如无安全感,自然也就感受不到美感。这就要求栏杆要有足够的强度和刚度,经得起适当的拥挤和一般的冲撞,给人带来心理上可依赖的安全感。原则上,栏杆高度应不低于 1.15m,但也不应过高而影响人们视线。

(2) 栏杆设计中的多样性与统一性

桥梁的栏杆设计虽然多采取千篇一律和简单明快的格调,但栏杆构件及图案造型还是可以灵活多变的,统一与变化是相辅相成、相得益彰的,既要避免单调乏味,又要和谐统一,切不可顾此失彼而破坏桥梁主体的大局。在造型变化中还应避免琐碎和零乱。

(3) 栏杆要与桥型协调一致

栏杆是桥梁总体构造的一部分,要对桥梁整体美观性起到衬托和加强作用,因此栏杆造型要适应桥型,与桥整体格调一致。

(4) 桥梁栏杆与周围环境协调一致

栏杆造型往往也体现了桥梁所在地的地域风格和民族风格。上海地区的桥梁栏杆,通常充满现代、时尚气息;新疆地区的桥梁栏杆上常有伊斯兰教风格的图案;云南西双版纳的桥梁栏板上雕有象征傣族人民吉祥的孔雀等。法国一座桥梁上的栏杆图案,则带有浓厚的欧洲风格。当然无论是考虑地域风格还是考虑民族风格,栏杆造型均要和桥梁整体形态相结合,与周围环境协调一致。

图 6-18 为一些具有代表性的桥梁栏杆造型。

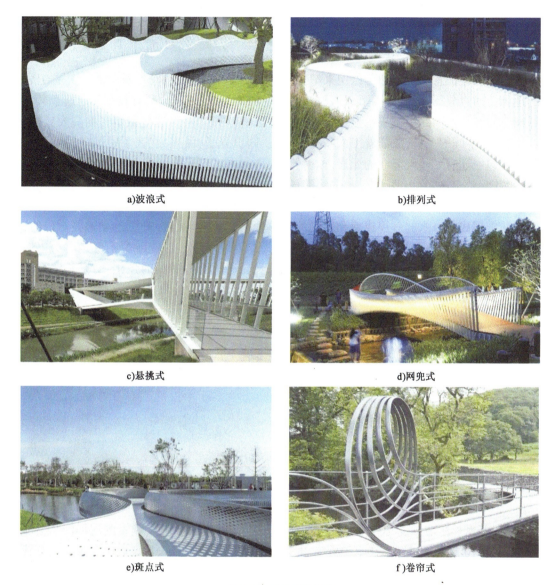

图 6-18 桥梁栏杆造型

6.4.4 雕塑

在景观桥梁设计中,雕塑不仅仅是装饰元素,更是桥梁美学和文化表达的重要载体。雕塑通过艺术表达增强了桥梁的视觉吸引力,同时也可以传递特定的文化、历史和社会意义。雕塑在景观桥设计中的作用主要体现在四个方面:

①增强视觉吸引力。雕塑能够增强桥梁的艺术感和美感,使其成为景观中的亮点,通过独特的造型和设计,雕塑能够吸引游客和行人的注意,提升桥梁的观赏价值。

②反映地方文化。雕塑可以反映当地的历史、文化和传统,成为文化表达的重要载体,通过雕塑,设计师可以讲述一个故事或者传达一种精神,使桥梁具有更深层次的意义。

③提供使用功能。雕塑不仅仅是美学元素,还可以与桥梁的功能设计相结合,作为功能性装饰,例如作为栏杆、灯柱或座椅的一部分,这样的设计不仅美观,还具有实际的使用价值,提升桥梁的整体功能性。

④纪念和象征意义。雕塑可以用来纪念重要的历史事件或人物,使桥梁成为具有纪念意义的地标。通过象征性的设计,雕塑能够传递特定的价值观或理念,具有教育和启迪意义。

南京长江大桥南北小桥头堡上各有一对大型雕塑(图6-19)。这些雕塑人物高大威猛,神态庄重,手持不同的工具,象征着工人、农民、士兵、知识分子、商人,代表了中国人民的团结和力量。雕塑中还有一些象征性的元素,如齿轮、麦穗和书本,分别代表工业、农业和文化教育。桥栏上装饰有一系列的小型浮雕,这些浮雕描绘了中国人民在建设社会主义过程中取得的各种成就,包括工业生产、农业丰收、科技进步和文化繁荣。浮雕通过生动的描绘和细致的刻画,展示了新中国成立以来的辉煌成就和人民的幸福生活。雕塑不仅提升了桥梁的美学价值,还通过艺术表达,深刻地反映了中国人民的奋斗精神和建设成就。这些雕塑不仅是对历史的纪念,也是对未来的激励,具有重要的文化和教育意义。通过这些雕塑的强化,南京长江大桥不仅是连接南北的交通要道,更成为中国人民团结奋斗、自强不息的象征。

a)南桥头堡雕塑

b)北桥头堡雕塑

图6-19　南京长江大桥工农兵学商雕塑

享有"万里长江第一城"美誉的四川宜宾自古多桥,其辖下的珙县,蜿蜒的巡场河从县城穿过,河面上有10座桥梁,被称为"十子桥"。珙县将中华传统文化、社会主义核心价值观与现代建筑相结合,对城区的10座桥梁进行文化打造,沿着巡场河从北往南依次铺开,把孔子、孟子、老子等十大思想家的核心文化思想注入桥梁,分别命名为孔子桥(图6-20)、孟子桥、老子桥等。桥梁装饰设计时把法家法治思想、道家的智慧哲理、儒家的礼修文化、纵横家的大国外交意识等诸子百家文化与桥梁升级改造融合起来,运用书法、雕塑等艺术手法赋予这些桥梁独有的文化味和思想性,赋予其新的内涵和意义,希望用最贴切的方式引发人民群众的关注,以最接地气的形式便于人们接受,实现社会主义核心价值观理论教育和实践教育的巧妙融合。

6.4.5　观景台

桥梁观景台的主要功能是为行人提供安全、便捷的观景区域,使他们能够欣赏到桥梁周围的美景和城市风貌。观景台通常设有护栏、座椅和信息牌,部分还可能配备望远镜、照明设施等,以提升观景体验。

a)整体　　　　　　　　　　b)桥头雕像　　　　　　　　　c)桥头雕塑

图 6-20　四川宜宾珙县十子桥之一——孔子桥

观景台主要有悬挑式、嵌入式、独立式等多种结构形式（图 6-21）。悬挑式观景台是从桥梁主体向外悬挑,能够提供更广阔的视野;嵌入式观景台与桥梁主体结构融为一体,通常位于桥梁的两侧;独立式观景台在桥梁附近单独设立,与桥梁通过步道或平台相连。

a)悬挑式　　　　　　　　　　　　　　　b)独立式

图 6-21　典型的观景台结构形式

6.4.6　灯光

灯光作为桥梁景观的重要组成部分,其设计直接影响桥梁的夜景效果和整体美观性。灯光设计应贯彻美观、实用、经济、环保的设计理念,与桥梁的功能、结构、环境和文化特色相结合,创造舒适的光环境,避免眩光和光污染。

桥梁灯光包括功能照明和景观照明两个方面。功能照明是指满足桥梁的基本照明需求,如人行道、车行道的照明。景观照明是指通过重点照明、轮廓照明等方式,突出桥梁的美学特征。

1) 功能照明

功能照明包括车行道、人行道、楼梯、扶手等必要的照明。为行人和车辆提供安全可靠的通行环境,提高桥梁的通行效率,是桥梁功能照明设计的主要目标。

灯柱是功能照明设计中重要的景观元素。灯柱的设计风格应与桥梁的整体设计风格相协调,形成统一的视觉效果（图 6-22）。根据桥梁的特点,设计造型独特的灯柱,可以增强桥梁的标识性和艺术性。灯柱除了照明功能外,还可以集成监控、指示牌、Wi-Fi 等功能。灯柱的高度需根据桥梁的宽度和人的视线高度来确定,确保光线均匀覆盖桥面。根据环境条件和设计要求,灯柱要选择耐候性强的材料,如不锈钢、铝合金、玻璃等。

a)玉兰花(南京长江大桥)　　　　　　　　　　　　b)牡丹花(洛阳牡丹桥)

图 6-22　桥梁照明灯柱造型

2)景观照明

景观照明是指对桥梁轮廓、特殊结构、桥头雕塑等部位的装饰性照明。景观照明设计的目标包括美学目标和社会文化目标两个方面。一是通过照明设计突出桥梁的结构特点和美学元素，增强桥梁的视觉冲击力，同时创造温馨、舒适或庄重的夜景氛围，提升桥梁及其周围环境的夜间景观效果；二是通过照明设计传达桥梁所在地的文化特色和历史内涵，同时助力桥梁成为城市的重要地标，提升城市的整体形象和知名度。

景观照明设计应具有独特的艺术风格，通过创新的设计手法，体现桥梁的个性，使桥梁在夜幕下呈现出与众不同的视觉效果。景观照明宜采用先进的照明技术和设备，提高照明效率和可靠性，同时还要考虑照明系统的长期运行成本和环境影响，实现节能环保。此外，需要注意的是，景观照明设计涉及建筑、结构、电气、环境等多个学科领域，在设计过程中需综合考虑结构、材料、成本、维护等多方面因素。

结合桥梁美学以及景观照明的基本原则，可采用点、线、面结合，动态与静态结合的照明方式突出桥梁的特征，以表现桥梁总体艺术造型与个性结构。为达到有效的艺术效果，需对护栏、立柱、轮廓等进行亮化勾勒设计。

(1)桥梁护栏照明

护栏通常是需要灯光渲染的地方，可以展示整个立交桥的风格，对桥梁亮化的整体展示有重要意义。桥梁护栏照明一般有两种形式：一种是间隔安装点状光源，这种形式可以勾勒护栏，让桥梁具有运动感[图6-23a)]；另一种是用连续的线形发光体画出护栏的轮廓[图6-23b)]。

(2)桥梁轮廓照明

桥梁轮廓照明是桥梁照明最重要的部分。桥梁轮廓照明的主要特点是上部栏杆和下部桥孔有鲜明的对比(图6-24)。例如浙江玉环漩门湾大桥，桥上的照明在日常模式下是暖色调的，在节日模式下是丰富多彩的，充分展示了玉环的新时代风貌。为达到"明月如水"的通透效果，设计团队根据桥体造型创新性地设计了点光源和穿孔板结合的安装方式，还定制了1080块喷涂桥体颜色的穿孔板，外挂于桥梁立面，既能避免破坏桥体结构，又能巧妙地隐藏灯具，达到"见光不见灯"的效果。

(3)桥梁主梁照明

桥梁主梁照明是桥梁照明重要的部分。所以桥梁主梁的灯光照明也是桥梁亮化工程中不可或缺的一部分。主梁照明的特点是上部栏杆和主梁形成色彩对比(图 6-25)。例如南京新庄立交桥,主梁的景观照明以其独特的现代科技与艺术美学融合为特点,采用先进的 LED 动态照明技术和智能感应控制,实现了光影的流畅变化与色彩的快速转换,既强调了桥梁结构的雄伟壮观,又通过层次分明的设计营造出和谐统一的视觉美感。

a)点状发光体

b)线形发光体

图 6-23 桥梁护栏照明

a)山东东营垦利民丰湖卧龙桥

b)浙江玉环漩门湾特大桥

图 6-24 桥梁轮廓照明

a)河北市政桥梁夜景照明亮化工程

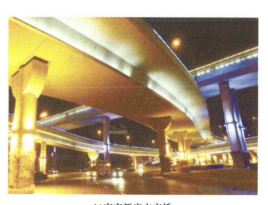
b)南京新庄立交桥

图 6-25 桥梁主梁照明

（4）桥梁索面照明

桥梁索面照明的特点在于通过精心设计的照明手法,充分展现桥梁索面的结构特征和曲线美,同时与周边环境和谐相融。桥梁索面照明不仅增强了桥梁的立体感,还通过光影变化,丰富了城市夜间景观的空间层次,为人们带来了视觉上的享受和审美上的愉悦。例如山东青岛墨水河大桥和南昌英雄大桥的灯光设计都充分展现了桥梁美学的魅力(图6-26)。前者通过光影交织和色彩搭配,营造出如梦如幻的夜景效果;后者则通过突出桥梁结构美学,以动态灯光秀的设计手法,展现出桥梁的独特魅力和城市的活力。这些设计手法和理念不仅提升了桥梁自身的美感,也为城市夜景的打造和城市文化的传播做出了重要贡献。

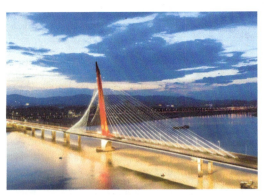

a)山东青岛墨水河大桥　　　　　　　　　　　b)南昌英雄大桥

图6-26　桥梁索面照明

桥梁照明是城市夜景的重要元素,也是重要的城市公共空间装饰元素,灯具设计安装时需结合桥梁造型结构,勾勒出大桥轮廓,亮灯时,不破坏桥梁本身美感,将桥梁夜间的主体造型通过灯光渲染淋漓尽致地展现出来,能形成良好的景观效果。桥梁在提供交通方便的同时,打造夜景标志景观,能促进夜间消费,提升城市经济发展水平。桥梁亮化能提高城市整体的形象,创造亮点,吸引人们的注意。桥梁照明设计需要注意以下几个方面:

①满足功能照明要求。

大桥照明设计首先必须满足大桥的功能照明要求,行车道路照明部分的照明设施需具有良好的光照度。

②桥梁亮化设计趋向整体美观性。

桥形造型艺术元素丰富,应反映桥梁建筑的个性化、整体美观性与实质美。

③防止照明灯具变成负担。

不论是欣赏型的照明灯具,如道路照明灯,还是隐藏工程型的灯具,如投光灯,都具备体现公路桥梁亮化工程中对文化艺术的追求,完善当代工程建筑景观的功能。设计时,照明灯具应与桥梁亮化景观形成一体,以防桥梁亮化工程实施后照明灯具变成负担,影响美观。

④突出大桥特色,强化造型。

由于城市建筑结构技术飞速发展,出现了各种形式的桥梁造型,这为桥梁景观学持续引入新生力量,也为景观规划造就新的演出舞台。大桥主照明要求突出其特色,强化造型,追求灯光照明艺术性与功能性的结合。

6.5 本章小结

在桥梁景观体系中,景观桥梁构件的个体层面与景观桥梁体系层面是辩证统一的。个体构件各有其独特功能,如栏杆保障安全、桥面板方便通行、桥墩承受重量等,它们都有着不可替代的价值。然而,每个个体又紧密依存于整体,脱离了整体的设计理念,便会破坏美感。而整体景观桥梁的效果又依赖于各个构件的完美组合,个体的精妙在整体中得以升华,二者相辅相成。

景观桥梁体系中的个体构件从受力特征上主要分为受拉、受压和受弯三种类型。受拉构件的景观造型特征是细长,这类构件主要有吊杆、拉索、主缆。受压构件的景观造型特征是粗壮,这类构件主要有主拱、桥墩、立柱、桥塔、横梁、风撑。受弯构件的景观造型特征是外形与弯矩的协调,这类构件主要有混凝土和钢结构主梁。

附属设施在景观桥梁中有着重要作用。人行道为行人提供安全的通行空间,确保行人能顺利地在桥上行走,观赏风景。楼梯方便行人从不同的高度到达桥上,是连接不同平面的重要通道。栏杆保障行人安全,防止坠落,并且其样式、材质可以成为景观桥的装饰元素,增强视觉美感。雕塑是景观桥梁的艺术点缀,赋予桥梁文化内涵,成为视觉焦点,营造艺术氛围。观景台为人们提供绝佳的观赏视角,让人们可以驻足欣赏周围的风景。灯光不仅为夜间通行提供照明,保障安全,还能勾勒出桥梁的轮廓,营造出独特的夜间景观,增强景观桥的吸引力。这些附属设施从安全、实用和美观等角度完善了景观桥梁的功能。

思 考 题

1. 景观桥梁受力构件的基本分类依据是什么?
2. 主梁在桥梁景观中的作用是什么?
3. 拱桥主拱的设计对桥梁美学有何影响?
4. 桥墩在桥梁景观中的美学价值体现在哪里?
5. 立柱作为桥梁构件,如何提升其景观效果?
6. 桥塔在景观桥梁中的标志性作用体现在哪些方面?
7. 吊杆在桥梁结构中的视觉作用是什么?
8. 拉索索面造型设计在桥梁景观中的重要性是什么?
9. 主缆的造型设计对悬索桥整体美感的影响有哪些?
10. 如何利用灯光照明来塑造桥梁的整体景观效果?

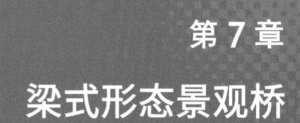

第7章
梁式形态景观桥

第 7 章   梁式形态景观桥

7.1 引言

梁式形态景观桥主要有简支梁桥、连续梁桥、刚构桥、桁架桥和曲线梁桥等,该类景观桥受力简单明确,结构造型简洁,给人以平直刚劲、简洁有力之感。梁式形态景观桥通常与江河、地平线、城市直线条的建筑相一致,具有很强的穿越感和水平伸展力。梁式形态景观桥在景观造型上具有统一性、和谐性、均衡稳定、比例协调、韵律感、流畅性、适应性、多样性等显著优势,在桥梁美学中占据重要地位,成为最为常见的景观桥型之一。虽然梁式桥在基本结构上相对简单,但其在形态创新上却具有极大的潜力。通过调整梁式桥结构外形、桥墩的形状、主梁的截面形式,以及桥梁的跨度和布局等参数,可创造出多样化的梁式桥形态,实现不同的意象表达。这些形态各异的梁式形态景观桥不仅满足了不同的使用需求,还丰富了桥梁的美学表现力和文化内涵。

7.2 基本组成

梁式桥的基本组成(图 7-1)不仅体现了其实用性,也展现了其独特的审美价值。梁式桥作为一种造型艺术,通过桥梁建筑实体与空间的形态美及相关因素的美学处理,实现了实用与审美的完美结合。梁式桥的各个组成部分在美学上的相互协调和配合,共同构成了梁式桥整体的美感。

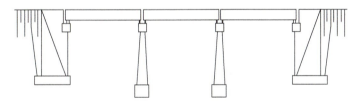

图 7-1 梁式桥结构示意图

梁式桥的上部结构为主要承重结构,是其美学的核心部分。这一结构由主梁、横梁等构件组成,用于承受车辆和行人荷载。在美学上,桥跨结构的设计需要考虑"形式美"的要求,如采用比例、对称、韵律等手法,以创造出和谐、美观的视觉效果。

梁式桥的下部结构,包括桥墩和桥台,是桥梁的重要支撑结构,用于承受桥梁的自重和荷载。这些结构在美学上同样重要,它们与桥跨结构相协调,共同构成梁式桥的整体美感。桥墩和桥台在设计上需要注重其形态和比例,以创造出与桥跨结构相协调的整体效果。

梁式桥的基础是其下部支撑结构,用于固定桥梁并承受荷载。虽然基础在视觉上可能不如桥梁上、下部结构显著,但它对于桥梁的稳定性和安全性至关重要,也是桥梁美学不可或缺的一部分。

7.3 受力分析

根据梁式形态景观桥的结构形式,分别对简支梁桥、连续梁桥、刚构桥、桁架桥和曲线梁桥的结构特征进行受力分析。

7.3.1 简支梁桥

简支梁桥作为梁式桥中应用最早、使用最广泛的一种桥型,其结构简洁、受力明确(图 7-2)。其静定结构使得简支梁桥在外观上呈现出简洁的线条,给人以清晰、直观的美感。简支梁桥在荷载作用下主要产生弯矩和剪力。跨中弯矩最大、梁端弯矩为零,梁体呈优美的弧线;剪力则主要集中在梁端支座处,体现了力的集中与传递之美。由于各跨单独受力,结构受力比较单纯,不受支座变位等影响,桥梁在承受荷载时能够保持稳定的形态。

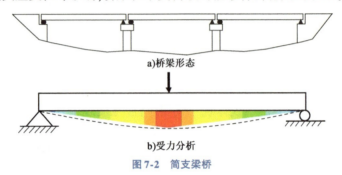

a)桥梁形态

b)受力分析

图 7-2 简支梁桥

7.3.2 连续梁桥

连续梁桥的连续性不仅体现在桥梁的整体结构上,也体现在其受力上(图 7-3)。连续梁桥在跨中和支座处都有特定的连续受力分布,形成了独特的受力曲线,展现了结构的连续性和流畅性。连续梁桥在跨中位置主要承受正弯矩,而在支座位置则主要承受负弯矩。这种受力分布体现了力的平衡和匀称,是桥梁美学的重要体现。正弯矩与负弯矩的相互作用,使得桥梁在受力时能够保持稳定的形态,展现出一种均衡和谐的美感。

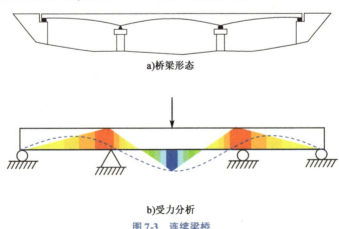

a)桥梁形态

b)受力分析

图 7-3 连续梁桥

7.3.3 刚构桥

刚构桥的受力特点不仅体现了其结构上的稳定性和安全性,同时也为桥梁设计增添了独特的审美价值(图7-4)。刚构桥受力较为均匀,桥梁结构在承受外力时能够均匀分担荷载,避免了局部构件承受过大的荷载而导致结构破坏。在美学上,这种受力均匀性使得桥梁的形态更加稳定,给人一种安全感和可靠感。同时,它也使桥梁的线条更加流畅、形态更加美观。连续刚构桥采用墩梁固结的方式,上部结构和下部结构共同承受荷载作用,减小了墩顶负弯矩。这种结构形式不仅提高了桥梁的整体性能,也使得桥梁形态在视觉上更加和谐统一。

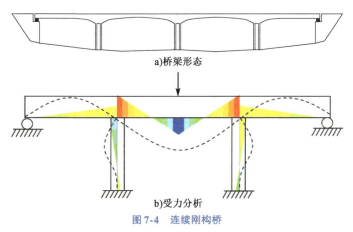

图7-4 连续刚构桥

7.3.4 桁架桥

桁架桥在美学上表现为结构的清晰与简洁、力的平衡与和谐、形态与功能的统一、材料的质感与表现力以及空间的层次性与韵律感(图7-5)。桁架桥由上弦、下弦和腹杆组成,这种结构形式下的桥梁受力路径清晰明了,体现了"少即是多"的设计理念,即通过最少的元素达到最大的效果。简支桁架桥上弦受压、下弦受拉,形成力偶来平衡外荷载产生的弯矩;斜腹杆则通过轴力的竖向分量来平衡剪力。这种力的平衡不仅保证了桥梁的稳定性,也在视觉上呈现出一种和谐之美。各个杆件之间相互协作,共同抵抗外部荷载,形成了一种动态的平衡状态,给人以美的享受。

7.3.5 曲线梁桥

曲线梁桥以其流畅的线条和优雅的形态,能够很好地融入自然和人文环境,展现出独特的艺术魅力(图7-6)。由于曲线梁桥的弯扭耦合作用,梁体在受力时会产生独特的变形和位移,这种动态变化为桥梁增添了生动性和趣味性。曲线梁桥的设计充分利用了曲线的美学特性,通过曲线来构建桥梁的形态,使桥梁在视觉上呈现出一种动态美和流动感,成为一道亮丽的风景线。曲线梁桥不仅仅是一种桥梁结构,还承载着设计师对美的追求和表达。

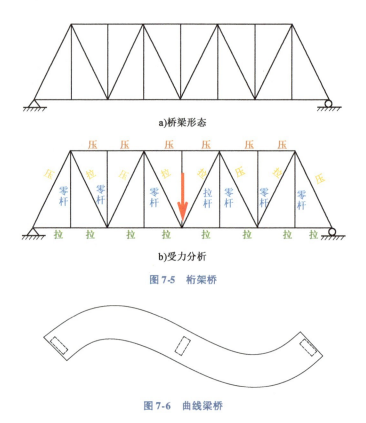

a)桥梁形态

b)受力分析

图 7-5 桁架桥

图 7-6 曲线梁桥

7.4 景观造型

7.4.1 平面造型布置

梁式桥的平面造型布置丰富多样,通常可分为直线形、折线形(倒 Y 形)、曲线形(L 形或 S 形)、交叉形(X 形或 8 字形),如图 7-7 所示。直线形梁式桥[图 7-7a)]应用最广,其以最短的距离跨越河流,可为行人提供最短的路径,满足通行效率的要求。

折线形(倒 Y 形)梁式桥[图 7-7b)]多源于对场地中相对复杂的河流条件或道路条件的处理,是城市慢行系统中的重要节点。从平面上看,其在一侧河岸一分为二,连接两侧河岸的三条道路。澳大利亚坎贝尔码头人行桥就是折线形梁式桥的典型代表,其同时跨越码头入口和大联合运河,连接三侧河岸(图 7-8)。

曲线形(L 形或 S 形)梁式桥在直线形梁式桥的基础上演化而来,其桥面长度更长,可形成较长的缓坡,既能满足通航净空的要求,又能满足桥面坡度的要求[图 7-7c)、d)]。例如,英国加洛尔德桥便采用了 L 形布置造型[图 7-9a)]。相比于 L 形桥,S 形桥进一步具备两方面的优势:具有更长的桥面,可大大增加行人的过桥路径长度,增加桥上游览时长;行人目视方向不断转换,在行进过程中不断转换视角,欣赏不同方向的河岸风光,进而获得富有变化的步行体验。深圳虹桥公园中的单柱多曲景观桥便采用了多个 S 形相结合的梁式桥造型[图 7-9b)]。

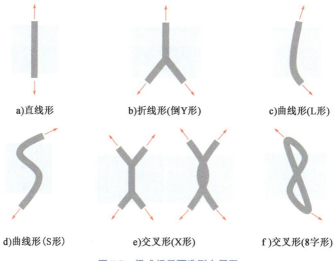

图 7-7　梁式桥平面造型布置图

图 7-8　澳大利亚坎贝尔码头人行桥

a)英国加洛尔德桥

b)深圳虹桥公园单柱多曲景观桥

图 7-9　典型的曲线形梁式桥

交叉形(X形)梁式桥分为两种,一种为桥中央连接在一起,另一种为桥中央分离开来相互穿插[图7-7e)]。X形桥能够适应更加复杂的场地条件,在两岸分别连接多条不同空间、不同方向、不同高度的道路。太原跻汾桥是典型的X形桥,两个交叉错落的反向弧形桥面在中央等高处由平台连接(图7-10)。X形平面西连大剧院平台,东连学府街,同时与两岸的公园小径相接。跻汾桥在契合复杂场地环境的同时,也为行人提供多样的路径选择。

图7-10　太原跻汾桥

8字形梁式桥是交叉形梁式桥的另一种造型,其将直线形与S形相复合,兼具两者的美学及功能性优势[图7-7f)]。荷兰的梅尔克维格桥便是典型的8字形梁式桥代表(图7-11)。行人可以在高12 m的拱结构步行道上领略城市的风貌;同时,桥梁需要满足骑行的坡度要求,形成一条长度至少100 m的S形骑行道。

图7-11　荷兰梅尔克维格桥

7.4.2　空间造型布置

梁式桥的空间造型布置需综合考虑桥梁的功能需求、跨越能力、地形条件、施工难度、经济成本以及美学要求等多方面因素,以满足结构安全可靠、经济合理和美观大方等设计要求。梁式桥按空间造型布置分类主要有等截面直线梁桥、变截面梁桥、曲线梁桥、斜交梁桥等。

等截面直线梁桥是最为常见和简单的形式，梁体的截面在全桥范围内保持相同，桥梁的轴线为直线。等截面直线梁这种布置形式简洁明了，施工方便，适用于跨度相对较小、地形较为平坦的情况。图7-12a)为上海某公园的一座景观桥，该桥采用了等截面直线梁的布置形式。

变截面梁桥梁体的截面沿着桥跨方向发生变化，常见的有变高度和变宽度两种。变高度梁桥可以增强桥梁的跨越能力，同时在美学上能营造出一种轻盈、流畅的感觉。图7-12b)为内卡尔滕茨林根桥，其采用了变截面梁的布置形式。

曲线梁桥的轴线呈曲线，造型优美，能够更好地适应路线的走向和地形的变化。但曲线梁桥的受力较为复杂，需要特别注意扭矩和横向位移的影响。图7-12c)为西安灞河跨河人行桥，其以丝路元素的创意为桥梁设计切入点，桥身宛若一条蔓延的绸带，将灞河两岸的景观相接，串联起周边的绿道。

斜交梁桥的轴线与桥台或桥墩的轴线不垂直，形成一定的斜交角度。斜交梁这种布置形式可以缩短桥梁的长度，节省工程造价，但在设计和施工中需要考虑斜交带来的特殊受力情况。图7-12d)为交叉形梁式桥太原跻汾桥，其造型为两条纽带，双弧交叉的桥面与连续变化的连接杆件，形成了一个DNA分子一样的空间结构，有新旧传承的含义，被誉为架在汾河上的"摇篮"。

a)等截面直线梁　　　　　　　　　　　b)变截面梁

c)曲线梁　　　　　　　　　　　　　d)斜交梁

图7-12　梁式桥的空间造型布置形式

7.4.3　梁体造型布置

梁式桥按梁体造型可分为实腹式梁桥（如钢箱梁桥）和空腹式梁桥（如桁架梁桥）等（图7-13）。实腹式梁桥的外形简单，制作、安装、维修方便，因此中、小跨径桥梁多采用这种构造形式。常见的截面形式有板梁、T形梁或箱形梁等。这些形态各异的截面形式,不仅满足了桥梁的承重需求,也为景观造型增添了多样性。桁架梁桥中组成桁架的各杆件基本只承受轴向力,可以较好地利用杆件材料强度。桁架梁一般用钢材制作,构造复杂但美观大方,多用于较大跨径桥梁。其独特的结构形态,使得桥梁在视觉上更具层次感和空间感。

a)实腹式(南京映虹桥)

b)空腹式(新疆昌吉头屯河大桥)

图 7-13　梁式桥主梁造型布置形式

7.4.4　桥墩造型布置

桥墩的造型布置通常会考虑桥梁的整体风格、所处环境、文化背景以及结构需求等因素,以实现功能与美学的统一。不同的桥墩造型可以为桥梁增添独特的魅力,使桥梁与周围环境相融合,形成一道道美丽的风景线。桥墩类型众多,常见的有矩形墩、圆形墩、尖端形墩、牦牛腿式墩、雪莲花式墩、双薄壁墩、刚构式桥墩、薄壁墩、水滴形墩、多切面墩、艺术彩绘墩等。图 7-14 为一些典型的梁式桥桥墩造型。

矩形墩的形状较为规整、简洁,给人一种稳重、坚实的感觉。圆形墩具有流畅的线条,视觉上较为柔和。尖端形墩形状独特,可以增强桥梁的视觉层次感和动态感。牦牛腿式墩[图 7-14b)]为牦牛腿式变截面双圆柱墩造型独特,富有地域文化特色,如青藏铁路拉萨河特大桥的主桥桥墩便采用了此种造型。雪莲花式墩具有一定的艺术感和象征意义,如拉萨河特大桥的引桥桥墩设计为雪莲花式变截面圆端形墩。

双薄壁墩[图 7-14c)]由两个相互平行的墩壁与主梁刚接或铰接而成,可提高桥梁刚度并具有独特的视觉效果。刚构式桥墩形式多样,如 V 形[图 7-14d)]、Y 形[图 7-14e)]、T 形[图 7-14f)]等,造型美观,常应用于城市桥梁。水滴形墩造型可凸显水文化,具有现代感和艺术气息,如嘉陵江首座水滴形斜拉桥的主桥桥墩酷似天上滴落的一滴水珠。多切面墩通过多个切面的设计,使桥墩看起来更加纤细精致,增加了美学价值。艺术彩绘墩通过在桥墩表面彩绘,以融入各种图案、色彩或主题元素,使其成为具有创意和个性的艺术景观,如一些校园里的彩绘桥墩等。

a)矩形墩　　　　b)牛腿式墩　　　　c)双薄壁墩

d)V形墩　　　　e)Y形墩　　　　f)T形墩

图7-14　梁式桥桥墩造型布置

7.5　意象表达

梁式形态景观桥的结构相对简单,线条简洁,给人以直接、清晰的视觉感受,其外形通常较为规整,具有秩序感和稳定感,能与多种环境相融合。基于此优势,可以进行不同的梁体设计和组合,以适应不同的地域风格、景观需求和建筑氛围,展现出较强的适应性。通过独特的设计,梁式形态景观桥容易在特定区域成为标志性的建筑,提升区域的辨识度。梁式形态景观桥常表达为龙、鱼、舟、弓、植物等意象。

7.5.1　龙

龙是中华文化的象征之一,具有吉祥、权威等寓意。龙形梁桥一般设计成蜿蜒曲折的桥梁形态,桥墩和桥面线条模仿龙的身形和鳞片,整个桥梁仿佛一条巨龙横卧在水面上。通过运用曲线和弧线来塑造龙的身体,结合桥墩和桥面的布局,形成流畅而富有动感的视觉效果。同时,在桥梁的局部细节中加入龙的元素,如龙头、龙尾等,提高桥梁的辨识度和突出桥梁的文化特色。

例如位于山东招远龙王湖上的龙王湖跨湖景观大桥[图7-15a)],桥梁全长394m,主梁跨径为146m,桥宽5m,是连接龙王湖东西两岸的重要桥梁。该桥将卧龙造型与桥梁景观相结合,湖面开阔、山水和谐,呈现出了"一桥飞架龙王湖,水面腾空见彩虹"的景色。

再有位于四川省攀枝花市的米易龙桥[图7-15b)],该桥同样利用了"龙"的意象表达。米易县是中国颛顼文化之乡,龙桥传说与颛顼帝有关。相传颛顼帝曾在米易治理水患,将一条作恶的黑龙镇压在安宁河中,又让其化作一座桥梁,后该桥被称为"龙桥"。米易龙桥是米易县的地标性建筑之一,反映了当地的建筑风格和文化特色。它与米易的山水园林城市景观相得益彰,为城市增添了独特的人文色彩。

a)山东招远龙王湖跨湖景观大桥　　　　　　　　b)四川攀枝花米易龙桥

图 7-15　龙形梁式形态景观桥

7.5.2　鱼

鱼形梁桥的设计灵感来源于鱼类遨游于水中的动态场景,具有生动、活泼的视觉效果。桥梁的跨度和高度可以根据具体场地条件进行调整,形成独特的桥梁造型。桥面可以设计成微微上翘的弧形,模拟鱼类跃出水面的姿态。桥墩可以设计成鱼鳍或鱼尾的形状,与桥面形成协调的整体效果。同时,可以在桥梁的装饰中加入鱼的元素,如鱼纹、鱼鳞等,增强桥梁的观赏性和趣味性。

例如深圳听海桂湾河桥,又名"海之浪",是一座位于深圳市南山区的景观桥[图 7-16a)]。该桥处于粤港澳大湾区核心深圳前海的中心腹地,是连接桂湾片区和铲湾片区的重要纽带,也是国内仅有的两座双鱼腹桥梁之一。"海之浪"最具特色的设计是其双鱼腹式的桥梁底部。流线型曲线鱼腹梁主桥与变截面曲面钢箱梁人行桥相结合,形成高低起伏的梁底曲面,如同海底的波浪起伏。在两个鱼腹之间还有一串圆形采光孔,光线透入后会让水面呈现出不同的光影效果。夜晚,配合曲线环状的灯带,桥底会映射出一道道涟漪,美不胜收。

再有深圳梦海桂湾河桥,又名"海鱼",是一座位于深圳前海合作区的景观桥[图 7-16b)]。该桥独特之处在于采用了鱼腹式的钢梁,使得整座桥看起来像是一条巨大的海鱼在海面上游动。这种设计不仅美观,还能够提高桥梁的稳定性和承载能力。

a)深圳听海桂湾河桥　　　　　　　　　　　　b)深圳梦海桂湾河桥

图 7-16　鱼形梁式形态景观桥

7.5.3 舟

舟形梁桥以舟的形状为灵感,象征着航行和通达。主梁部分可以设计成类似于船底的弧形,给人以平稳、安全的感觉。桥梁的墩台或支撑部分也可以模拟船头或船尾的造型,进一步强化整体效果。

例如位于南京市浦口区的南京浦口青奥桥[图7-17a)],采用三跨连续空间钢桁架结构,构思来源于综合馆"长江之舟"的轮船造型,与船的整体意境一致,用起伏的桁架和曲线表现波浪,与主体建筑相得益彰,形似停在江边的巨轮,寓意江舟乘风破浪,驶向未来。同时,结构杆件的变化和尺寸也满足结构受力的需要,每个杆件都具有其必要的力学作用,且没有多余的装饰构件,造型形式和结构功能实现完美的融合。

再有深圳前海公共空间G9人行桥[图7-17b),效果图],又名"轻舟启航",是一座横跨滨海大道的三跨连续梁桥,跨径布置为(20.65 + 34.36 + 35.35 + 20.49)m,其设计理念充分结合了自然山水和滨海文化元素,构建了人文与绿色荟萃的人性化工作和生活环境。

a)南京浦口青奥桥

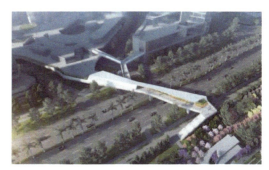
b)深圳前海公共空间G9人行桥

图7-17 舟形梁式形态景观桥

7.5.4 弓

弓形梁桥以弓的形状为灵感,象征着力量和稳定。主梁部分可以设计成向上凸起的弧形,类似于弓的形状。这种设计不仅可以提高桥梁的结构强度,还可以使桥梁在视觉上更加优雅和具有动感。

例如位于杨浦大桥旁洋泾港的上海洋泾港步行桥,又名"慧泓桥",是浦东东岸开放空间贯通的第一座慢行桥梁[图7-18a)]。该桥将结构、功能及造型三者结合,利用高差分流骑行、跑步及漫步的人群。该桥横跨洋泾港和陆家嘴,清水一道为泓,结构如弓,隐喻浦江东岸第一桥蓄势待发之张力。洋泾港步行桥的独特之处在于其折纸般的造型。这种设计不仅美观,还能够提高桥梁的稳定性和承载能力。

再有北京昌平鲁疃桥[图7-18b)],其是一座备受关注的桥梁,位于京承高速以西,北六环以南,南起定泗路,北至顺于路西延,宽45m,全长568m。其造型独特,既像两把放倒的弯弓,又像天使之翼,造型优美。

a) 上海洋泾港步行桥　　　　　　　　　　　　b) 北京昌平鲁疃桥

图 7-18　弓形梁式形态景观桥

7.5.5　植物

部分梁桥的设计巧妙地融入植物的元素或形态，在满足桥梁基本功能需求的同时，也展现出了独特的艺术魅力和与自然环境相融合的特色。

例如位于陕西省西安市高新区科技六路木塔寺生态遗址公园北侧的西安木塔寺人行天桥[图7-19a)]，是西安第一座曲线无障碍人行天桥，因独特的造型和郁金香花朵的设计创意，被西安市民誉为西安最酷、颜值最高的人行天桥。该桥总体呈南北走向，全桥长约110m，桥面宽4m，用曲线代替直线，形似飘带。从远处看去，波浪形的桥体优雅大气。从高处向下望，该桥形似一朵美丽的郁金香。

再有位于成都市绕城高速狮子立交西侧的成都跨成渝高速桥[图7-19b)]，又名"花之桥"，以成都市市花芙蓉花为设计立意，连通了青龙湖二期公园与玉石湿地公园。该桥全桥分为两条主线，整体呈三条射线状分开，在中间三角区域汇于一点。这个三角区域是全桥的一大亮点——花瓣状观景平台。三边的栏杆设计为羽翼状，中间留有可供观景的圆孔，还设计有精美的"空中花园"。"花之桥"不仅与周边景观和谐相融，而且力争成为绿道上的一大亮点，是锦城绿道上别具一格的风景线。

深圳前海公共空间G10人行桥[图7-19c)]，又名"芭蕉叶"，是一座位于深圳前海合作区的景观桥。G10人行桥为三跨连续梁桥，全长118.6m。该桥的独特之处在于外形设计采用了芭蕉叶的形状，使得整座桥看起来像是一片巨大的芭蕉叶。这种设计不仅美观，还能够提高桥梁的稳定性和承载能力。

成都交子人行桥[图7-19d)]位于成都交子公园金融商务区核心区，整体如同9片漂浮在锦江上的莲叶。桥墩模仿单片莲叶的结构形式，采用生长的茎秆造型。从空中俯瞰，交子人行桥仿若一片片"莲叶"绽放于锦江之上，形成一幅充满意境的人工画卷。阳光穿过"莲叶"之间的结构空隙，在水上投下变化的光影，呈现出如梦如幻的效果。

7.5.6　其他意象

梁式形态景观桥除了以上意象造型，还有与地域文化结合的其他意象造型。如南京浦口胭脂扣人行桥、以昆曲水袖为意象的江苏昆山金浦大桥、造型像皇冠的太原山西体育场人行桥、成都天府二街如意桥等（图7-20）。

a)西安木塔寺人行天桥

b)成都跨成渝高速桥

c)深圳前海公共空间G10人行桥

d)成都交子人行桥

图 7-19　植物形梁式形态景观桥

a)南京浦口胭脂扣人行桥

b)江苏昆山金浦大桥

c)太原山西体育场人行桥

d)成都天府二街如意桥

图 7-20　其他意象造型梁式形态景观桥

南京浦口胭脂扣人行桥[图7-20a)]是一座位于江苏省南京市浦口区桥林镇的景观步行桥。桥林镇是千年古镇,古称失姬镇,因传说项羽败走乌江,其爱妻虞姬自刎于桥头而得名,后更名为桥林镇。该桥在方案创作初期,从这个凄美的爱情故事中得到灵感,创作了一个双环相扣的桥梁造型,象征项羽与虞姬的凄美爱情。该桥的设计将地方历史传说和造型设计完美结合,融合交通和观景功能,充分利用桥梁结构及空间,营造出一个便捷舒适、美观又充满诗意的城市景观步行桥。

江苏昆山金浦大桥[图7-20b)],是申张线青阳港段航道整治工程中首座完成改造的桥梁。该桥以飘逸柔美的昆曲水袖为意象,采用钢桁架组合结构打造出桥梁的主体,呈动感优美的曲线,至柔的桥梁造型与至刚的桥梁结构完美地融合。

太原山西体育场人行桥[图7-20c)]又名"汾河之冠",是一座造型酷似皇冠的跨河人行景观桥。该桥全长403m,其中主桥长342m,主桥采用的是七跨连续钢桁渐变结构,主桥平面为圆弧形。"汾河之冠"的设计灵感来源于皇冠,引入曲线元素并结合构件尺度规律性变化,使结构突破了常规桁架平直、单一的格调,让静态的建筑灵动起来,其造型独特,成为太原市的标志性建筑之一。

成都天府二街如意桥[图7-20d)]位于成都市高新区,为一座过街天桥,跨径组合为(21 + 21)m,采用等截面预制钢箱梁结构。如意桥的设计灵感来源于流动的音乐韵律与中国传统吉祥物如意的结合,方案名为"自然的箫声",立面造型设计灵感来源于中国传统民族乐器"排箫"。形体的起伏和飘动,犹如音乐韵律的流动,清新而优雅,塑造出具有功能性的城市雕塑。从空中俯瞰,桥梁似一件"如意"镶嵌于城市之中,寓意万事顺利、吉祥如意。

7.6 案例集锦

梁式形态景观桥的设计融合了结构、文化、环境和多元体验等多个维度,是追求结构之美、环境之美、文化之美和体验之美的综合体现。通过深入挖掘桥梁所在地的文化资源,结合地形环境进行创意设计,桥梁不仅实现了交通功能,更成为城市的文化象征和艺术品。以下桥梁案例展示了桥梁美学在现代城市建设中的重要作用和价值。

7.6.1 直梁桥

1)金峰大桥

金峰大桥是福建漳州境内连接芗城区与漳州高新技术产业开发区的过江通道,位于九龙江的西溪(芗江)水道之上,大桥全长1.6km,主线桥梁全长1227m,是国内跨径最大、最长的景观廊桥(图7-21)。金峰大桥主桥采用"廊桥芗韵"设计方案,一桥飞架南北,红色的廊亭、楼阁醒目地横跨在九龙江西溪上,大桥姿态优美,犹如横卧在九龙江西溪上的一把钥匙。上部结构采用预应力混凝土变截面连续梁。在连续梁主墩位置设置两座横跨主桥的观江阁,上设展厅,并在两侧人行道布设可供行人驻足休憩的长廊和古亭,横向设置两座人行天桥,红砖瓦、燕尾屋融入了闽南特色建筑元素。

2)西安西咸新区沣河综合治理人行景观桥

西安西咸新区沣河综合治理人行景观桥(图7-22)位于沣河陇海铁路线下游,采用连续钢箱梁拱组合结构,设计新颖别致,造型美观,柔美的拱曲线与直线梁相结合,呈现出刚柔并济、韵律优美的绰约姿态,寓意"平沙落雁",独特的设计形象也为沣河景观添色增彩,助力西咸新区城市品质及形象提升。

图7-21 福建漳州金峰大桥

图7-22 西安西咸新区沣河综合治理人行景观桥

3）福建三明如意桥

三明如意桥（图7-23）位于福建省三明市三元区江滨路，是一座人行景观桥。桥梁全长460m（含匝道），桥宽9.5m。桥梁设计上采用流线型布置，东侧设计有两座引桥，一座与东新四路人行道相接，另一座与东新四路人行天桥相接，方便市民从不同方向上桥。如意桥的桥身采用如意造型，形态新颖别致、美观大方，寓意吉祥如意。

4）上海三林北港桥

三林北港桥（图7-24）主桥全长110m，宽7m。作为黄浦江东岸沿线最南端的一座连接三林塘港两侧的古民居的景观桥，该桥既延续了传统江南水乡的韵味，又富有积极向上的时代图景，故又被命名为"古居桥"。三林北港桥整体设计造型轻盈通透，融合了人文、生态、自然和周边文化元素。作为慢行系统非常重要的一个载体，三林北港桥的设计以东岸滨江公共空间的理念为指导，直线形的桥身直接连通南北两岸绿地空间。漫步道、跑步道、骑行道三道并行设计以满足不同需求。桥头和桥尾逐渐平展出两翼,直至形成与桥身融为一体的大台阶,自然地衔接桥前的景观广场,提供欣赏黄浦江景色的视角,为人们真切体验城市慢生活提供了一个新的空间。

图7-23　福建三明如意桥

图7-24　上海三林北港桥

5)上海张家浜桥

上海张家浜桥(图7-25)是纯钢结构桥梁,因其桥体护栏形如一泓明月,安详地倒映在水中而又名"月亮桥"。张家浜桥北侧连接原上海港最大煤炭装卸专业企业——上海港煤炭装卸公司的煤仓及其运煤廊道,现已改造为艺仓美术馆,东侧紧靠诠释简洁流畅建筑美学的酒店,西侧毗邻黄浦江,与对岸十六铺老码头遥相呼应。人们在此散步、骑行、休憩,站在桥上往远处眺望,昔日老白渡煤炭码头与今日滨江艺术走廊重叠,为构建起东西文化桥梁提供了不同维度且极具活力的空间。

图 7-25　上海张家浜桥

7.6.2　弯梁桥

1) 成都五岔子大桥

成都五岔子大桥(图 7-26)位于成都市高新区南部园区锦江沿线,是连接高新区桂溪和中和街道的重要慢行桥梁,供行人和非机动车通行。它主要采用了钢箱梁加钢箱拱的结构形式,设计创意来自"无限之环"——莫比乌斯环的概念,把四维空间中才存在的无限形态,抽象设计到三维空间中,形成了数学中无穷大的符号形象,代表着桥梁所在的高新区无限的发展可能。在构造上,桥体分为主桥和副桥,主桥在上,是连接两岸绿道、可供自行车顺利通行的桥体;副桥在下,有观河的环绕式剧场台阶,为公众提供别样的停留体验。同时夜景照明上主要突出此桥独特的桥型之美,因此做了简单大气的现代化泛光照明处理,希望在锦江上勾勒出别样的风景。

图 7-26　成都五岔子大桥

2) 南京横江大道人行桥

南京横江大道人行桥(图7-27)位于南京市江北新区,其设计理念来自新区山水格局,将山的刚韧与水的柔美充分结合,以平面蜿蜒、立面起伏的形态轮廓衔接起老山与长江,营造青山绿水互相融合的意境。桥身如同飘动的丝带,又如同匍匐于大地的河流,以与自然环境高度契合的形态彻底融入环境之中。优雅的曲线轮廓、和谐的体量、简单的线性关系,塑造了完整流畅的景观廊道,凸显了景观桥柔和、连续、开放、飘逸的特性。桥梁与地形、绿化的融合设计,使人在不经意间跨越了桥梁,也使绿意无痕迹地延伸到了道路两边。

图7-27　南京横江大道人行桥

3) 南京三汊河口步行景观桥

南京三汊河口步行景观桥(图7-28)采用五跨曲线异形连续钢箱梁,标准跨径为30 + 50 + 50 + 50 + 35 = 215(m)。南京三汊河口步行景观桥依据周边环境与地形条件,将桥体的造型与岸堤竖向以及人流的聚集分流空间结合。综合考虑雕塑、河口闸等外围环境的体量特征,为营造主从有序的群体效果,该桥采用了平桥形式,以打造出高与低搭配、水平与垂直对比的丰富的沿江景观效果。周边的河口闸、雕塑、希尔顿大酒店均为曲线造型,为与之相呼应,桥体亦采用曲线形式,与江岸曲线和谐一体,灵动的曲线中蕴藏着生动有趣的水上活动空间,令游客乐在其中。

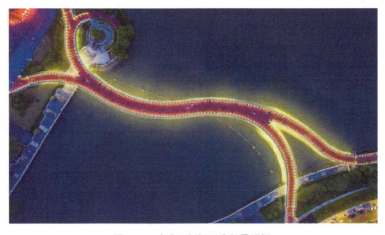

图7-28　南京三汊河口步行景观桥

4)江苏扬州琴瑟桥

江苏扬州琴瑟桥(图7-29)运用了古筝的设计元素,将扬州古筝的传统形象和桥身相互契合。由于地处公园腹地,为了保护生态湿地,琴瑟桥在设计中融合了立体交通的概念,采用了架空廊桥的形式满足部分人流的通行需求,桥体呈流线型,桥顶的钢筋部分形似琴弦,琴弦中间是筝码,整座桥像是一台大型古筝立在景区内,为四海游客奏响欢迎的乐音,尽展扬州"琴瑟之乡"的文化底蕴。

图7-29 江苏扬州琴瑟桥

7.6.3 钢桁梁桥

1)南京浦云路大桥

南京浦云路大桥(图7-30)位于南京市浦口区江浦街道,起于城南河路,止于康盛路。该桥是一座钢桁架桥,主桥宽37m,桥面是双向四车道,还设有非机动车道和人行道。与常见的悬索桥或斜拉桥不同,浦云路大桥借助连续钢桁梁结构支撑。整座桥的风格是欧式古典主义建筑风格,桥身的军绿色,寓意清新、健康和希望。整座大桥高低起伏,轮廓递进,展现出自然流畅的韵律美。

图7-30 南京浦云路大桥

2)苏州沧浪新城景观人行桥

苏州沧浪新城景观人行桥(图7-31)位于姑苏区沧浪新城西南部,北起世茂广场,横跨太湖西路、京杭大运河、郭运路,南接石湖风景区,是苏州首座横跨京杭大运河的空间异形连续桁架桥。桥梁全长405m,桥面全宽10m。主桥部分长220m,采用连续变截面桁架结构;南北侧引桥均采用简支钢箱梁结构。该桥不仅是保障市民出行的民生工程,还肩负为京杭大运河这个世界文化遗产增色添彩的使命。桥梁配备有景观照明设施,夜晚时分,灯光与夜幕交织下的桥体绚烂夺目,宛如河水缓缓流动。同时,在满足通行功能需求的基础上,该桥的设计还加入美学设计理念,结构通透、高低起伏、层次分明、轻盈秀丽。景观设计融入京杭大运河景观提升工程,显示出一种蓬勃向上的精神风貌。

图7-31 苏州沧浪新城景观人行桥

3)长沙汉桥

长沙汉桥(图7-32)以马王堆出土的汉琴为灵感进行设计,使浏阳河上萦绕"青山不墨千年画,浏水无弦万古琴"之雅意,是芙蓉区倾力打造的浏阳河文旅产业带的重要组成部分。它将浏阳河两岸风光带有机统一起来,不仅方便市民、游客游览,更成为长沙的一个旅游景点。汉桥是湖南省第一座采用全桁架吊装的桥梁,也是长沙第一座人行跨河景观桥。

图7-32 长沙汉桥

7.6.4 梁式廊桥

1) 陕西咸阳古渡廊桥

古渡廊桥,横跨渭河,是全国首座秦建筑风格、双层人行景观廊桥(图7-33)。古渡廊桥是咸阳的地标性建筑,其名字源自关中八景之"咸阳古渡"。桥两端的"冀阙"门,是秦定都咸阳的象征。桥面以上分为两层,一层可供市民徒步通行;二层为休闲观景平台,建有一座主阁和两座副阁。主副阁以公益服务为主,设有音乐厅、画廊、书吧等。桥上的建筑采用景观化的设计手法,将古代的廊、亭、坊等结合,形成了特色鲜明的秦文化风格建筑群。主阁——秦风阁,取秦风浩荡之意;南副阁——天籁阁,取音韵天籁之意,与音乐厅功能呼应;北副阁——润心阁,取书香润心之意,与书吧功能呼应。

图7-33 陕西咸阳古渡廊桥

2) 南京六合浮桥(风雨廊桥)

南京六合浮桥(图7-34)位于南京市六合区老城以南,横跨滁河,始建于南宋绍兴十七年(1147),古名龙津桥。古龙津桥毁于唐代战火,其后交通全靠渡船,后以木桥联结为舟桥,"浮桥"之名由此而来。2011年,于原址重建为"风雨廊桥",桥长435m,桥面宽26m。桥面设计为双向六车道,中央四车道为机动车道,两侧为非机动车道。车道的两侧为高出路面15cm的廊道,供行人通行、休憩。桥上建筑由重檐歇山阁、游廊与斜坡爬山廊组成,在桥梁的两端、游廊的尽头是4座重檐歇山阁,从歇山阁由斜坡爬山廊可直接通往桥下的景观河堤。该桥远观恍若宫阙浮于河面,美若霓虹卧波。

图7-34 南京六合浮桥(风雨廊桥)

3）浙江湖州城北大桥

浙江湖州城北大桥（图7-35）跨湖州苕溪，位于龙溪港东岸景观带。桥位处原有一长约110m的老桥，因受船舶撞击受损严重，后改建为人行景观桥，联系河道两岸景观。大桥在设计理念上充分考虑与周边景观的相融相参，借鉴中国传统园林的设计手法，通过设置10条横向联系走廊，形成9个观水洞，提高了桥梁通透性，增强韵律感。大桥还配合东岸项王广场整体风格，在桥面设置一组古典风格的廊亭建筑，形成风雨廊桥造型，并在桥梁中墩四角布置4个重檐廊亭，与项王广场、星海栈道、长岛公园等景点相呼应，营造舒展、开阔、大气、美观的整体景观视觉效果。

图7-35　浙江湖州城北大桥

7.6.5　环形天桥

1）成都"交子之环"景观桥

"交子之环"景观桥（图7-36）以北宋时期诞生于成都的世界上第一种纸币"交子"为设计原型。为最大限度地还原北宋交子纸币上的铜钱纹路和纸币的轻柔质感，大桥外观采用钢结构造型。景观桥由结构环、交通环和风雨环廊三部分构成，它是全国首座拥有多元场景的人行天桥。

图7-36　成都"交子之环"景观桥

2）西安南三环-雁翔路环形天桥

西安南三环-雁翔路环形天桥（图7-37）位于西安曲江新区雁翔路与南三环交叉口，整体采用钢结构环形连续梁，总长345.6m，桥梁曲线半径约为55m，共10跨，主梁横断面宽度为

4.5~7.0m,主桥在加宽区域局部设置了雨棚、座椅等设施。天桥以完美的环形,融入"漂浮的丝带"的设计理念,通过加强南三环南北两侧的景观空间融合,构建不同层次的城市风景,使人们获得安全、轻松、惬意的步行体验。该桥整体立面曲线舒缓,桥体采用了新型光电玻璃材料,可以在不同时期营造不同的气氛,让桥梁建筑摇身一变成为观景平台。

图 7-37　西安南三环-雁翔路环形天桥

7.7　本章小结

本章主要介绍了梁式形态景观桥的基本组成、受力分析、景观造型及意象表达等,并重点分析了梁式形态景观桥的典型案例。首先介绍了梁式桥的基本组成,并从桥梁美学的角度,分析了简支梁桥、连续梁桥、刚构桥、桁架桥及曲线梁桥的受力特点。梁式形态景观桥通常采用梁式结构作为主要承重体系,其简洁明快的线条、清晰的受力逻辑,不仅满足了通行功能的需求,更在形态设计上展现出了丰富的创意与想象力。

梁式桥的景观造型是多变的,在平面造型布置、空间造型布置、梁体造型布置及桥墩造型布置等方面有多种组合方案,注重与周边环境的和谐共生,通过材质选择、色彩搭配以及灯光照明等设计手法,使桥梁巧妙地融入自然景观之中,成为连接两岸风景的亮丽风景线。梁式形态景观桥还常常融入文化元素和地域特色,通过意象造型、雕塑等艺术形式,讲述着城市的历史和文化传承的故事,成为城市文化的重要载体。这些桥梁不仅是交通工程的杰作,更是城市文化的展示窗口,让人们在行走间感受城市的独特韵味和深厚底蕴。

在案例集锦部分,介绍了直梁桥、弯梁桥、钢桁梁桥、梁式廊桥和环形天桥的典型案例。梁式桥以其独特的形式美、色彩质感及与环境的和谐融合,展现了桥梁美学的多元特质。优雅的线条、合理的比例及丰富的图案拼合,构成桥梁的视觉之美。同时,梁式桥还承载深厚文化内涵,通过命名、造型等细节展现地方历史文化。

思　考　题

1. 梁式形态景观桥的景观造型有哪些类型?
2. 梁式桥在美学上的核心组成部分是什么?

3. 曲线梁桥的设计如何利用曲线的美学特性？
4. 梁式桥的空间造型布置有哪些主要形式？
5. 梁式景观桥常见的意象造型有哪些？
6. 梁式景观桥设计时，如何平衡结构安全与美学追求？
7. 梁式景观桥如何与周边自然环境相融合？
8. 如何通过调整梁式桥的参数来创造多样化形态？
9. 梁式形态景观桥在意象表达上有哪些创新案例？
10. 龙形梁桥在设计中如何体现龙的文化元素？
11. 梁式桥如何体现城市的文化特色和历史内涵？

第 8 章
拱式形态景观桥

8.1 引言

在繁多的城市景观中,拱式形态景观桥以其受力特点和精致的造型,成为城市文化与自然风貌完美融合的典范。作为跨越河流、湖泊等自然障碍的构筑物,拱式形态景观桥不仅具有交通功能,更以其美学价值成为城市的地标性建筑,展现了人类智慧与对与自然和谐共生理念的践行。拱式形态景观桥的造型多样,从古朴的石拱桥到现代的钢拱桥,每一种形态都蕴含着独特的审美价值。在景观设计中,拱式形态景观桥的造型往往与周围环境相协调,成为城市景观中的点睛之笔。其不仅是技术与艺术的结晶,更是文化与精神的载体,承载着设计师的匠心独运与深厚情感。本章将详细介绍拱式形态景观桥的受力特点、景观造型和意象表达,并通过一系列具体案例阐述其在城市景观中的重要地位。

8.2 基本组成

拱桥结构体系是功能、外形和受力的统一。拱桥从外形上主要分为上承式拱桥、中承式拱桥和下承式拱桥(图8-1)。拱桥从受力上主要分为有推力拱桥和无推力拱桥。上承式拱桥一般为有推力拱桥[图8-1a)],主要由拱肋和拱上建筑构成,拱上建筑分为实腹式和空腹式,相应称为实腹拱桥和空腹拱桥,空腹拱桥还需有立柱等将拱上建筑的荷载传给拱肋。下承式拱桥一般为无推力拱桥,主要由拱肋(拱圈)、系杆和吊杆构成[图8-1b)]。中承式拱桥可分为有推力拱桥和无推力拱桥,中承式有推力拱桥主要由拱肋、吊杆和立柱构成[图8-1c)];中承式无推力拱桥主要由拱肋、系杆、吊杆和立柱构成[图8-1d)]。

a)上承式拱桥

b)下承式拱桥

图 8-1

c)中承式有推力拱桥

d)中承式无推力拱桥

图 8-1　拱桥类型

8.3　受力分析

上承式拱桥的传力路径:车辆和行人荷载→桥面构造→立柱→主拱→墩台→基础[图 8-2a)]。

下承式拱桥的传力路径:车辆和行人荷载→桥面系→吊杆→主拱→墩台与系杆→基础[图 8-2b)]。

中承式有推力拱桥的传力路径:车辆和行人荷载→桥面构造→立柱或吊杆→主拱→墩台→基础[图 8-2c)]。

中承式无推力拱桥的传力路径:车辆和行人荷载→桥面系→立柱或吊杆→主拱→墩台与系杆→基础[图 8-2d)]。

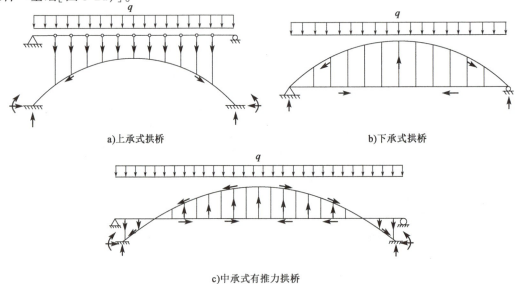

图 8-2

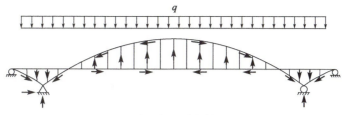

d)中承式无推力拱桥

图 8-2　拱桥传力路径

8.4　景观造型

8.4.1　平面内主拱造型

当主拱圈位于平面内时,主拱圈通常采用圆弧线、抛物线或悬链线等曲线形状(图 8-3)。这些曲线形状不仅能够有效地分散桥梁所承受的荷载以确保桥梁的承重能力和稳定性,而且均具有美学特性。例如,圆弧线拱适用于小跨径拱桥,其形态简洁、柔美且稳定;抛物线拱和悬链线拱则常用于中跨径到大跨径的拱桥,其中抛物线拱展现出强烈的动感,而悬链线拱则显得更自然和谐。

a)单拱-上承式

b)双拱-上承式

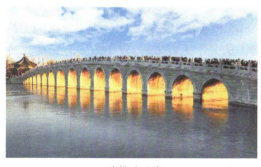

c)多拱-上承式

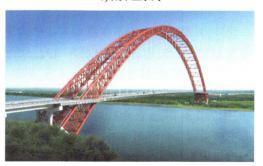

d)单拱-中承式

图 8-3

e)双拱-中承式

f)多拱-中承式

g)单拱-下承式

h)双拱-下承式

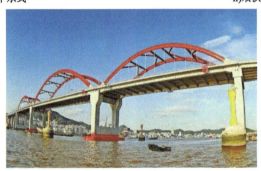
i)多拱-下承式

图8-3 平面内主拱造型

此外,矢跨比的大小不仅影响着拱圈内力的变化,也直接影响着形态外观。常见的矢跨比一般为1/10~1/5,也有采用1/17~1/2.5的比例。从美学角度来看,较小的矢跨比使拱桥显得更加优雅和美观,具有更强的跨越感[图8-3a)]。

主拱圈的截面形式可以是等截面或变截面。等截面拱构造简单、施工方便,形态自然和谐,应用最普遍;而变截面拱则可以根据受力情况进行优化,提高结构的经济性和效率。平面内的主拱圈通常具有对称性[图8-3b)],这种对称性不仅使桥梁在视觉上更加和谐,而且有利于结构的平衡和受力分析。主拱圈是拱桥的主要受力部件,它承受着来自桥面的竖向荷载,并通过桥墩将荷载传递到地基上。由于拱桥在竖向荷载作用下会产生水平推力,主拱圈的设计需要充分考虑这一特点,以保证桥梁的稳定性和安全性。

通过应用精心设计的曲线形状、适当的矢跨比和截面形式,拱桥在外观上展现出优美的曲线和韵律感,成为城市或自然景观中的一道亮丽风景线。综上,平面内的主拱圈造型特点主要体现在曲线形状、矢跨比、截面形式、对称性、结构特点和美学价值等方面。这些特点共同构成了拱桥独特而美丽的外观形态。

8.4.2 平面外主拱造型

平面外的主拱圈造型主要关注桥梁在三维空间中的形态和构造(图8-4)。平面外的主拱圈不再局限于单一的平面内曲线,而是展现出三维空间中的曲线形态。这种形态通常通过多个连续的、在不同平面上弯曲的拱肋或拱板来实现。这些三维曲线形态不仅增强了桥梁的美观性,还提高了桥梁的结构性能,使其能够更好地适应复杂的地形和荷载条件。平面外的主拱圈通常由多条拱肋组成,这些拱肋在三维空间中按照一定的曲线和角度进行布置。

a)单拱-中承式

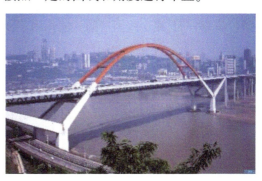
b)双拱-中承式

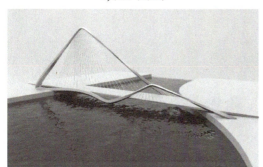
c)多拱-中承式

d)单拱-下承式

e)双拱-下承式

f)多拱-下承式

图8-4 平面外主拱造型

平面外的主拱圈截面形式也很多样,包括矩形、梯形、箱形等。这些截面形式的选择取决于桥梁的受力需求、材料特性、施工条件等因素。例如,箱形截面由于具有较大的挖空率和较好的抗弯、抗扭刚度,常用于大跨径拱桥的主拱圈。

平面外的主拱圈在三维空间中需要承受来自各个方向的荷载和力矩,因此其结构稳定性尤为重要。为了保证结构稳定性,主拱圈通常采用合理的拱肋布置、截面形式和连接方式,并通过精细的计算和分析来确保其在各种工况下的安全可靠性。

平面外的主拱圈造型还具有高美学价值。其独特的三维曲线和优雅线条使桥梁成为城市或自然景观中的一道亮丽风景。在设计过程中,通常会充分考虑桥梁与周围环境的协调性、景观效果和文化内涵等因素,以打造出既美观又实用的桥梁作品。

综上所述,平面外的主拱圈造型特点主要体现在三维曲线形态、截面形式、结构稳定性和美学价值等方面,在这些因素的共同作用下,塑造了独特而富有张力的美学造型。

8.4.3 主拱空间造型

景观拱桥的主拱圈空间造型多样,形态各异(图8-5)。比例协调、尺度恰当是景观拱桥设计的首要原则。桥梁整体要有合适的尺度,各组成部分比例要协调,才能令人产生亲近感,展现出拱桥的典雅秀丽。例如,主拱圈与拱上建筑比例应协调,避免因拱圈过于单薄而拱上建筑过于厚重产生头重脚轻的不稳定感,反之亦然。

a)单拱-上承式

b)双拱-上承式

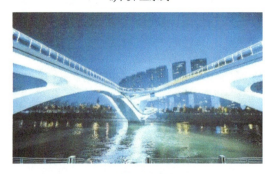
c)多拱-上承式

d)单拱-中承式

图 8-5

e)双拱-中承式

f)多拱-中承式

g)单拱-下承式

h)双拱-下承式

i)多拱-下承式

图 8-5 景观拱桥主拱空间造型

拱桥的造型之美体现在其丰富的形式和造型上,如驼峰突起的陡拱、宛如皎月的坦拱、玉带浮水的平坦的多孔拱桥等。均衡是布局上的等量不等形的平衡,常能带来稳定而和谐的视觉感受。主拱的线条变化也是景观拱桥造型的关键,通过调整线条的曲率、宽度等参数,可以创造出丰富的视觉效果。

拱桥的主拱造型不仅要考虑其结构功能,还要注重与周围环境的融合。独特的主拱造型,可以成为城市景观中的亮点,提升城市的整体形象。例如,在设计时可以借鉴当地的建筑风格、历史文化元素等,使主拱造型与周围环境相协调。同时,还可以利用光影效果、色彩搭配等手段,增强主拱的视觉效果和感染力。

综上,景观拱桥主拱圈的空间造型特征体现在比例与尺度的协调、造型的多样性、孔数与布局的合理性、均衡与韵律感、结构特性以及功能性等多个方面。这些特征相互融合,共同展现了景观拱桥的独特魅力与价值。

斜靠拱桥是近年发展起来的一种新型空间拱桥,独特的结构设计和美学价值使其在桥梁工程中备受关注。斜靠拱桥由两片或四片拱肋组成,中间两片为平行拱肋,作为主要承重结构,桥面因此开阔畅通。每侧倾斜拱肋与相邻竖直拱肋构成人行桥的空间,形成独特的空间受力体系。斜靠拱桥造型优美,从高空俯视,桥梁拱肋在平面上展开形成两个"K"字形。斜靠拱桥在两个拱肋之间设置了短风撑,避免了风给行车人员造成压迫感,同时提供了开阔的视野和交通空间。

斜靠拱桥作为一种城市景观桥梁,具有良好的平衡性能、明显的空间效应,并且其稳定性高。在桥宽大于30m,跨径在50~150m之间的景观桥中,斜靠拱桥是一种颇具竞争力的桥梁形式。斜靠拱桥在国内外有多个成功案例,如西班牙巴塞罗那的斜靠拱桥[图8-6a)],其是1992年夏季奥运会筹备工作的一部分。在中国,安徽六安梅山南路桥[图8-6b)]也采用了斜靠式组合拱桥的设计。

a)巴塞罗那斜靠拱桥

b)安徽六安梅山南路桥

图8-6　斜靠拱桥

综上,斜靠拱以其造型特征、设计特点和实际应用价值,成为景观拱桥设计中备受瞩目的主拱形式。

8.5　意象表达

由于拱桥的受力和造型均以主拱为核心,其景观造型的意象表达主要通过主拱来体现。主拱曲线的起伏造型,加之向上凸起的线条与桥面的衬托,可展现如明月、青山、飞鸟、蝴蝶、水波、祥龙、眼睛、彩虹等意象。

8.5.1　明月

拱桥中拱圈通常具有一定的弧度,与桥下水面倒影正好形成一个圆形,而"明月"在我国传统文化中具有美好的寓意,因此文人墨客常常将拱桥和"明月"意象联系起来。例如北京颐和园玉带桥[图8-7],其拱圈呈抛物线形,桥身用汉白玉制成,桥形如垂虹卧波。拱桥与明月在中国传统文化中常常相互映衬,形成一幅幅美丽的画面。月光下的石拱桥,月儿倒映在水面,给人清新脱俗、宁静致远的感觉。拱桥连接水岸,犹如长虹卧波,与明月相映成趣,进一步加深了人们对美好、团圆、和谐等的联想。

图 8-7 与"明月"意象相关的拱桥

8.5.2 青山

当谈及与"青山"意象相关的拱桥时,其特征往往融合了自然之美、和谐共生理念以及历史的厚重感。青山作为背景,为拱桥提供了天然的绿色幕布,使得拱桥本身更加醒目和生动(图 8-8)。青山拱桥的景观造型特征蕴含着严谨的逻辑。从结构上看,其弧形设计是关键。拱的形状将竖向压力转化为轴向压力,沿着拱圈传递至桥台,这种力学逻辑决定了桥的稳固性,也赋予其优美的曲线外观。桥身的高度和跨度成比例,大跨度的需求造就了高耸的姿态,既满足交通功能需求,又在视觉上形成焦点。细节装饰上,雕刻、绘画等并非随意为之,它们依据桥的文化背景和建造目的设计,或承载历史意义,或展现当地特色,丰富了视觉层次。在与环境融合方面,色彩、材质的选择都经过考量,使桥能和谐融入青山绿水间,从逻辑上遵循了整体景观统一的原则。夜间照明设计也是基于突出桥体、营造氛围的逻辑,在夜晚进一步彰显桥的独特魅力。

a)南京秦淮湾大桥

b)青海西宁滨河西路桥

图 8-8 与"青山"意象相关的拱桥

8.5.3 飞鸟

与"飞鸟"意象相关的拱桥所展现的特征通常融合了动态美、自由、连接与沟通的概念。飞鸟在空中自由翱翔,其灵动和自由的姿态为静止的拱桥带来了生机。拱桥与飞鸟的结合,构成了一幅动静相宜的画面,整个场景更加生动有趣(图8-9)。飞鸟象征着自由和无拘无束,它们不受束缚,自由自在地在天空中飞翔。与飞鸟相伴的拱桥,也象征着一种超越束缚、追求自由的精神状态。飞鸟在空中飞翔,跨越了地域和空间的界限,将两岸的人们紧密地联系在一起;拱桥则通过其独特的形态和结构,将两岸的景色和文化巧妙地融合在一起。例如深圳前海深港合作区梦海前湾河桥[图8-9a)],以"护佑之翼"为灵感,横跨前湾河水廊道,不仅提升了区域交通效率,还成为前海城市新中心的现代化标志,展现了前海独特的城市景观风貌。

a)深圳前海深港合作区梦海前湾河桥(护佑之翼)

b)浙江宁波长丰桥(鸟翅、三江并流)

c)山东威海石家河公园大桥(海鸟)

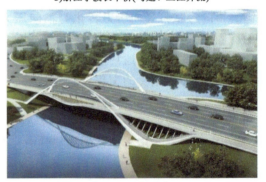
d)云南玉溪站前路大桥(翩翩白鹭)

图8-9 与"飞鸟"意象相关的拱桥

8.5.4 蝴蝶

与"蝴蝶"意象相关的拱桥在特征上,往往通过造型设计模仿蝴蝶的形态,如双开蝴蝶拱桥、蝶形拱桥等(图8-10)。例如,蝶形拱桥具有两个拱或多个拱,拱肋向外侧或者向内侧倾斜,整个造型类似一只蝴蝶。这种设计不仅赋予了桥梁独特的外观,也提升了其审美价值和丰富了其文化内涵。与"蝴蝶"意象相关的拱桥往往承载着丰富的文化内涵。蝴蝶作为自然界中的一种美丽生物,常被视为自由、美丽和变化的象征。因此,这类拱桥在寓意上也常常与这些主题相关,如"彩蝶破茧、展翅待飞"寓意着兴旺与繁荣。在结构上,这类拱桥通常采用中承式无风撑外倾蝴蝶拱等设计,桥面以上的拱肋部分不设置横向支撑,拱肋三角区不设置竖立柱。这种设计不仅提升了桥梁的立面景观效果,也为其结构稳定性提供了保障。独特的造型设计和文化内涵使其成为城市的特殊标志甚至文化符号。例如,英国贝德福德乌斯步行桥[图8-10a)]和我国广西南宁蝴蝶桥[图8-10b)]等都是著名的蝶形拱桥代表。

a) 贝德福德乌斯步行桥　　　　　　　　　　b) 南宁蝴蝶桥

图 8-10　与"蝴蝶"意象相关的拱桥

8.5.5　水波

水波象征着自然的力量和生命的源泉,在东方文化中,水波常被视为财富和繁荣的象征,还寓意着长寿和健康,水的流动象征着财富的流动和生生不息。与"水波"意象相关的拱桥的特征不仅体现在其形态、结构上,还蕴含着深厚的文化内涵和象征意义(图8-11)。拱桥的造型独特,通常呈现出一种曲线美,这种曲线与水面的波纹相互呼应,形成了和谐统一的美感。拱桥与水面的关系常被形容为"长虹卧波",即拱桥就像一道彩虹横跨在水面上,既增加了景观的层次感,也寓意着吉祥和美好。与"水波"意象相关的拱桥,进一步强调了这种联系与沟通的和谐与顺畅。拱桥不仅具有实用功能,方便人们过河或观景,还具有较高的审美价值。优美的形态和与水面相协调的布局,使得拱桥成为园林、风景区中不可或缺的一部分。例如,新加坡亨德森波浪桥[图8-11a)]和我国山西大运路潇河大桥[图8-11b)]等都是著名的与"水波"意象相关的拱桥代表。

a) 亨德森波浪桥　　　　　　　　　　b) 大运路潇河大桥

图 8-11　与"水波"意象相关的拱桥

8.5.6 祥龙

与"祥龙"意象相关的拱桥具有与中华文化相关的丰富的特征,其特征不仅体现在形态设计上,更融入了深厚的文化内涵和象征意义。拱桥的造型常以曲线设计,与龙的蜿蜒形态相呼应,展现出和谐统一的美感。拱圈上通常设计有与龙相关的造型,例如湖南常德沾天湖东岸栈桥,形态生动,丰富了桥的文化内涵。龙在中国文化中象征着权力、尊贵和吉祥。与"祥龙"意象相关的拱桥因此也被赋予了吉祥、平安、繁荣等美好寓意。这类拱桥常被看作连接天地的纽带,象征着天地之间的和谐与统一。同时,也寓意着人们对美好生活的向往和追求。与"祥龙"意象相关的拱桥往往与民间传说和神话故事紧密相连。这些传说和故事不仅丰富了桥的文化内涵,也使其成为当地民俗文化的重要组成部分。例如,江苏常州星港大桥[图 8-12a)]和湖南常德沾天湖东岸栈桥[图 8-12b)]等都是著名的与"祥龙"意象相关的拱桥代表。

a)江苏常州星港大桥(龙城精神)　　b)湖南常德沾天湖东岸栈桥

图 8-12　与"祥龙"意象相关的拱桥

8.5.7 眼睛

拱桥因其跨越水面或地面的形态,常被比喻为"眼睛"来观察或洞察周围的环境。这种意象表达了拱桥作为交通枢纽的同时,也具有观察和了解世界的视角。眼睛是人与世界沟通的窗口,而拱桥则是连接两岸或两地的通道。这种连接性不仅体现在物理层面,也蕴含着文化、情感和思想的交流。拱桥的设计可能包含与眼睛形状相似的元素,如拱圈、吊索、拉杆等装饰。这些设计元素不仅增添了桥梁的美感,也强化了与"眼睛"意象的联系。眼睛是动态的,时刻在观察着世界的变化,而拱桥下的水流也象征着变化和流动。这种意象可以表达时间的流逝、历史的变迁以及生活的动态性。在文学、艺术或哲学作品中,"眼睛"的意象可能被用来表达更深层次的含义,如智慧、洞察力、探索未知等。这些象征和隐喻为桥梁作品增添了丰富的内涵和层次。例如,我国上海昌平路桥[图 8-13a)]和英国盖茨黑德千禧桥[图 8-13b)]等都是著名的与"眼睛"意象相关的拱桥代表。

a)上海昌平路桥(苏河之眼)

b)盖茨黑德千禧桥

图 8-13 与"眼睛"意象相关的拱桥

8.5.8 彩虹

彩虹常被视为希望与梦想的象征,与"彩虹"意象相关的拱桥也往往承载着人们对美好未来的期许。而拱圈的传统形状与彩虹形状十分类似,这类桥梁不仅是物理实体上的连接,更是文化和情感上的桥梁,促进了人们之间的交流与理解。这类桥梁不仅在设计上追求多样性和创新,还在文化和价值观上倡导多元共存和包容发展。彩虹在人们的想象中往往与浪漫和爱情联系在一起,与"彩虹"意象相关的拱桥也往往带有浪漫的情感色彩。这类桥梁往往成为人们表达爱意和情感的场所,成为浪漫故事中的重要元素。例如,山东淄博潭溪山高空玻璃桥[图 8-14a)]和青海西宁祥瑞街桥[图 8-14b)]等都是著名的与"彩虹"意象相关的拱桥代表。

a)山东淄博潭溪山高空玻璃桥

b)青海西宁祥瑞街桥

图 8-14 与"彩虹"意象相关的拱桥

8.5.9 其他意象

有的意象具有强烈的地区特性,例如丝绸、水滴、哈达等(图 8-15)。

1)与"丝绸"意象相关的拱桥

丝绸在中国文化中象征着高贵、优雅和柔美。与"丝绸"意象相关的拱桥具有轻盈、飘逸的感觉[图 8-15a)],象征着人们对美好生活的追求和向往。桥梁的设计融入丝绸的纹理、色彩和流动感,使桥梁本身成为一件艺术品,体现桥梁的灵动之美。

2) 与"哈达"意象相关的拱桥

哈达是蒙古族和藏族人民在社交活动中使用的传统丝织品,主要用于表示敬意和祝贺。哈达通常为长条形状,颜色多为白色、蓝色和黄色等。与"哈达"意象相关的拱桥在文化象征、形态美学、色彩与装饰、情感与寓意以及设计细节等方面都体现出"哈达"这一意象的特征[图3-4j)]。这些特征不仅使桥梁本身成为一件艺术品和一种文化符号,也使其成为连接不同文化、不同民族的纽带。

3) 与"水滴"意象相关的拱桥

水滴在文化和意象上具有多重意义,主要包括坚持不懈、永恒不变和纯洁无瑕。与"水滴"意象相关的拱桥在特征上表达了自然和谐、流动变化、纯净清新、生命活力以及静谧宁静等[图8-15b)],同时也可能蕴含了丰富的情感与寓意。这种设计不仅增强了桥梁的观赏性,也丰富了人们的情感体验。

a) 西宁申宁路桥(丝绸)

b) 成都科智路跨猫猫沟大桥(水滴)

图 8-15 与其他意象相关的拱桥

8.6 案例集锦

8.6.1 上承式拱桥

1) 湖南长沙"中国结"步行桥

长沙"中国结"步行桥位于长沙梅溪湖(图8-16),又名梅溪湖梅岭公园跨龙王港河步行桥,因造型酷似"中国结",亦称"中国结"大桥。该桥为发展该地区公共空间的一个关键项目,同时连接了不同高度的多个平台,在河岸、道路、高位的公园等之间建立联系。桥梁的形态灵感源于莫比乌斯环和中国结绳艺术,其最终形态通过线路的交错缠绕形成,无论在外观还是在象征意义上都别具一格。在中国古代的民间装饰艺术中,"中国结"象征着幸运和繁荣。"中国结"大桥连接了河畔、照亮了城市,也娱乐了在附近生活的人们。该桥梁为人们提供了观赏河流、梅溪湖以及长沙及其周围山峦的全新视角。桥梁上出色的LED灯光设计让它成为龙王港河畔夜景中一处标志性的景点。

图 8-16　长沙"中国结"步行桥

2）上海奉贤新城"上海之鱼"三、四号桥

"上海之鱼"位于上海市奉贤区奉贤新城东北区域,是奉贤区奉贤新城的核心景观湖。"上海之鱼"三、四号桥位于金海湖西南角,是分别连接湖堤路与年丰公园、秀竹路与龙潭公园的两座人行景观桥。三号桥为粉色的无顶双拱桥[图 8-17a)],桥长 31m,形似波浪,又似飞雁贴近水面,拱的最高处可供小船通过,最低处极限贴近水面;四号桥为蓝色的有顶单拱桥[图 8-17b)],桥长 31m,以近乎无障碍的坡度"鱼跃"过湖面,桥下可供小船通过。桥型的设计灵感来自施工现场的临时钢便桥,桥为钢结构,由特种钢分段预制,现场焊接组装而成,桥身用彩色氟碳漆喷涂,桥面、踏面采用防滑彩色树脂陶粒混合料,并以钢板收边。

a)三号桥

b)四号桥

图 8-17　上海奉贤新城"上海之鱼"三、四号桥

3）浙江台州仙居如意桥

仙居如意桥位于浙江省台州市仙居县神仙居景区,刚柔并济的造型与神仙居的自然风光完美地融为一体,宛如一柄空中的玉如意,又似仙女的披帛（图 8-18）。如意桥全长约 100m,距离峡谷底端垂直高度约为 140m,横跨在神仙居的东西峡谷之上,整个桥身由 3 条波浪形的桥面交错而成,就像是 3 条波浪在峡谷之上交汇,"碰撞"形成了如意桥。而整个桥面又是全透明玻璃造型,人们行走在桥面上,宛如置身于彩虹之中。

图 8-18 仙居如意桥

8.6.2 中承式拱桥

1) 广州海心桥

广州海心桥为一座跨越珠江两岸人行景观桥,北接二沙岛艺术公园,南连广州塔,主桥为主跨198m的中承式钢拱桥,两侧引桥跨径组合为2×40m连续钢箱梁(图8-19)。主梁采用圆弧形钢梁及拱肋结构,采用拱肋横向侧倾、主梁平面圆弧布置。海心桥的设计灵感主要来源于岭南文化元素和地域特色意象。

融入的岭南文化元素包括粤剧水袖和岭南古琴。粤剧水袖作为粤剧表演中的重要元素,其飘逸、柔美的形态被巧妙地融入桥梁的设计之中,海心桥在珠江上展现出一种独特的韵律美和动感。桥中央的拉索设计如同古琴上的弦,这一细节不仅体现了对传统文化的尊重,也赋予了海心桥独特的文化内涵。从远处望去,海心桥就像一个巨大的古琴斜跨在水面上,与周围的自然景观和谐相融。

海心桥的造型概念还参考了岭南文化中的其他代表性意象,如广州水上花市(羊城花舟)等。这些意象的融入,使得海心桥不仅是一座桥梁,更成为一个展现岭南文化魅力的窗口。海心桥的设计还充分考虑了广州中轴线步行系统的整体规划,力求在完善城市步行系统的同时,也成为该区域的新地标之一。

2) 江西南昌九龙湖过江大桥

九龙湖过江大桥地处南昌南部产业新城,该区域为新产业聚集区,充满活力,故该桥以"舞动洪都"为设计主题,将桥梁设计成现代、简洁的"飞燕"拱桥造型(图8-20)。通航孔桥采用中承式系杆拱桥,桥跨布置为(80+268+80)m,全长428m。主拱跨度为268m,矢高53.6m,矢跨比为1/5;边拱跨度为35m,矢高17.5m。拱肋内倾8°,形成提篮形,吊杆间距为7m,主桥造型简洁、流畅,充满力感美和简洁美,犹如飞燕掠水,凸显洪都大地"落霞与孤鹜齐飞,秋水共长天一色"的美丽自然景观特点,达到"融桥于景,桥缀于景"的效果。同时大桥还规划了便捷的过江慢行系统,方便市民骑行或徒步过江,倡导绿色出行。

a) 整体造型

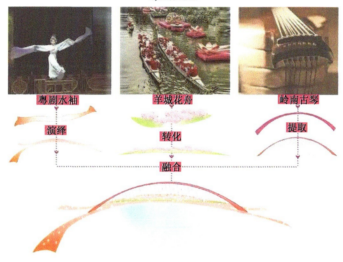

b) 方案构思

图 8-19　广州海心桥

图 8-20　江西南昌九龙湖过江大桥

3)江苏扬州凌波桥

江苏扬州凌波桥(图8-21)全长223 m,宽16 m,桥体采用现代工艺设计。凌波桥的设计融合了最先进的现代工艺与深厚的文化底蕴。其坚固的结构确保了安全与稳定,而流畅的线条则赋予了桥梁一种大气庄重的美感。桥身上两个巨型白色拱顶,宛如巨龙横卧,又似仙女轻舞,既展现了现代桥梁的时尚感,又不失古典的韵味与柔美。在日光的照耀下,白色拱顶与波光粼粼的水面交相辉映,营造出一种梦幻般的景致。与精巧秀气的剪影桥相比,凌波桥以其宏大的规模和现代感著称。它不仅是交通的通道,更是城市文化的象征,代表着扬州市对于未来的无限憧憬与追求。每当夜幕降临,华灯初上,凌波桥便化身为璀璨的明珠,灯光与夜色交织,将桥梁装点得如梦似幻,吸引着无数游客与市民驻足观赏。凌波桥以其独特的魅力与内涵成为这座城市不可或缺的一部分。

图8-21 江苏扬州凌波桥

8.6.3 下承式拱桥

1)南京秦淮湾大桥

秦淮湾大桥横跨外秦淮河(图8-22),是南部新城的重点工程之一。大桥为多索面异形系杆拱桥,桥长157m、宽42m,桥面机动车道为双向六车道。大桥创新采用双层人非结构,人行道、非机动车道、机动车道在这里被有效分隔,互不干扰。上层通道给行人提供安全舒适的步行环境、休息座位以及全景观景台;下层通道给非机动车提供高效、安全、视野开阔的骑行环境。桥梁总体构思采用如画山水的设计理念,巧妙结合南部新城位居"将军山""方山""青龙山""紫金山"4座山峦的中央地理位置,4座山的剪影交汇于此,形成桥的主体结构,流动的线条漂浮于秦淮河上,远远望去,如画山水。大桥4个三角拱象征汇聚的4座山,不仅赋予了大桥稳定的结构和充满张力的形象,还勾勒出了南部新城完整而跃动的城市天际线,为城市景观增添新高潮。

2)江苏苏州澹台湖景观桥

江苏苏州澹台湖景观桥(图8-23)坐落于京杭大运河吴中段,是一座以异型格构式钢结构打造的拱桥,其长174m、宽6m的桥身跨越水面,单跨达110m,以创新的"8"字形结构融合桥面与主拱,形成连绵不绝的视觉盛宴。桥面拱矢高9.5m,悬挂拱矢高25m,它们相互映衬,展现出既优雅又磅礴的姿态,宛如蜿蜒的巨龙与漂浮的玉带交织于水面,寓意"运河涟漪,碧波飘带",不仅体现了对自然美景的颂扬,也寄托了对大运河深厚历史文化的敬仰。该桥不仅是交通的纽带,更是文化与艺术的结晶,以其独特的造型和深刻的寓意,成为大运河畔不可多得的风景线,吸引着无数游客驻足观赏。每当夜幕降临,灯光点亮,澹台湖景观桥更添几分梦幻与浪漫,成为大运河上的一颗璀璨明珠,照亮了城市的夜空,也照亮了人们的心灵。

图 8-22　南京秦淮湾大桥

图 8-23　江苏苏州澹台湖景观桥

3)安徽阜阳向阳路颍河大桥

向阳路颍河大桥(图 8-24)北起和谐路,向南与颍河北侧大堤平交后,跨越颍河、河滨路,最终抵达莲花路。在跨越河滨路处,还巧妙地设置了一座互通立交,极大地提升了交通的便捷性和效率。从立面上看,大桥的桥拱呈现出飞雁式的造型,优美而富有动感;从横断面上看,配合风撑效果,又呈现出门式造型,非常美观。大桥设计不仅体现了现代桥梁建筑的审美追求,也彰显了阜阳市的城市风貌和文化底蕴,承载着丰富的文化内涵。它是一条连接两岸、沟通片区的纽带,也是一道与桥下自然风光交相辉映的风景线。它见证了阜阳市的跨越、发展和蝶变,也象征着阜阳市人民对未来的美好憧憬和追求。

图 8-24　安徽阜阳向阳路颍河大桥

8.7　本章小结

拱式形态景观桥作为城市空间的重要组成部分,不仅具有通行功能,更是城市文化和艺术的重要载体。在创作过程中,景观拱桥设计需要综合考虑受力特点、结构稳定性、美学意象以及与周边环境的和谐共生。

景观拱桥设计首先要确保其结构的稳定与安全性。受力分析是景观拱桥设计的关键环节。在保证结构安全的前提下,通过受力分析可以优化桥梁的造型设计,使其更加美观和富有艺术感。景观拱桥的造型设计包括平面内造型、平面外造型和空间造型等多个方面。设计师可以根据桥梁的受力特点,结合美学原则,创造出形态各异、富有创意的桥梁造型。

景观拱桥的设计不仅要满足结构和功能的需求,还要注重意象的表达。意象表达是通过桥梁的形态、色彩、材质等设计元素,传达出特定的文化、历史或情感信息。不同类型的拱式形态景观桥,通过不同的意象表达方式,展示了不同的艺术风格和文化内涵。

思 考 题

1. 拱式形态景观桥按照受力特征可以分为哪些类型?
2. 拱桥结构体系主要包括哪些部分?
3. 拱桥主拱空间造型主要如何体现?
4. 上承式拱桥与下承式拱桥在受力上有何主要区别?
5. 主拱圈常用的曲线形状有哪些?
6. 矢跨比对拱桥形态有何影响?
7. 平面外主拱圈造型有哪些美学价值?
8. 斜靠拱桥的结构特点是什么?
9. 与"明月"意象相关的拱桥有哪些文化内涵?
10. 蝶形拱桥在设计上有哪些独特之处?
11. 拱式形态景观桥的设计如何体现地区文化特性?

第 9 章

斜拉形态景观桥

9.1 引言

斜拉桥不仅仅是功能与结构的结合,更是技术与艺术的完美融合,是桥梁美学的一种重要载体。斜拉桥荷载从梁、索传至主塔,再经主塔传至桥墩、基础,传力途径直接明确,结构连接简单明了,整体形态轻松流畅。斜拉桥具有极度纤柔、简洁、明确、轻巧、刚强的结构,正好迎合现代设计美学注重功能美、结构美、设计美的审美观念。简洁和流畅的线条呈现出优美的曲线,与桥面和桥塔的结构相互融合,形成动感十足的造型。通过对桥塔的牢固支撑来承载桥面上的荷载,斜拉桥具有高稳定性和承重能力,能够跨越较长的距离,展现出宏伟和稳定的美感。阳光透过斜拉索的空隙,在桥面上形成迷人的光影变化,提高了桥梁的美学价值。我国的斜拉桥建设近年来取得了显著成就,斜拉桥建造技术和美学设计逐渐走向领先地位。本章将深入介绍斜拉桥的结构特点、设计理念以及美学价值,展现这一经典桥梁形式的无穷魅力。

斜拉桥结构体系是功能、外形和受力的统一。斜拉桥从功能上主要分为公路斜拉桥、铁路斜拉桥和人行斜拉桥,从结构布置上主要分为单塔有背索斜拉桥、单塔无背索斜拉桥、多塔式斜拉桥等。下面主要从斜拉桥的基本组成,受力分析、景观造型和意象表达等方面详细介绍。

9.2 基本组成

斜拉桥主要由斜拉索、加劲梁、索塔、墩台和基础五部分组成,有时在边跨还设置辅助墩(图9-1)。加劲梁是斜拉桥的主要受力构件之一,直接承受自重和车辆荷载,并将主要荷载通过斜拉索传递到索塔,表现为压弯受力状态。索塔也是斜拉桥的主要受力构件,除自重引起的轴力外,还要承受斜拉索传递来的竖向和水平分力。因此,索塔同时承受巨大的轴力和较大的弯矩,属于压弯构件。墩台承受斜拉桥绝大部分荷载,并传给基础。上部结构的所有荷载由基础传至地基,基础一般承受较大的竖向力和弯矩。对于大跨径斜拉桥,在边跨常设置一个或多个辅助墩,用以改善施工和成桥状态下的静/动力性能。

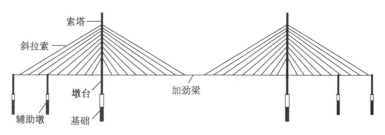

图9-1 斜拉桥基本组成

9.3 受力分析

斜拉桥的传力路径一般为:车辆荷载→加劲梁→斜拉索→索塔→墩台→基础。斜拉索与塔、梁之间构成三角形结构来承受荷载(图9-2)。无论是施工阶段还是成桥运营阶段,通过斜拉索的索力调整均可改变结构的受力状态。

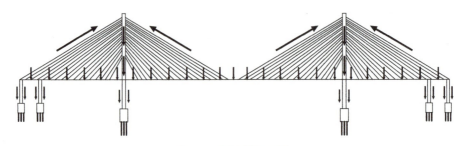

图9-2 斜拉桥传力路径

9.4 景观造型

9.4.1 塔数布置

斜拉桥按塔数布置分类主要可分为单塔式、双塔式和多塔式等形式。斜拉桥的塔数布置不仅应在结构上具有合理性,还应具有较高的美学价值。

1)独直塔式斜拉桥

独直塔式斜拉桥通常由一个主塔和若干斜拉索组成,通过斜拉索将荷载传递至主塔,再由主塔传递至基础。独直塔式斜拉桥可以布置成两跨不对称的形式,即分为主跨与边跨[图9-3a)];也可以布置成两跨对称,即等跨形式[图9-3c)]。其中以两跨不对称的形式较多,也较合理。索塔的高度与主跨的比值通常维持在1/7~1/4,斜拉桥的边跨跨度与主跨跨度的比例通常介于0.6~0.7之间,大多数情况下接近0.66,这样的比例可以使桥梁在视觉上和结构上达到较好的平衡。独塔双跨式斜拉桥主孔跨径一般比双塔三跨式斜拉桥主孔跨径小,故特别适用于跨越中小河流、谷地及交通道路,也可用于跨越较大河流的主航道部分。

2)单斜塔式斜拉桥

单斜塔式斜拉桥的设计要点包括塔身的形状、斜拉索的布置、主梁的结构以及基础的稳定性。塔身通常采用混凝土或钢结构,斜拉索的布置可以是有背索,也可以是无背索(图9-4),根据桥梁的几何形状和受力需求布置。斜拉索与主塔的相互作用,形成了强烈的视觉冲击力。例如,成都北一线跨绎溪河大桥便是独特的钢结构单斜塔式斜拉桥造型(图9-5),弧形桥塔向主跨一侧倾斜,给人以竖琴般的美感。哈尔滨太阳桥的设计理念融合了现代技术与传统美学,采用了独塔双索面无背索斜拉桥的形式(图9-6),主塔采用钻石造型,倾角60°,塔高93.5m,

底部为两个八边形组合而成,无索区则为两个分离式八边形。这样的设计不仅在视觉上给人以强烈的冲击,同时也确保了结构的稳定性和安全性。

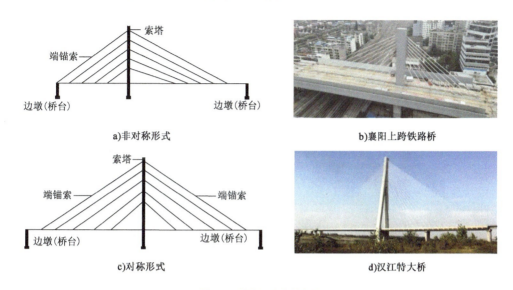

图 9-3 独塔双跨式斜拉桥

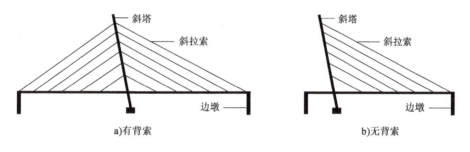

图 9-4 单斜塔式斜拉桥

图 9-5 成都北一线跨绛溪河大桥

图9-6 哈尔滨太阳桥

3) 双直塔式斜拉桥

双直塔式(图9-7)是一种最常见的斜拉桥跨径布置方式。双直塔式斜拉桥通常布置成两个边跨跨度相等的对称形式,也可以布置成两个边跨跨度不等的非对称形式。边跨跨度与主跨跨度的比例通常取0.4左右,一般跨度比介于0.35~0.5之间。例如超千米的公铁大桥——沪苏通长江公铁大桥的跨径即为(140 + 462 + 1092 + 462 + 140)m,跨度比为0.13∶0.42∶1.00∶0.42∶0.13(图9-8)。

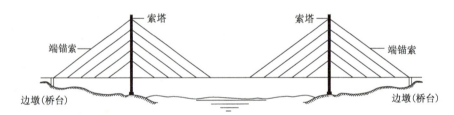

图9-7 双塔三跨式斜拉桥立面布置

图9-8 沪苏通长江公铁大桥

4) 多塔式斜拉桥

在跨越宽阔水面时,由于通航孔要求,必要时也可采用多塔式斜拉桥(图9-9),如主跨为 $2 \times 348m$ 的湖北宜昌夷陵长江大桥(图9-10)。多塔式斜拉桥应用较少是因为多塔式斜拉桥的中间塔顶没有端锚索来有效地限制它的变位,结构刚度较低。提高加劲梁的刚度可以在一定程度上提高多塔式斜拉桥的整体刚度,但这样做势必会增加桥梁的自重。在必须采用多塔式斜拉桥时,可将中间塔做成刚性索塔,此时索塔和基础的工程量将会增加很多;或用斜拉索对中间塔顶加劲,但这种长索柔度较大,且影响桥梁的美观度。

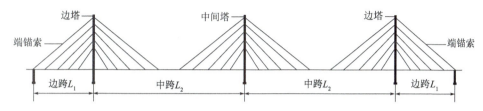

图9-9 多塔式斜拉桥立面布置

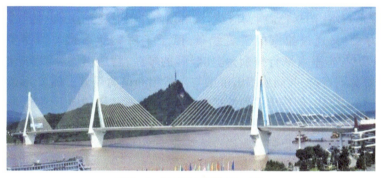

图9-10 湖北宜昌夷陵长江大桥

5) 多跨斜塔斜拉桥

多跨斜塔斜拉桥采用特殊的跨径布置方式(图9-11),它结合了斜拉索和斜塔的特点,通过斜拉索将桥面与桥塔连接起来,适用于跨越较宽的水域或谷地。例如南京眼步行桥为双斜塔三跨式斜拉桥(图9-12),其桥身似泛起的涟漪,由宽渐窄,再由窄渐宽,动感十足,与周边建筑景观协调统一。远眺两个白环像一条白玉腰带系在夹江之上,展现了现代桥梁的美学与功能性。斜塔的设计允许桥梁在横向和纵向两个方向上提供支撑,这有助于抵抗由人群荷载、风荷载和温度变化引起的位移和扭转效应。研究表明,塔高和桥跨比例在 $0.1 \sim 0.26$ 之间时,全桥及塔柱的稳定性最高,主梁侧弯与塔柱扭转变形幅度最小。

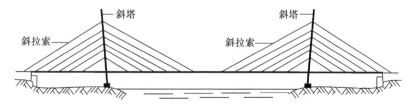

图9-11 双斜塔三跨式斜拉桥立面布置

图 9-12　南京眼步行桥

6）其他形式斜拉桥

斜拉桥在结构形式上变化丰富，其索塔形式除了以上提到的这些常见的以外，其他形式如图 9-13 所示。扇形索塔［图 9-13a)］，其拉索从塔顶向外辐射展开，形似张开的扇子，既展现了桥梁的稳重与力量，又通过拉索的柔美线条，赋予了桥梁动态感与韵律美。竖琴形索塔［图 9-13c)］则以其拉索垂直平行排列，宛如竖琴的琴弦，营造出一种简洁、和谐而优雅的美感，每一根拉索都如同音符，共同编织出桥梁与自然相和谐的乐章。倒 V 形索塔［图 9-13d)］以其独特的倒三角形结构，创造出强烈的视觉冲击力，拉索从塔顶向下倾斜，形成尖锐的线条，凸显了桥梁的刚劲与挺拔，展现了现代桥梁的简洁与力量之美。它们各自以独特的形态，丰富了斜拉桥的美学表达形式，使得每一座斜拉桥都成为一件融合力学与美学的艺术品，屹立于大地之上，成为城市或自然中一道亮丽风景线。

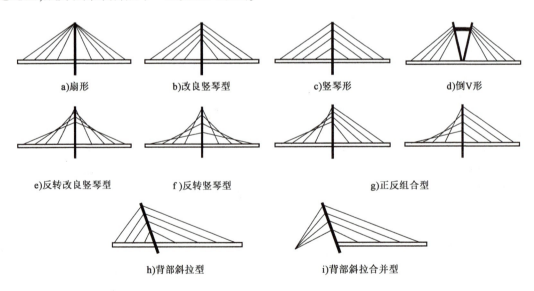

图 9-13

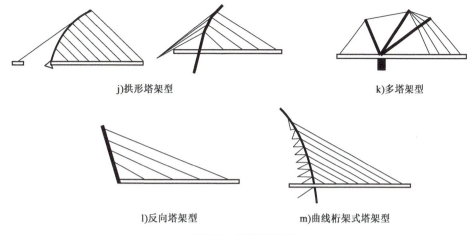

图 9-13 其他索塔形式

9.4.2 斜拉索布置

从形态平衡角度考虑斜拉索的布置形式,给予了设计者广阔的构思空间。索的造型特点可从索在纵向面内布置形式、空间索面布置形式、索距大小和美学价值等方面探讨。这些特点共同构成了斜拉索独特而美丽的外观形态和优异的结构性能。

1) 索在纵向面内布置形式

斜拉索在纵向面内的布置形式一般有辐射型、扇形、竖琴形(图9-14)。辐射型的拉索受力合理,但在主塔上锚固于一点使得构造复杂;竖琴形的拉索在主塔上的锚固点分散,对主塔受力有利,但倾角小,拉索受力大;扇形则兼顾了以上两种形式的优点,使用广泛。

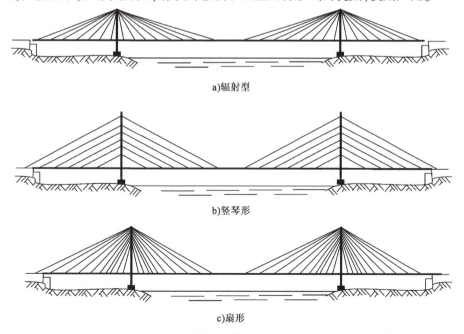

图 9-14 斜拉索在纵向面内布置形式

2) 空间索面布置形式

由于塔、梁、索之间的连接及支承方式、桥面宽度、索塔和加劲梁形式的不同,斜拉索索面在空间的布置形式也不相同。空间索面布置形式主要有单索面、双索面、三索面三种类型。

① 单索面斜拉桥,即斜拉索设置在单一索平面中的斜拉桥[图 9-15a)]。斜拉索通常设在桥面中央,通过桥面中央分隔带锚固在桥面下部,此时加劲梁应采用抗扭刚度较大的截面形式。例如,四川泸州沱江铁路特大桥是国内跨度最大的铁路单索面斜拉桥[图 9-15b)],其主塔高 105m,相当于 36 层楼的高度,索塔整体设计为束腰酒樽造型,简洁美观,典雅大方,与泸州的酒城特色和文化沉淀相呼应。

② 双索面斜拉桥,即斜拉索设在上部结构两侧形成两个对称索面的斜拉桥。其索面可以是两个垂直于桥面的竖向双索面[图 9-15c)、d)],也可以是两个倾斜的斜向双索面[图 9-15e)、f)],它们从桥塔的两侧向外辐射,形成了独特的视觉效果。

③ 三索面斜拉桥[图 9-15g)]在实际工程中的应用还不是很广泛。武汉天兴洲公铁两用长江大桥[图 9-15h)]采用了三索面结构,主跨 504m,斜拉索共 192 根;香港汀九桥[图 9-15i)]为斜索面三塔斜拉桥,行车道由两个分离式桥面组成。为保证其中塔的抗风稳定性,可在中塔顶增设两对斜拉索,并锚固在边塔的桥面高度处。

空间交错索面是一种特殊的索面布置形式,斜拉索在空间相互交错,形成了一个三维的支撑系统,且未有固定的设计形式。这样的设计能够更有效地抵抗风荷载和地震作用,提高桥梁的抗风和抗震性能。石家庄滹沱河特大桥的主索面采用了空间交错索面形式(图 9-16),其主桥方案灵感来源于中国山水画卷轴造型,桥塔如展开的画卷,配合空间索面,营造出如诗如画的意境。江苏无锡宛山湖大桥也是采用空间交错索面的斜拉桥(图 9-17),是国内首座跨度最大独塔空间交错索面全漂浮体系斜拉桥,其钢结构主塔呈"A"字形矗立在宛山湖中央,犹如一个巨大的雕塑,与波光粼粼的湖面交相辉映。

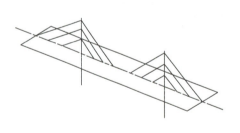
a) 单索面斜拉桥

b) 四川泸州沱江铁路特大桥(单索面)

c) 竖向双索面斜拉桥

d) 湖南郴州赤石大桥(双索面行列式)

图 9-15

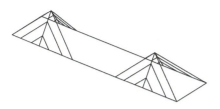
e)斜向双索面斜拉桥

f)贵州平塘特大桥(双索面散射式)

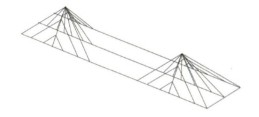
g)斜向三索面斜拉桥

h)武汉大兴洲公铁两用长江大桥(三索面)

i)香港汀九桥(三索面)

图 9-15　单索面、双索面和三索面斜拉桥

图 9-16　石家庄滹沱河特大桥

图 9-17　江苏无锡宛山湖大桥

3) 索距大小

斜拉索索距是指索面内相邻两根斜拉索的间距。索面内斜拉索根数多则索距小,斜拉索根数少则索距大。稀索的设计通常适用于早期的斜拉桥,缺点是主梁较高,拉索更换不方便。稀索布置的斜拉桥[图 9-18a)]在视觉上给人以轻盈和优雅的印象,适合于强调桥梁本身结构的场合。密索则指拉索间距较小的斜拉桥索面设计,现代斜拉桥多采用密索布置[图 9-18b)]。密索的优点包括主梁弯矩小、索力较小、锚固点构造简单、锚固点附近应力流变化小、补强范围小、利于悬臂架设和易于换索。此外,密索布置的斜拉桥断面纤细,具有更加柔和和细腻的美感。

a) 山东青岛胶州湾大桥(稀索体系)

b) 南京江心洲长江大桥(密索体系)

图 9-18　稀索与密索体系

9.4.3　桥塔空间位置与造型

斜拉桥以其独特的空间位置和造型展现了桥梁美学的精髓,通常选址于需要大跨度跨越的地域,通过高耸的主塔与斜向直线拉索形成的稳定结构以及多样化的主塔形态和拉索布置方式,展现出简洁流畅、动感、韵律的美学特征,不仅满足了交通需求,更与周围环境和谐共生,成为城市或自然景观中引人注目的标志性建筑。

斜拉桥桥塔的空间位置通常指的是桥塔在桥梁中的三维布局,包括桥塔的横向布置形式、纵向布置形式以及桥塔轴线相对于桥梁轴线的倾斜程度。根据桥塔轴线与桥梁轴线的关系，斜拉桥桥塔可以大致分为以下几种类型：

(1) 直塔

桥塔轴线与桥梁轴线基本平行，桥塔直立，没有显著的倾斜[图9-19a)]。

(2) 斜塔

桥塔轴线与桥梁轴线形成一定角度的倾斜，但倾斜角度不大，通常不会超过30°[图9-19b)]。

(3) 曲线塔

桥塔轴线在空间中呈现曲线形态，这种设计通常用于具有特定美学要求的桥梁[图9-19c)]。

(4) 异形塔

桥塔在空间中呈现为复杂的几何形状，包括多面体、不规则曲面等[图9-19d)]。

a) 直塔 (广东江门潭江特大桥)

b) 斜塔 (长沙洪山桥)

c) 曲线塔 (广西桂林南洲大桥)

d) 异形塔 (郑州龙湖内环路跨北引水渠桥)

图9-19 斜拉桥桥塔类型

桥塔的横向布置形式一般为单柱式(图9-20)，在需要将桥塔的横向刚度做得较大时，可用4根塔柱来分散塔架内力，呈倒V形或倒Y形。倒V形增设一道横梁形成A形。

桥塔横向布置形式直接影响桥的整体风格和造型特色，需要精细构思和创新理念，考虑包括塔身各构件的接续过渡和尺寸变化形式等细节。图9-21为一些斜拉桥桥塔横向造型图。

桥塔的纵向布置形式一般为单柱式[图9-22a)]，当桥塔高度较小、上空受限时，可以选择倒V形[图9-22b)、c)]、倒Y形[图9-22d)]、A形[图9-22e)]和环形[图9-22f)]等形式。

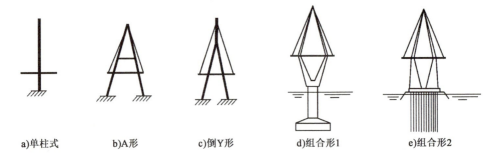

a)单柱式　　b)A形　　c)倒Y形　　d)组合形1　　e)组合形2

图 9-20　桥塔的横向布置形式

a)南京浦仪公路跨江大桥(单柱式)

b)长沙香炉洲大桥(倒V形)

c)兰原高速黄河大桥(H形)

d)宜昌"琵琶桥"(倒Y形)

e)延吉海兰河大桥(异形)

图 9-21　斜拉桥桥塔横向造型示例

a)中国吉林松原大桥(单柱式)

b)英国纽波特城市步行桥(倒V形)

c)葡萄牙波尔图圣约翰桥(倒V形)

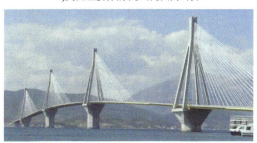
d)希腊里约-安蒂里奥大桥(倒Y形)

e)中国四川泸州邻玉长江大桥(A形)

f)中国江苏淮安运河大桥(环形)

图9-22　斜拉桥桥塔纵向造型示例

桥塔的造型设计是斜拉桥整体结构造型设计最主要的部分之一。斜拉桥桥塔作为斜拉桥的核心组成部分,不仅是承担拉索荷载的关键结构,更是桥梁美学设计中的重要元素。桥塔的造型设计直接影响了斜拉桥的视觉效果和美学价值,桥塔是桥梁设计师展现创造力与技术实力的重要媒介。桥塔的造型设计通常考虑以下几个方面:

(1)环境融合

桥塔的设计要考虑与周边环境相协调,既要凸显桥梁的特点,也要使其融入周围景观,成为城市或自然环境中不可或缺的一部分。

(2)结构美学

桥塔的结构设计应兼顾力学性能与美学表现,如常泰长江大桥的"钻石塔"造型,不仅提升了桥塔的整体刚度,更在视觉上呈现出独特的艺术效果。

(3)文化内涵

桥塔设计往往会融入地方文化特色,如平塘特大桥就将贵州少数民族文化元素融入桥塔造型,展现了深厚的文化底蕴。

(4) 照明效果

夜间的照明设计同样是桥塔美学设计不可忽视的部分,通过灯光的渲染,桥塔可以在夜晚展现出不同于白天的魅力,如广东河源迎客大桥的照明设计就突出了其"M"造型(图9-23),成为当地重要的夜景地标。

图9-23　广东河源迎客大桥

9.5　意象表达

由于斜拉桥的受力和造型均以主塔和斜拉索为核心,斜拉桥景观造型的意象表达以主塔和斜拉索的综合表现最为明显,主塔的高耸造型与斜拉索的空间线条组合表达出祥云、风帆、火炬、水滴、飞鸟、鲜花、竖琴等意象。

9.5.1　祥云

祥云,寓意祥瑞之云气,表达了吉祥、喜庆、幸福的愿望以及对美好的向往。斜拉桥的桥塔通常具有一定的立体形状,塔柱呈空间曲线布置,在塔顶处通过塔帽将多个塔柱连接在一起,形成祥云的造型。

祥云造型的斜拉桥体现了功能性与观赏性的高度融合(图9-24)。傍晚时,夕阳的余晖斜照在水面上,那一道道波光,犹如一颗颗明亮的星星在闪动,真是"一道残阳铺水中,半江瑟瑟半江红"。夜幕降临,月亮高悬,桥梁的灯光亮起,柔美的光勾勒出桥梁的形状,桥梁两边的景物也随着灯光的亮起,在夜色中呈现出朦胧的美感。云卷云舒的画面感、柔软感和流动感,与自然山水呼应,构筑"折叠时光,坐看云起"的慢生活。

9.5.2　风帆

在古代,帆船作为远航的唯一交通工具,象征着人类勇于探索未知的开拓精神。"帆"的发展进步,代表着人类征服海洋的探索历程,是智慧与勇气的体现。"风帆"也常常作为意象被文人骚客用于诗词之中。"乘风破浪会有时,直挂云帆济沧海"这一脍炙人口、流传千古的诗句,便是风帆之意的很好诠释,借"帆"抒怀,传达了一种面对困难不退缩放弃、顶风前行的决心,寓意人们对光明前途的坚定希望。如今,"风帆"已作为多个大跨径斜拉桥桥塔造型(图9-25),在设计之时,使用"帆"的意涵与美,融入钢筋铁骨,将大海的细碎涟漪与波涛涌动拟化为律动的点元素与击荡的曲线,"帆"的优雅曲线点缀其间。

a)太原祥云桥

b)四川金简仁快速路跨沱江大桥

c)西宁西平大街桥

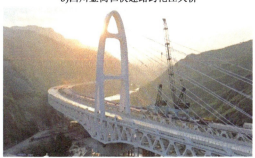
d)北京安家庄特大桥

图9-24 斜拉桥桥塔祥云造型

a)南京跨沪宁高速大桥(三角帆船)

b)南京文靖路跨宁杭高速桥(帆船)

c)港珠澳大桥九洲航道桥(帆船)

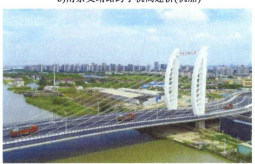
d)上海祁连山路大桥(帆船)

图9-25 斜拉桥桥塔风帆造型

9.5.3 火炬

屹立在江河湖泊上的桥塔就像一个燃烧的火把,给行人和航船以光明的指引。结合我国浓厚的体育文化底蕴和奥运精神,将桥塔设计为奥运火炬造型,寓意城市像奥运火炬一样生生不息。火炬整体犹如薪柴累成,寓意着中华文明薪火相传;火炬四面八槽,聚合至顶部中心,象征着中国体育的发展与延续(图9-26)。

a)河北保定乐凯大街高架桥

b)河南洛阳火炬大桥

图 9-26 斜拉桥桥塔火炬造型

9.5.4 水滴

桥塔由于受力需要通常设计成 A 形、倒 V 形等下部分叉扩展的造型,若将分叉扩展的桥塔设计成曲线状,两侧塔身于顶部合拢,又微微展开,整体宛若一个水滴矗立在江面之上(图 9-27),可传承中国人"因水而生,因水而兴,因水而美"的文化,展现中国人水滴石穿的奋斗精神,开创灵动、艺术的桥梁新时代,同时与桥塔的美学设计一脉相承。同时,水滴也有平安与祈福的寓意,水滴造型桥塔表达了人民生活幸福与安康的美好祝愿,可谓"滴水成诗江上画,水润千岛泽万家"。

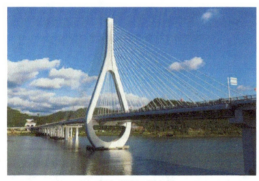
a)阆中嘉陵江特大桥

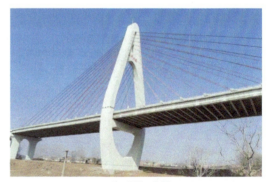
b)山西丹河大桥

图 9-27

c)广东河源新丰江大桥

d)亳州药都大道涡河大桥

图 9-27 斜拉桥桥塔水滴造型

9.5.5 飞鸟

如果说桥塔是一只飞鸟的躯干,那么向四周辐射的一根根斜拉索无疑就是飞鸟展开的翅膀。飞鸟造型的斜拉桥以张开的双翼为设计意象,将展开的翅膀抽象提炼运用于桥侧线型设计中(图9-28),营造展翅奋力高飞的意境,体现中国人奋力拼搏的高昂斗志。斜拉桥整体线条挺拔而凌厉,充满了张力与动感,似飞鸟欲展翅高飞,寓意中华文明在历史的长河中生生不息,勇往直前,也象征了中国蒸蒸日上、振翅腾飞。通过在塔身的断面和顶部造型上进行雕塑化处理,桥塔造型更加挺拔,充满艺术气息。

a)广东惠州合生大桥(天鹅)

b)西宁通海桥(天鹅)

c)山东菏泽赵王河松花江路桥(天鹅)

d)江苏如皋长江大桥(仙鹤)

图 9-28

e)广东佛山富龙西江特大桥(白鹭)

f)浙江临海伏龙大桥(大雁)

图9-28 斜拉桥桥塔飞鸟造型

9.5.6 鲜花

各地鲜花造型的桥塔与城市形象和气质有紧密的关联性。广东东莞滨海湾大桥主桥桥塔的设计灵感来源于东莞市花玉兰花[图9-29a)],以"丝路明灯、玉兰花开"为设计理念,组合演绎优美的曲线。每当夜幕低垂,桥塔又化作明亮的灯塔,守护着安详的港湾,召唤着八方来客。陕西咸阳镐京桥[图9-29b)]以其独特的"花瓣式"钢拱塔斜拉桥设计,展现了桥梁美学的艺术魅力。该桥优美的线条和花瓣绽放般的造型,成为沣河上一道靓丽的风景线,极具视觉冲击力与观赏性。山东聊城兴华路跨徒骇河大桥[图9-29c)]跨越莲湖水利风景区,主塔设计为莲花状,"莲花"与钢箱梁桥面相互融合,主桥采用半漂浮体系,景区风光与建筑艺术交相辉映。

a)广东东莞滨海湾大桥(玉兰花)

b)陕西咸阳镐京桥(花瓣)

c)山东聊城兴华路跨徒骇河大桥(莲花)

图9-29 斜拉桥桥塔鲜花造型

9.5.7 竖琴

如果将桥塔看作竖琴的框架,那么一根根平行布置的斜拉索无疑就是演奏出美妙乐音的琴弦。整座斜拉桥宛如一把精美的竖琴静置于河面之上,以其恢宏气韵,尽显城市的豪迈与风流,奏响中国崛起的盛世弦歌。竖琴造型的斜拉桥,寓意万事顺利、吉祥如意,也表达着人民对美好生活的向往。拉索平行布置,而以"人"字形[图9-30a)]、如意形[图9-30b)]、梭形[图9-30c)]等呈现的桥塔,进一步增添了桥梁的结构美感。

a)南京镇南河路跨七里河桥

b)广东韶关乳源洲街大桥

c)重庆东水门大桥

图9-30 斜拉桥桥塔竖琴造型

9.5.8 其他意象

斜拉桥桥塔的造型还可以融汇党徽、月亮、爱心、雪花、钻石、中国结、海豚、玉璧、佛手及字母符号等多种意象,这些元素不仅体现了桥梁所在地的文化底蕴,更彰显了桥梁所承载的时代精神与深刻寓意。

中共中央党校掠燕湖桥[图9-31a)],方案构思来源于党徽,从中提取和加工镰刀与锤头元素,并赋予了桥梁结构意义,从而实现了整个方案从形式到结构的演变。方案用隐喻的手法,从桥梁结构的角度体现了党徽的象征意义,既体现了建筑师的设计心裁,也契合了党校的校园文化本源。

浙江玉环漩门湾大桥[图9-31b)]采用"月环"形钢桥塔,营造了"春江潮水连海平,海上明月共潮生"的意境,寓意玉环的经济和社会发展如潮水般生生不息。

南京花山大桥[图9-31c)]的主塔采用"心"形拱塔结构,"心"形拱塔微微偏向一侧,整体构造富有动感,犹如一艘行驶在固城湖上的帆船,与高淳"中华民间造船水运第一县"的美称相呼应。

河北崇礼太子城桥[图9-31d)]的桥塔采用双层同心椭圆造型,象征同一个世界同一个梦想,中国和世界同心协力创造未来。大桥加入了中国传统文化中月洞拱门和花格窗的建筑元素,融入崇礼冰雪小镇的冰雪纹样,充分体现中国对奥运精神的深刻领悟和对未来的美好憧憬。

长沙香炉洲大桥[图9-31e)]的主塔设计采用"湘江之钻"方案,以星光闪耀的钻石为原型,取其钻石光芒的渐变、层次、放射、扩散的细节美感,利用艺术的曲线与湖面相互重叠交织,成为江面上一道亮丽的风景线。被称为"天空之桥"的贵州平塘特大桥[图9-31f)],主塔也采用了空间钻石造型。

港珠澳大桥青州航道桥[图3-4a)]的"中国结",以及江海桥[图3-3b)]的"海豚塔",是港珠澳大桥的标志性景观。"中国结"寓意香港、澳门、珠海三地紧密相连,文化上同宗同源,三地共创粤港澳大湾区美好未来。"海豚塔"则结合了该地域中华海豚保护区的海洋文化,象征人类与海洋的和谐相处。

郑州潮晟路跨潮河桥[图9-31g)]的设计灵感来源于古代玉璧,斜拉塔采用弧线优美的圆环形式,造型似如意玉环一般圆润柔美,曲线顺畅,如平塘晓月,夜幕降临时,又营造出"慧眼识珠"的意境,犹如智慧之眼。因该桥主塔形状远看犹如一枚戒指,所以其也被称为戒指桥。

安徽六安老柴岗大桥[图9-31h)]的主塔设计灵感来源于佛教中的双手合十造型。其与万佛湖人工大坝及龙河塔相映成趣,展现了万佛湖深厚的"佛"文化底蕴。

浙江宁波西洪大桥[图9-31i)]以"人·交通·环境"和谐发展为理念,主桥充满力量感的桥塔配以蝶翼柔美的曲线,带来了中式浪漫的气息,桥塔造型寓意化蝶,正扇动着双翅改变着姚江两岸,带动姚江经济翩翩起舞。

南京仙新路长江大桥[图3-8a)]的桥塔以字母"N"为设计核心,取自南京简称"宁"的声母。安徽六安寿春西路桥[图3-8b)]采用"V"字造型,寓意着胜利与希望。山西太原摄乐桥[图9-31j)]采用字母"A"的造型,象征着安宁与和谐。这些字母造型不仅为桥梁增添了独特的艺术魅力,更成为连接城市与文化的重要符号。

a)中共中央党校掠燕湖桥(党徽)

b)浙江玉环漩门湾大桥(月亮)

图 9-31

c)南京花山大桥(爱心)

d)河北崇礼太子城桥(冰雪)

e)长沙香炉洲大桥(钻石)

f)贵州平塘特大桥(空间钻石)

g)郑州潮晟路跨潮河桥(玉璧)

h)安徽六安老柴岗大桥(佛手)

i)浙江宁波西洪大桥(梁祝化蝶)

j)山西太原摄乐桥(字母"A")

图9-31 斜拉桥桥塔其他意象造型

9.6 案例集锦

9.6.1 多塔式斜拉桥

1)南京江心洲长江大桥

南京江心洲长江大桥(图9-32)主桥采用中央双索面三塔双跨组合梁斜拉桥,跨越长江主航道。其夜景照明采用绚丽动态的LED灯光,强化了桥梁造型和地标性,提高了辨识度。通过智能控制系统,展现"江风抚琴、金陵唱晚"的主题夜景,以"索"为"弦"、以"光"为"韵",演绎城市与江的美丽故事。灯光展示分4个场景:金山银山、绿水青山,强调生态文明建设;月皎波澄、弦随风动,呈现扬子江畔迷人夜色;江风抚琴、金陵唱晚,灯光如琴弦弹奏乐章;锦绣中华、魅力建康,以绚丽多彩的灯光歌颂祖国,展示南京多彩魅力。

a)整体造型

b)红色灯光

c)蓝色灯光

d)黄色灯光

图9-32 南京江心洲长江大桥

2)浙江嘉绍大桥

嘉绍大桥主航道桥采用独柱六塔斜拉桥方案(图9-33),南起沽渚枢纽,跨越杭州湾,北至南湖枢纽,全长10.137 km;桥面为双向八车道高速公路,设计速度为100km/h。"嘉绍大桥"4个字出自鲁迅的手稿,古朴厚重,契合了大桥的风格。大桥6根塔柱综合了毛笔和宝剑的外形。在夜晚灯光的变幻下,塔柱可以变化成一把倒立的宝剑,或是插入水中的毛笔。

图 9-33　浙江嘉绍大桥

3）安徽马鞍山长江大桥右汊桥

马鞍山长江大桥连接巢湖市和马鞍山市，位于长江之上，其右汊桥为 260m 长的三塔双索面半漂浮体系斜拉桥（图 9-34），为国内首座拱形塔三塔斜拉桥，设计灵感来源于城市广场喷泉，拱形桥塔似喷泉倾斜水柱，地面射灯光柱变斜拉索，儿童嬉戏变桥面车流，整体营造出和谐美好的氛围。桥塔三塔不等高设计外形似马鞍，寓意"活力安徽，开放马鞍山"，展现出安徽与马鞍山的现代化形象。这一设计不仅具有地域特色，还体现了时代的和谐特征，营造出活泼生动的氛围。

图 9-34　安徽马鞍山长江大桥右汊桥

4）湖南郴州赤石大桥

湖南郴州赤石大桥位于青头江河道之上，主桥采用预应力混凝土四塔双索面斜拉桥结构［图 9-15d)］。主塔采用 H 形桥塔，为双曲线形空心薄壁索塔，索塔按竖向分上、中、下塔柱。索塔上塔柱分为上、下两部分。上部分为斜拉索锚固区，底部沿圆曲线过渡，横梁以下为下半部分，两侧塔柱横向净距由上往下线性增大，塔柱顺桥向从横梁位置开始分叉为双肢，塔柱采用内外直角处设置倒角的空心矩形断面。索塔中塔柱为带凹槽的双肢曲线收腰形薄壁结构、顺桥向分叉，薄壁塔柱采用哑铃形空心薄壁断面。索塔下塔柱为带凹槽的曲线收腰形薄壁结构，塔柱采用带凹槽的空心八边形断面。赤石大桥的双曲线索塔借鉴了广州塔的创意，既解决了多塔式斜拉桥刚度小的难题,又满足了降低自重和造型美观的需求。

5)武汉二七长江大桥

武汉二七长江大桥是武汉市内过江通道,采用主跨 2×600m 的双索面三塔斜拉桥(图9-35)。之所以选择三塔斜拉桥,主要是因为它线形流畅、造型优美,等高的三塔蕴含武汉"三镇"之意。大桥设计过程中,设计师遵循三维空间的比例协调原则,使桥塔表现出应有的特征与建筑格调,精炼、简洁,没有赘余构件,突出该桥与长江相协调的整体气势,造型创新,有别于当时武汉已建的4座双塔斜拉桥,体现武汉国际大都市的地位与魅力。在桥塔的造型上,以花瓶形为基础进行优化。

图 9-35　武汉二七长江大桥

9.6.2　双直塔斜拉桥

1)安徽池州长江大桥

安徽池州长江大桥是安徽省境内连接池州市贵池区与铜陵市枞阳县的过江通道,采用(3×48+96+828+280+100)m 跨径布置,桥面为双向六车道高速公路[图3-4j]。池州素以"佛"学文化闻名世界,作为国际性佛教道场,池州的九华山既是中国四大佛教名山之一,又是国家首批 AAAAA 级风景名胜区。大桥设计也颇具地域文化特色,为了突出池州九华山的佛教文化,大桥的两个主桥塔设计为双手合十的"佛掌"造型,掌中还各有6个琉璃黄的"大佛珠",同样琉璃黄的斜拉钢索则从佛珠中呈放射状垂向桥身,如"佛光普照",阳光下显得金光灿灿,十分华丽。整体造型生动,实现了桥梁建筑与美学、人文的融合统一。

2)常泰长江大桥

常泰长江大桥是世界上首座集高速公路、城际铁路、一级公路于一体的大桥。大桥主航道桥采用主跨1176m钢桁梁斜拉桥(图9-36),孔跨布置为(142+490+1176+490+142)m=2440m,是世界上跨度最大的斜拉桥。大桥主通航孔桥与两个专用通航孔桥遥相呼应,一高一低,一仰一合,一奔放一内敛,江心直指蓝天如宝剑出鞘,两侧横卧江面似蛟龙入水。通过对全线景观的精心设计,常泰长江大桥景观体现出"平安如意,常享通泰"的主题。主通航孔桥桥塔整体造型如宝瓶,寓意"常保平安",造型舒展顺畅、高耸挺拔,有直冲云霄之感。专用通航孔桥为拱桥造型,形似"如意",表达出"保平安,求如意,祈通泰,愿恒久"的寓意。首创钢-混组合四塔肢空间钻石型桥塔结构,其创新性的设计、独特的建筑造型给人们带来视觉和心灵上的震撼。

图 9-36　常泰长江大桥

3）重庆红岩村嘉陵江大桥

重庆红岩村嘉陵江大桥是一座主跨 375m 的公轨两用桥,连接重庆市渝中区和江北区。综合考虑地形限制、通航要求、技术条件、经济性能、景观风貌等因素,采用高低塔双索面钢桁梁斜拉桥方案(图 9-37)。大桥景观设计以"红岩华门"为主题。在该桥景观设计中,应用竖向线条元素对门形桥塔和桥墩进行造型设计,形成了庄重的形象风格;桥塔选用赭红色可更醒目、突出文化立意,主梁和斜拉索选用浅灰色,与周边环境和谐相容;人行道栏杆为栅栏式纤维增强复合材料栏杆,造型与桥塔整体风格匹配呼应;景观照明灯光色彩为暖色调,采用泛光照明来表现桥塔外轮廓,钢桁梁采用内光外透表现形式,通过照明亮度分级以增强大桥夜景明暗对比。

图 9-37　重庆红岩村嘉陵江大桥

4）重庆白居寺长江大桥

重庆白居寺长江大桥(图 9-38)西起陈家阁立交,上跨长江水道,东至太阳岗立交。大桥长 1.384km,主跨 660m,采用双塔双索面斜拉桥结构。上层为双向八车道城市主干道,设计速度为 60km/h;下层为双向二线城市轨道交通,设计速度为 100km/h。重庆是山水之城,因此,大桥桥塔采用了水滴的形状,一方面满足支撑功能需求,另一方面表达"一滴水融入长江"的概念,融合了重庆"因水而生,因水而兴,因水而美"的地域文化,展现重庆人"水滴石穿"的奋斗精神。此外,白居寺长江大桥采用白色涂装,给人以洁净感,同时也与"水滴"概念匹配。

图 9-38　重庆白居寺长江大桥

9.6.3　双斜塔斜拉桥

1)南京眼步行桥

南京眼步行桥是一座集动感和灵秀于一体的桥梁(图 9-12)。中国江南古桥以石拱桥居多,南京眼步行桥中部微拱起,契合小桥流水人家的中国古典诗意。整座桥外观造型简洁飘逸,两个白环既相对又似分离,动感极强。桥身似泛起的涟漪,由宽渐窄,由窄渐宽,行人穿行其间犹如琴弦上跳跃流动的音符。两个白环支撑起大桥全部重量,椭圆桥塔暗含圆满之意,钢铁之骨则展现了现代感。远眺两个白环像一条白玉腰带系在夹江之上,连接新城和江心洲,城市框架向西延展;走近端详,白环两侧如羽翼般斜拉的钢索振翅向上,好像竖琴的琴弦。

2)北京新首钢大桥

北京新首钢大桥是连接石景山和门头沟的枢纽,全长 1354m,采用五跨双塔双索面斜拉刚构组合结构(图 9-39)。主桥为全钢结构倒"U"形双斜钢塔斜拉桥,全长 639m,主跨跨径为 280m,斜钢塔高 124.93m,桥面最宽处为 54.9m。由于两个倒"U"形钢塔分别向东西两侧倾斜,从高空俯瞰,仿佛两个面对面席地而坐的拔河健儿,脚抵着脚,手拉着手,各自向后用力拉伸,故该桥在设计之初也有"和力之门"的昵称。秉承着建筑与自然完美融合的理念,新首钢大桥建成后与周边自然环境巧妙融合,体现出山和城的文化联系。新首钢大桥成为长安街上的又一颗"明珠"。

图 9-39　北京新首钢大桥

3）上海安远路跨苏州河桥

上海安远路跨苏州河桥横跨普陀区和静安区，由主跨、上下匝道、两个人行梯道和两个无障碍轮椅坡道组成。主桥呈"C"形走向跨越苏州河，采用三跨连续钢桁梁结构，设辅助双塔拉索，实现一跨过河（图9-40）。主桥两侧设坡道，结构采用钢筋混凝土梁，并沿着滨河道路延伸至滨河绿化带内。同时，桥梁东西两侧也将各设置一条坡度比为1∶2的梯道，用于行人步行上桥。主桥"C"形造型兼具轻盈与力量感，具有观赏性，同时创造可停留的桥面空间，形成两岸之间的公共空间节点，突出了人文休闲的苏州河文化意蕴，呈现了两岸城区的风貌，成了两岸协调发展的重要纽带。

图9-40　上海安远路跨苏州河桥

4）江苏南通百吉桥

江苏南通百吉桥采用了钢管桁梁结构，采用了双塔空间索面斜拉桥的设计，跨径（60 + 120 + 60）m（图9-41）。以织布梭和渔网造型为意象，桥塔两头尖、中间鼓，边缘是弧形，形似织机纬纱上穿梭的梭子。错落有致的三维塔索网面，如织机上的纬纱，又如渔夫抛撒的渔网。极具现代意味的塔索结构，又交织着源远流长的南通地方传统文化，犹如在现代的美好时光之上，洒着些许过去时光模糊的碎影，从而勾起人们怀旧的情怀。纺织文化、渔文化中的代表元素——织梭、渔网，作为江风海韵的特征文化元素，渗透在该桥方案设计之中。

图9-41　江苏南通百吉桥

9.6.4 独直塔斜拉桥

1) 台湾淡江大桥

台湾淡江大桥位于台湾省新北市,连接东西向的淡水与八里两区,采用独直塔斜拉桥设计(图9-42)。设计灵感来自台湾现代舞蹈表演团体云门舞集,建筑中光影的流动即舞者舞姿的律动,中央桥塔就像一双合十祈福的大手,寓意为台湾祈福。为了不阻碍航道,或遮挡海峡日落景色,桥塔被设计得尽可能地纤细,采用独塔还可确保将河床所受的干扰降到最小,以配合对河口生态环境的保护需求。

图 9-42 台湾淡江大桥

2) 南京雄州大桥

南京雄州大桥为六合新城龙池路上的一座重要桥梁,是连接六合滁河东西两岸新城一期和新城二期的主要通道,主桥采用独拱塔双索面斜拉桥(图9-43)。大桥主桥长185m,塔柱自桥面以上拱高66m,采用钢箱混凝土结构。大桥从正面看像一座城门,两边的桥塔高耸,巍然屹立。白天大桥气势恢宏,沿途可以欣赏滁河两畔美丽风光;傍晚华灯初上,大桥变幻的色彩契合"雨花石"景外之景、图外之画的意境。大桥主体选用大气稳重的白色,寓意公正纯洁、包罗万象。

图 9-43 南京雄州大桥

3) 广东汕头新津河特大桥

广东汕头新津河特大桥西起中山东路与泰星路交界环岛以东,跨越新津河,东至武夷山路,为独塔双索面混合梁斜拉桥(图9-44)。大桥主桥长519m、宽44m,主塔高145m,该桥桥塔设置在新津河东岸,依靠23对斜拉索支承特大跨度的主跨钢箱梁跨越新津河。大桥外观设计独特,桥塔设计为水滴形,象征着潮汕地区的海洋文化。120余米高的异形截面混凝土桥塔之上,搭建20余米高的钢结构和玻璃幕墙,达到145m的设计高度。塔顶藏光玻璃幕墙采用抗大风、耐高温、高弹性的PC板(聚碳酸酯板),白天晶莹通透,晚上端庄大气。灯光装饰可根据庆祝主题显示不同主题效果,具有丰富性和创意性。

图9-44 广东汕头新津河特大桥

4)广东广佛大桥

广东广佛大桥东起大坦沙岛,跨珠江水道,西接佛山南海区建设大道,主跨设单孔双向通航,桥跨布置为(120+158)m,桥面标准宽度为40.2m(图9-45)。桥塔造型独具匠心,其设计创意来源于相执的双手,取意于"两相执手,风华同秀",寓意广佛两地执手相连,从交通路网入手打破地域壁垒,共同打造无界生活,谱写广佛同城新乐章。该桥在设计中提取了抽象意象的线形元素,并对其进行线条化设计,不仅使大桥符合力学构造,更在视觉上给人以流畅、协调的美感,实现造型和功能的统一,将抽象的同城文化变为真实的广佛大桥。

a)整体造型(效果图)

图 9-45

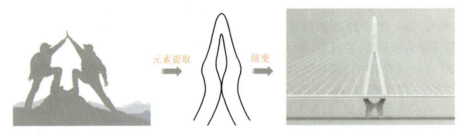

b)方案构思

c)施工效果

图 9-45 广东广佛大桥

9.6.5 独斜塔有背索斜拉桥

1)南京花山大桥

南京花山大桥位于南京高淳环湖线,全长 2.22km,其中主桥部分长 250m。花山大桥为"扬帆起航"式斜拉桥,主塔采用斜靠式"心"形拱塔造型,其"四拱一塔"结构类型为国内首创[图 9-31c)]。高度达 83.2m 的标志性的"心"形拱塔由 42 段钢结构拼接而成,"心"形拱塔微微偏向一侧,在空中形成一个弧形,整体构造富有动感。

2)浙江玉环漩门湾大桥

浙江玉环漩门湾大桥是玉环交通"五纵五连一环岛"路网规划的重要组成部分,按照一级公路设计标准设计,同时兼顾城市道路功能,路线总长 3.4km,设计速度为 60km/h,起点位于龙溪镇渡头村,顺接滨江大道,主桥长 671m,桥面宽度为 39m,双向六车道。采用独塔双索面斜拉桥[图 9-31b)],主桥跨径为(120+75)m,钢桥塔采用"月环"造型设计,桥塔高 63m,其中桥面以上约 50m,桥面以下约 13m。"月环"造型与"玉环"相呼应,体现了"春江潮水连海平,海上明月共潮生"的意境。看似天上月,却是人间桥!

3)湖北宜昌香溪河大桥

湖北宜昌香溪河大桥位于宜昌市兴山县境内——昭君故里,跨越香溪河,是水陆两路旅客进入兴山县的南大门。跨河主桥采用(90+238)m 独斜塔中央索面混合梁斜拉桥[图 3-5f)],按照双向四车道一级公路标准建设(两侧设人行道),桥梁标准宽度为 25.5m。该桥构思上结合当地昭君携琵琶出塞的历史文化,将桥塔创新设计为圆润的琵琶造型,为国内首创,其意境恰如昭君怀中的琵琶,充分体现出兴山县的地方文化特色;香溪河两岸地势陡峻,结合结构受力,将桥塔顺桥向倾斜10°,既解决小边跨结构受力的技术难题,又增添了琵琶弹奏的艺术韵味;为改善桥塔结构受力,首次将钢管内套体外索应用在桥塔横向双肢结构中,三条细长索结构共同组成琵琶塔的弦,更加突出了香溪河大桥的景观效果。

9.6.6 独斜塔无背索斜拉桥

1) 中国酒泉卫星发射中心神舟友谊大桥

神舟友谊大桥横跨黑河,全长148m,主桥为80m独塔双索面无背索斜拉桥(图9-46),引桥采用2×30m连续梁,全桥结构连续。大桥索塔正面为半椭圆门形塔,采用椭圆形变截面钢箱结构,整体造型犹如一艘扬帆远征的航船,象征着中国航天在探索太空的征途上高歌远航。造型优美独特且不乏寓意,受力体系轻巧且刚柔互补,宛如绚丽的彩虹,被当地人亲切地称作彩虹桥。夜幕华彩下的大桥既似一艘扬帆远航的大船,又似一面迎风招展的旗帜,更似一座为航天英模们树立的不朽丰碑。

图 9-46 神舟友谊大桥

2) 陕西宝鸡蟠龙大桥

陕西宝鸡蟠龙大桥是中国首座单索面斜塔斜拉桥(图9-47),南接宝鸡高新区蟠龙路,北连宝鸡市行政中心,全长1146m、宽28m,双向六车道。人字形斜塔为钢筋混凝土结构,顺桥向倾斜60°,桥面以上斜塔高63m,桥面以下斜塔腿长10.5m。大桥犹如一道彩虹跨越渭河和西宝高速公路,桥两端分别有一座火红色的斜拉塔,犹如两个力大无比的巨人,稳稳地固定桥面,也如强劲的"弹弓叉",给人一种"人间一两风,填我十万八千梦"的豪迈!

图 9-47 宝鸡蟠龙大桥

9.7 本章小结

斜拉桥的上部结构主要由索塔、加劲梁和斜拉索组成,加劲梁为由斜拉索多点弹性支撑的连续梁,较其他桥型跨越能力得到较大提升,是跨度为 300~1000m 最具竞争力的桥型之一。斜拉桥的力从梁、索传至主塔,再经主塔传至大地,传递途径直接、明确,与其他桥型相比,斜拉桥的塔、索等构件的形式和组合丰富,能充分表现出桥梁的现代美。

斜拉桥的布局形式多样,根据塔数布置,主要有独直塔式、单斜塔式、双直塔式、多塔式等;索在纵向面内布置形式有辐射型、扇形和竖琴形等,空间索面布置形式有单索面、双索面、三索面和空间交错索面。根据塔的空间位置,可布局为直塔、斜塔、曲线塔和异形塔。桥塔的横向布置形式有单柱式、倒 V 形、倒 Y 形、H 形和组合形等,纵向布置形式有单柱式、倒 V 形、A 形、倒 Y 形和环形等。

在意象表达方面,斜拉桥的受力和造型均以主塔和斜拉索为核心,主塔的高耸造型与斜拉索的空间线条组合能表达祥云、风帆、火炬、水滴、飞鸟、鲜花、竖琴等主要意象。祥云,寓意祥瑞之云气,表达了吉祥、喜庆、幸福的愿望以及对生命的美好向往;风帆,帆船作为古代远航的唯一交通工具,象征着人类勇于探索未知的开拓精神;奥运火炬造型的桥塔,寓意城市像奥运火炬一样生生不息,勇当第一;水滴状造型的桥塔,表达了一滴水融入长江的概念,展现了中国人水滴石穿的奋斗精神;飞鸟造型的桥塔,以张开的双翼为设计意象营造展开翅膀奋力高飞的意境,体现中国人奋力拼搏的高昂斗志;而竖琴造型的斜拉索,寓意万事顺利、吉祥如意,也代表着人民对美好生活的向往。

思 考 题

1. 简述斜拉桥的基本组成及受力特点。
2. 斜拉桥的跨径布置有哪些形式?
3. 斜拉桥的斜拉索在索面内的布置形式有哪些?分别有什么特点?
4. 斜拉桥的桥塔造型有哪些类型?分别有什么特点?
5. 斜拉桥斜拉索的稀索布置和密索布置在设计上的优缺点有哪些?
6. 桥塔空间位置与造型对斜拉桥有何影响?
7. 斜拉桥的意象表达形式有哪些?分别有什么寓意?
8. 列举多塔式斜拉桥的典型案例,并说明其在整体造型与美学设计上的特点。
9. 多塔式斜拉桥的设计难点是什么?
10. 列举一个著名的斜拉桥案例,并简述其特点及寓意。
11. 对比独斜塔有背索斜拉桥和独斜塔无背索斜拉桥在整体造型与美学设计上的异同点。

第10章

悬索形态景观桥

10.1　引言

悬索桥,亦称吊桥,是世界上跨越能力最强的桥型之一。凭借独特的结构造型与力学特性,悬索桥不仅成为连接桥头两地的重要交通枢纽,还承载着丰富的景观设计理念,其结构形式本身就是桥梁美学最好的体现。在桥梁美学的世界中,悬索桥不仅是工程技术的结晶,更是一件件将自然与人文、历史与现代相融合的艺术作品。

悬索桥具有丰富的构件形式,在塔造型、锚固方案、缆索造型、吊杆造型、加劲梁造型等多方面体现出悬索桥特有的美学特征。本章将探索这些雄伟桥梁背后的美学思想与艺术表达。从高耸入云的桥塔,到如彩带般飘逸的缆索,甚至是连接结构的精巧设计,每一个设计元素汇集形成连接江河两岸、跨越峡谷的关键交通枢纽,其更因优美的线条与宏伟的构造,成为城市与自然景观中的标志性建筑。本章将从悬索桥的基本组成、受力分析、景观造型、意象表达这四个层次入手,揭示桥梁结构与美学之间的深层联系。

我国悬索桥建设近年来取得了显著成就,建造技术和美学设计逐步引领世界潮流,这些桥梁不仅展示了中国工程技术的进步,更为现代桥梁美学注入了新的活力。通过对本章的学习,读者能深入了解悬索桥的结构特点、设计理念以及美学价值,感受这一经典桥梁形式的无穷魅力。

10.2　基本组成

典型悬索桥主要由索塔、主缆、加劲梁、吊索、锚碇等组成(图10-1),另设置有塔顶鞍座、散索鞍等连接构造。索塔起支承主缆的作用,承受缆力的竖向分力和不平衡水平力;主缆是悬索桥的主要承重构件,承受活载和加劲梁、吊索及自身的恒载等;加劲梁主要提供抗扭刚度和荷载作用面,并将荷载传递给吊索;吊索连接主缆和加劲梁,并将加劲梁传来的荷载传递给主缆;塔顶鞍座是主缆转向装置,将缆力的竖向分力传递给索塔;散索鞍将主缆的力传至锚碇以起分散和转向作用;锚碇是锚固主缆的构造物,根据构造的不同以不同方式承担主缆的拉力。

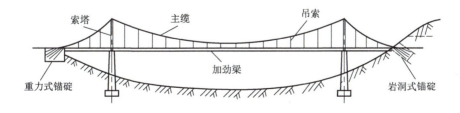

图10-1　悬索桥的基本组成

根据工程实际受力需要和美学造型要求，悬索桥也可通过变化桥塔数量，形成单塔、双塔、多塔悬索桥；亦可通过调整吊杆分布的桥跨，形成单跨、双跨、多跨悬索桥；另外，主缆吊杆布置、缆索锚固方案等都可以进行优化，形成单/多缆索、直/斜吊杆、地锚/自锚式悬索桥等。

10.3 受力分析

根据主缆的锚固传力方式，悬索桥可分为地锚式悬索桥、自锚式悬索桥。地锚式悬索桥的主缆锚固在锚碇上，而自锚式悬索桥的主缆锚固在加劲梁横梁上。

1）地锚式悬索桥

地锚式悬索桥的传力路径：加劲梁→吊索→主缆→索塔→锚碇[图10-2a)]。其核心承重构件为主缆，主缆以受拉为主，通过竖向吊索形成加劲梁的竖向弹性支撑。

悬索桥属柔性结构，是依靠主缆初应力刚度抵抗变形的二阶结构，整体受力表现出显著的几何非线性。成桥时，结构自重由主缆和索塔承担，加劲梁则由施工方法决定受力状态，成桥后作用的荷载由结构共同承担，受力按刚度分配。

主缆是结构体系中的主要承重构件，属几何可变体，承受拉力作用。主缆在恒载作用下具有很大的初始张拉力，为后续结构提供几何刚度，可同时通过自身弹性变形和几何形状的改变来影响体系平衡，表现出大位移非线性的力学特征。几何刚度是悬索桥区别于其他桥型的重要特征之一，也是悬索桥得以在大跨径情况下加劲梁高跨比却比其他桥型小的根本原因。

加劲梁是保证车辆行驶的传力构件。地锚式悬索桥加劲梁在一期恒载作用下仅受梁段节间自重作用，在二期恒载和活载作用下主要承受整体弯曲内力。但由于主缆强大的重力刚度，大部分荷载都分配给了主缆承担，随着跨径的增大，加劲梁退化为传力构件。因此，大跨径悬索桥加劲梁的挠度从属于主缆，以致增大加劲梁截面尺寸会出现梁内应力增大的现象。另外，由于加劲梁在横桥向没有多点约束，因此需要足够的横向抗弯刚度和抗扭刚度。

吊索是联系加劲梁和主缆的纽带，承受轴向拉力。吊索内轴力的大小，既决定了主缆的成桥线形，也决定了加劲梁的弯矩，是决定悬索桥受力状况的关键因素之一。竖直布置的吊索只承受拉力作用；斜向布置的吊索会因为汽车荷载或风荷载作用而不断产生拉、压交变应力，导致吊索疲劳。

地锚式悬索桥，由于其主缆锚固在锚碇上，吊索对加劲梁也无纵桥向分力，相比斜拉桥而言，其加劲梁不存在受压稳定性问题，因此缆索的抗拉强度是其跨径的主要制约因素。在目前的工程材料科技水平下，地锚式悬索桥的最大跨径约为5000m，其经济跨径可达3000m，适合跨越大江大河，是跨越能力最强的一种桥型。

2）自锚式悬索桥

自锚式悬索桥的传力路径：加劲梁→吊索→主缆→索塔→加劲梁[图10-2b)]。

自锚式悬索桥的主缆不提供重力刚度，加劲梁通过自身抗弯刚度承担大部分荷载，且还要承受锚固在加劲梁两端的主缆传递来的轴向压力，形成压弯复合受力，会存在稳定性问题，因此，自锚式悬索桥加劲梁的截面尺寸较大。

自锚式悬索桥由于主缆锚固在加劲梁横梁上，主缆的水平分力会在加劲梁上产生轴向压力，进而导致稳定性问题，因此经济跨径会受到制约，一般经济跨径在100~300m。造型特点是可在主塔和主缆布置方式上进行灵活设计。

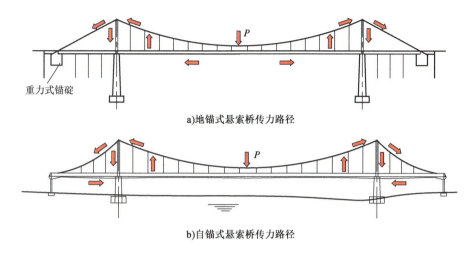

图 10-2 悬索桥的传力路径

10.4 景观造型

悬索桥的景观造型美学,体现在桥跨造型、桥塔造型、锚固形式、主缆造型、吊杆造型以及加劲梁造型六个方面。桥跨造型上,大跨度斜拉桥和悬索桥以其恢弘的桥体和高耸的主塔展现出震撼人心的魅力。桥塔造型多变,包括独柱式、A形、倒Y形等,不仅增强了桥塔的刚度,也形成了视觉上的连续,给人以坚挺的力感和雄踞屹立的形象。锚固形式则巧妙地将拉索的应力传至主梁截面底部,确保了桥梁的稳固。主缆造型通常以两根主缆为主,简洁明了。吊杆则悬挂于主缆上,刚柔并济,是形态美的重要体现。加劲梁则追求轻巧纤细、简洁明了,不仅增强了桥梁的刚度和抗风稳定性,还在光影效果下显得更加纤细轻巧。这些元素共同构成了悬索桥独特的美学魅力。下面分别从这六个方面进行介绍。

10.4.1 桥跨造型

悬索桥是一种通过悬挂系统将桥面吊挂在主缆上的桥梁结构,其跨径布置方案主要包括单跨、双跨和多跨三种。每种布置方案在造型和功能上都有其独特之处。

1)单跨悬索桥

这是最常见的悬索桥类型(图10-3),通常跨越较大的水域或峡谷。单跨悬索桥以其简洁优雅的设计著称,主缆从桥塔顶端优雅地延伸至桥面两端,形成优美的抛物线,展现出线条的简洁性和连续性,使桥梁显得轻盈灵动。其宏伟的桥跨造型带来开阔壮丽之感,视觉上带给人震撼,与周围景观形成鲜明对比。设计强调结构的透明性和简洁性,减少不必要元素,视觉上更纯净。这种设计理念不仅提升了美感,也让人们更清晰地理解桥梁的工程逻辑,展现出独特的美学吸引力。

a)山东淄博孝妇河悬索桥　　　　　　　　　　b)江苏江阴大桥

图10-3　典型单跨悬索桥

2)双跨悬索桥

桥梁通过桥塔让主缆跨越两个跨度(图10-4),增强了桥梁的稳定性和承载能力,也赋予了其独特的视觉美感。首先,双跨悬索桥的美学价值体现在其整体结构的平衡与对称性上。主缆形成优美的弧线,使桥梁在视觉上呈现出一种平衡和对称的美感。这种对称性不仅给人一种稳定和安全的感觉,也在视觉上营造出和谐与秩序的美感。另外,双跨悬索桥在夜间的照明设计上具有巨大的潜力。精心设计的灯光,可以突出桥梁的线条和结构,使其在夜晚如同一条光带横跨河流或峡谷,具有极强的视觉冲击力。灯光的颜色和亮度可以根据节日或特殊事件进行调整,进一步提升桥梁的美学价值和公共关注度。

a)山东青岛胶州湾大桥　　　　　　　　　　b)湖南湘潭昭华大桥

图10-4　典型双跨悬索桥

3)多跨悬索桥

多跨悬索桥由多个连续的悬索桥跨段组成(图10-5),每个跨段之间有中间支撑墩。其特点是可以覆盖更长的距离,适用于需要超长跨越的场景,如大规模的河流或海湾。由于中间支撑墩的存在,多跨悬索桥整体结构更加稳定,但视觉效果可能不如单跨悬索桥那样简洁。多跨悬索桥包含多个主跨和次跨,形成了一个复杂的、多层次的结构。这种复杂性不仅在技术上令人惊叹,也在视觉上形成了丰富的层次感和节奏感,使得桥梁看起来非常壮观。此外,多跨悬索桥通常有多个桥塔,桥塔的坚实与其支撑的主缆的优美形成强烈的视觉对比,同时整体设计上又显得非常和谐。这种对比和协调性在美学上非常吸引人。

a)浙江温州永宁大桥　　　　　　　　　　b)山东济南黄河凤凰大桥

图 10-5　典型多跨悬索桥

10.4.2　桥塔造型

悬索桥的桥塔,作为支撑主缆的塔形构造物,其造型以高耸挺拔、曲线柔和为基调,塔柱、横梁、塔冠等部分均经过圆角化处理,展现出一种刚柔并济、轻盈飘逸的美学特征,与悬索桥的跨径大、形态优美的特点相得益彰。本节主要介绍单独柱塔、双独柱塔、A 形塔和门式塔等几种典型造型。

1)单独柱塔

单独柱塔采用一根独立柱体支撑主缆,柱体高大挺拔,通常由钢或混凝土建造,具备良好的结构稳定性和承载能力,能减小横向风力和地震作用,提高抗风和抗震性能,且结构简洁明了,受力高效,可减少材料用量,减小风阻,适用于各种跨度的悬索桥,便于施工和维护。其美学特点在于简约现代的设计。单一塔柱强调高耸挺拔,象征坚韧与力量,线条流畅,造型简洁,能与周围景观和谐融合。不仅不干扰桥梁整体美感,反而在简约中凸显现代气息,同时使桥梁结构呈现均衡稳定,视觉上更加协调和统一。

广西藤州浔江大桥[图 10-6a)],其采用"三角塔"结构设计,索塔直指天穹,造型犹如一支蓄势待发的"利箭"。西安灞河元朔大桥为空间索面自锚式悬索桥,以"千古一舟"为题[图 10-6b)],双塔造型似皮划艇,象征"舟行古今、跨越时代"的文化内涵,沿着桥的纵向看,双塔呈现出西安市市花——石榴花的形状。

a)广西藤州浔江大桥　　　　　　　　　　b)西安灞河元朔大桥

图 10-6　典型单独柱塔悬索桥

2) 双独柱塔

双独柱塔悬索桥采用两个独立的柱状塔作为主塔结构,不仅具有显著的技术优势和力学性能,还展现出独特的美学价值。通过两个位于桥面两侧、对称布置的独立主塔,支撑整个悬索系统,形成稳定支撑。在美学上,双独柱塔以其简洁、现代且富有张力的外观设计吸引视线,与周围环境和谐融合,凸显纯粹线条和几何美感。其结构避免了多余元素,通过两根直指苍穹的独立塔柱,营造出稳重而不失轻盈的视觉效果。结合现代材料和工艺,如钢材和高强度混凝土,桥梁展现出现代感和科技感。独立塔柱造型多样,迎合现代桥梁设计的审美趋势,展现出独特的工程美学。

河南洛阳开拓大道跨伊河大桥以其双塔三跨自锚式悬索桥的独特设计[图10-7a)],展现了现代桥梁技术与美学的完美结合,其开放式龙形桥塔造型优美,桥宽45 m,气势恢宏;而安徽阜阳霞光大道泉河桥[图10-7b)],作为一座预应力混凝土变截面连续箱梁桥,其简洁流畅的线条、四跨组合的形式,在跨越河流的同时,也展现了桥梁结构的力学之美及与周边环境的和谐统一。

a)河南洛阳开拓大道跨伊河大桥　　　　　　　　b)安徽阜阳霞光大道泉河桥

图10-7　典型双独柱塔悬索桥

3) A 形塔

A形塔通常由两根倾斜的塔柱在顶部相交形成A形结构,这种设计不仅有助于分散桥梁的垂直荷载,增强抗风和抗震性能,展现出高度的稳定性和耐用性,适用于复杂多变的地理和气候条件,而且在美学上赋予桥梁动态、充满力量的视觉感受。塔柱的倾斜交会形成强烈的视觉冲击力,象征着不断进取和突破的精神,为桥梁增添了现代感和艺术气息。A形塔独特的造型在桥梁整体布局中形成视觉焦点,吸引观者目光,并在不同光线条件下展现出丰富的光影效果,体现了设计者在追求结构功能性的同时,也在美学上寻求创新和突破,为桥梁设计开辟了更多可能性。

广西柳州鹧鸪江大桥以其独特的A形钢塔与壮观的单索面设计[图10-8a)]横跨鹧鸪江,不仅展现了现代桥梁工程的雄伟与力量,还巧妙地融合了美学理念。而山西太原通达桥[图10-8b)],则以流畅的线条、轻盈的拱形结构造型,夜晚在夜间照明的璀璨点缀下,优雅地跨越汾河,不仅提升了城市的交通功能,更以其独特的造型和光影效果,为太原增添了一份现代与古典交融的美感。

a)广西柳州鹧鸪江大桥

b)山西太原通达桥

图10-8 典型A形塔悬索桥

4)门式塔

门式塔由两根平行的立柱和顶部横梁组成,形成一个稳定的门框结构,这种设计不仅具有良好的稳定性和受力特性,能有效分散桥梁的垂直和水平荷载,适用于各种跨度的悬索桥,便于施工和维护,而且在美学上展现出庄重、宏伟的特质。对称的塔柱和顶部横梁形成的稳定框架,象征着稳固可靠,其高大的造型具有强烈的视觉冲击力,无论是远观还是近赏都显得壮观雄伟,能够有效地突出桥梁主结构,在城市景观中尤为醒目。门式塔的设计不仅在美学上吸引人,结构上也非常实用,其简洁大气的造型常被用于大型桥梁项目,增强了桥梁的整体视觉效果。

云南绿汁江大桥作为中国首座单塔单跨钢箱梁悬索桥[图10-9a)],其主塔采用双塔门式框架结构,塔柱高耸挺拔,造型现代而富有力量感,与周围的自然环境和谐相融;江苏润扬长江公路大桥则是一座包括两座大跨度索桥及其引桥的组合型桥梁[图10-9b)],其桥塔造型独特,南汊悬索桥主塔采用矩形断面、双向变壁厚的设计,线条简洁流畅,展现出端庄威严的传统风格与现代时尚元素的完美结合。

a)云南绿汁江大桥

b)江苏润扬长江公路大桥

图10-9 典型门式塔悬索桥

10.4.3 锚固形式

悬索桥的锚固形式主要分为地锚式和自锚式两种。由于地基通常比较坚固,地锚式可以提供足够的锚固力支持桥梁结构,因此地锚式悬索桥具有很强的结构稳定性。此种锚固形式适用于跨度较大的悬索桥。此外,地锚施工时需要挖掘深基坑,并对地基进行加固处理,这对施工技术和设备要求较高。

自锚式悬索桥的锚固形式使得桥面结构和主缆之间形成一个自平衡系统,减少了对地基的依赖。由于自锚式悬索桥的锚固力来自桥面结构,因此这种锚固形式的适用范围通常限于中小跨度的桥梁,对于超长跨度的桥梁不太适用。与地锚式悬索桥相比,自锚式悬索桥在外观上相差无几,在构造上主缆较柔细而主梁则较刚劲,在受力上则表现为缆-梁组合结构的特点。

1)地锚式悬索桥

作为一种重要的桥梁结构形式,地锚式悬索桥不仅在工程技术上独具优势,在美学上也展现出独特魅力。锚碇结构隐蔽于桥梁两端,使主体部分简洁突出,减少视觉干扰,增强整体感。桥面设计简洁明了,辅以灯光照明,夜间更显别样美丽。

广东南沙大桥(图10-10),作为珠三角核心区新的重要过江通道,其锚碇结构采用了圆形重力式锚碇,结构坚实,设计巧妙,为两座超千米的跨江特大桥提供了稳定的支撑;而浙江舟山西堠门大桥则以其重力式锚碇悬索桥的设计著称[图1-43b)],锚室索股预应力锚固系统经过精心设计和维护,采用了无黏结可更换式锚固系统,确保了桥梁结构的长期安全与健康。

图10-10 广东南沙大桥

2)自锚式悬索桥

自锚式悬索桥的主缆直接锚固在具有足够刚度和强度的桥面结构上,形成一个共同承受竖向荷载及主缆拉力的整体结构。这种一体化设计不仅在结构和功能上展现出了独特优势,也在美学上呈现出非凡特点。通过将主缆锚固点直接置于桥面,自锚式悬索桥整体感更强,结构线条更简洁明快,桥面、桥塔与主缆和谐统一,形成自平衡,视觉上更加协调。吊索从桥塔向桥面辐射,形成独特的视觉效果,象征结构的稳定性和力量感;桥面宽敞平整,提供稳固舒适的行车与步行体验。

广东东江南支流港湾大桥[图10-11a)]以其宏伟的规模和独特的设计展现了现代桥梁的力与美。大桥的主跨采用五跨双塔钢箱梁自锚式悬索结构,不仅保证了桥梁的稳固性和承载能力,同时也赋予了大桥独特的形态美感;金湾桥[图10-11b)]位于大连金石滩国家旅游度假区的滨海中路上,横跨帆船港池入海口,全长198m,其中主桥长108m,引桥长90m,桥宽10m。金湾桥是我国也是世界上第一座钢筋混凝土结构主梁的自锚式悬索桥。

a)广东东江南支流港湾大桥

b)大连金湾桥

图 10-11　自锚式悬索桥

10.4.4　主缆造型

悬索桥作为桥梁工程中的重要形式,其主缆布置方案对桥梁的结构性能和美学效果起着至关重要的作用。悬索桥的主缆布置方案主要有三种:单缆布置、双缆布置和多缆布置。每种布置方案各具特点,以下简要介绍这几种常见的主缆布置方案及其特点。

1)单缆布置

单缆布置是指在桥的中心线上设置一排主缆,通过桥塔顶端的锚固装置固定在两端,这种布置方式结构简单、施工相对容易,适用于小跨度或中等跨度的悬索桥,具有造型美观的优点,体现了"少即是多"的工程美学理念,减少了材料用量,同时保持了结构的强度和稳定性。单缆悬索桥的桥面悬挂在空中,横向上干净无多余结构元素,加上结构设计简洁对称,形成轻盈稳定的视觉效果,给人以简洁优雅的美感。此外,单缆布置的桥梁与周围环境融合出色,纤细优雅的线条能与自然景观和城市景观产生和谐视觉对话,尤其在日出或日落时分,索缆曲线在光线映衬下尤为优美,宛如弯曲的光带,增添了桥梁的艺术魅力,常被视为桥梁美学中的典范。

重庆渠江景观大桥采用单跨单索面悬索桥设计[图 10-12a)],主跨 400m,缆索系统简洁流畅,宛如一道银色丝带横跨渠江,与巴都山水相映成趣,展现出自然与工程的和谐之美;而广西英华大桥[图 10-12b)]作为单索面悬索桥,其主缆索的单一设计使得整个桥梁结构显得简洁而流畅。这种设计不仅减弱了视觉上的杂乱感,还使得桥梁的整体形态更加和谐统一。主缆索紧绷有力,如同琴弦,将两岸紧紧相连,给人以强烈的视觉冲击力。

a)重庆渠江景观大桥

b)广西英华大桥

图 10-12　典型单缆悬索桥

2) 双缆布置

双缆布置是最常见的悬索桥主缆布置方式。在桥面两侧各设置一排主缆,通过桥塔顶端的锚固装置固定在两端,适用于各种跨度,特别是大跨度桥梁,具有稳定性好、施工难度中等、建造方法成熟、美观性佳及适用性强的优点。双缆悬索桥以其平衡对称的设计著称,通过两条平行的主缆索和悬索将桥面悬挂在空中,形成壮观的视觉效果,不仅增强了桥梁的稳定性,也赋予其宏伟庄重的美感。这种结构形式使得桥梁在纵向上规整,索缆形成的对称弧线展现出强烈的几何美感,尤其在跨越河流或峡谷时,桥梁宛如现代凯旋门,彰显人类工程技术的卓越成就。此外,双缆设计还提供了更多装饰可能,桥塔与索缆的交错布局丰富了视觉层次,进一步提升了桥梁的艺术性和观赏性。

长沙湘江三汊矶大桥[图10-13a)]以其简洁明快、流畅轻巧的整体造型,独特的单索面设计,以及塔柱与悬索吊杆之间的协调配合,展现了与湘江自然风光相和谐的独特美感,不仅增强了桥梁的稳定性,还成为湘江上一道亮丽的风景线。相比之下,香港青马大桥[图10-13b)]则以自由悬挂空中纺线法(AS法)架设主缆,主缆直径达1.1m,由数百根高强度镀锌钢丝组成,横跨马湾海峡,展现出一种更为轻盈而现代的美感,缆索的悬垂形态与桥面的动态交通形成鲜明对比,凸显了悬索桥特有的力与美的结合。

a)长沙湘江三汊矶大桥　　　　　　　　　　　b)香港青马大桥

图10-13　典型双缆悬索桥

3) 多缆布置

多缆布置是指在桥面设置多排主缆,通过桥塔顶端的锚固装置固定在两端,适用于各种跨度,尤其是大跨度桥梁。相较于双缆布置,此种布置方式不仅稳定性更好、承载能力更强,还以其复杂的结构和强大的视觉冲击力著称。通过多条平行的主缆索和悬索,将桥面悬挂在空中,形成极具动感和力量感的视觉效果,不仅提高了桥梁的承载能力,也展现了力与美的完美结合。多缆悬索桥在纵向和横向上都展现出丰富的视觉层次,多条索缆在空中交织成多重弧线,宛如一幅动感十足的艺术画卷,赋予了桥梁动态的美感,索缆仿佛在不断向前延伸,充满生命力。此外,多缆设计还丰富了桥塔与索缆的组合,桥塔在多条索缆的衬托下更显雄伟,增强了桥梁的雕塑感和纪念性。夜间,多缆悬索桥在灯光照射下更是璀璨夺目,宛如一座横跨河流的光之桥,令人叹为观止。

广东佛山平胜大桥作为独塔单跨四索面平面缆索自锚式悬索桥[图10-14a)],其缆索形式以四根粗壮的主缆索呈平面布置,与高耸的三柱门式主塔形成强烈的视觉对比,展现出一种稳重而现代的美感。而成都清水河大桥作为西南地区首座自锚式悬索桥[图10-14b)]，其缆索形式为以四根橙色的主缆索搭配104根白色的吊索，形成了一种简洁而富有层次感的视觉效果，浅黄色的索塔与川剧脸谱型的桥塔更是为这座桥梁增添了独特的文化韵味。

a) 广东佛山平胜大桥　　　　　　　　b) 成都清水河大桥

图10-14　典型多缆悬索桥

10.4.5　吊杆造型

悬索桥的吊杆造型主要有两种：竖直吊杆造型和斜向吊杆造型。每种造型各具特点，以下简要介绍这两种吊杆造型及其特点。

1) 竖直吊杆造型

竖直吊杆是悬索桥中最为传统和常见的设计，其垂直于桥面，从主缆直接悬挂到桥面梁上，具有简单直接的受力路径，能有效传递桥梁自重和交通荷载至主缆，并最终经桥塔传递至基础。

从美学角度来看，竖直吊杆的竖直线条带来对称美感，与桥塔和主缆构成明确的几何结构，使桥梁显得高大雄伟，不仅突显功能性，更赋予经典美感，整齐排列带来秩序与稳定感，使桥梁严谨而优雅，适合多种风格和景观环境。

广东汕头海湾大桥采用双塔双索面悬索桥形式[图10-15a)]，吊杆采用竖直平行布置，与挺拔的桥塔相映成趣，展现出一种简洁而有力的美感。福建厦门海沧大桥作为一座典型的悬索桥[图10-15b)]，其吊杆造型也显精致，数百根吊杆以优雅的直线形态从主缆垂下，宛如琴弦般轻盈地悬挂在桥面上，与周围的海景、城市天际线融为一体，构成了一幅动人的桥梁美学画卷。

a) 广东汕头海湾大桥　　　　　　　　b) 福建厦门海沧大桥

图10-15　典型竖直吊杆造型悬索桥

2)斜向吊杆造型

斜向吊杆造型是一种兼具功能性和美观性的创新设计,其吊杆以一定角度倾斜,从主缆斜挂到桥面梁上,不仅能有效缩短吊杆长度,降低自重,改善桥梁动力性能,增强抗风能力,而且需要精确的受力分析和施工控制以确保受力均匀和结构稳定,在实际应用中能有效提高桥梁的整体刚度和稳定性。

在美学上,斜向吊杆具有强烈的动感和现代感,其斜向排列形成了独特的视觉效果,仿佛在风中倾斜前行,打破了传统竖直吊杆的单调性,增强了视觉冲击力,赋予了桥梁前卫、创新的气质,成为提升现代桥梁整体美学价值的重要元素。

江苏常州广化桥[图10-16a)]独特的吊杆设计值得称道,吊杆以简洁的斜向形态悬挂,与古朴的桥体结构相得益彰,展现出一种静谧而和谐的美感。而天津富民桥则是一座现代感十足的独塔空间索面自锚式悬索桥[图10-16b)],其吊杆造型尤为引人注目,数百根吊杆以优雅的斜向姿态从主缆延伸至桥面,在蓝天白云下奏响了一曲桥梁美学的交响乐。

a)江苏常州广化桥

b)天津富民桥

图10-16 典型斜向吊杆造型悬索桥

10.4.6 加劲梁造型

悬索桥作为缆索体系大跨桥梁,其主梁的造型设计与桥塔缆索的方位息息相关。本节仅以主梁本身的结构布置形式为分类依据。悬索桥的主梁造型方案主要有两种:直梁方案和曲梁方案。以下进行简要介绍。

1)直梁悬索桥

直梁悬索桥是主梁为直线或近似直线的桥梁结构形式,其以简洁直接的线条和结构突显出纯粹的工程美学,强调功能性和结构效率,常用于长跨径桥梁,展现出强大的承载能力,突显了悬索桥大跨度、轻质结构和高效荷载分配的独特优势。

从美学角度,直梁与悬索曲线形成对比,带来视觉上的和谐与平衡,特别是在阳光下,阴影效果加强了桥梁的立体感和层次感,其简洁线条与自然景观相结合,既不过于突兀又能增添现代化元素,直梁的硬朗与周围柔美景致形成对比,营造出"刚柔并济"的美感,从而吸引游人的目光。

江西南昌英雄大桥[图10-17a)]北主桥的加劲梁采用整体式流线型扁平钢箱梁,与斜塔形成鲜明的对比,彰显力量与速度的完美结合;而南主桥则以三条大缆优美的曲线勾勒出一幅江上远帆图,加劲梁同样采用流线型设计。相比之下,杭州江东大桥的加劲梁则采用了分离式钢箱加劲梁[图10-17b)],与空间缆索相得益彰,展现出现代简洁的美感,桥型组合与钱塘江和谐一致,仿佛一道彩虹横跨江面,为城市增添了无限的魅力。

a)江西南昌英雄大桥

b)杭州江东大桥

图10-17　典型直梁悬索桥

2)曲梁悬索桥

曲梁悬索桥是主梁为非直线的桥梁结构形式,如S形梁桥,其独特的形态和流畅的曲线结合了动感与柔美,突破了传统直梁的刚性,赋予桥梁轻盈灵动的视觉效果,中部自然转折形成的优雅弧线仿佛在空中舞动,带来视觉上的动态美感。

在美学上,曲梁与桥塔、悬索的竖直线条形成对比,增强了趣味性,形成复杂而协调的美感,不仅具有视觉冲击力,还能提升桥梁的抗风性能和结构稳定性,体现桥梁设计的艺术性和创新性。曲梁悬索桥常成为都市天际线或自然风景中的独特地标,不仅在结构上具备独特工程优势,而且其流动的线条和优雅的造型体现了现代的美学特征,呈现出艺术作品般的优雅与美丽。

美国巴尔波公园人行桥以其优雅的拱形加劲梁设计脱颖而出[图10-18a)],宛如一道彩虹轻盈地横跨在绿意盎然的公园之上,不仅提供了通行功能,更成为一处令人驻足欣赏的艺术品,展现了桥梁与自然景观的完美融合。而我国福建厦门和美桥的加劲梁则采用了独特的鱼腹式造型[图10-18b)],既保证了桥梁的结构强度,又赋予了桥梁一种灵动的生命力,仿佛一条跃出水面的鱼儿,与周围的环境相得益彰,展现出一种既现代又富有地域特色的桥梁美学。

a)巴尔波公园人行桥

b)福建厦门和美桥

图10-18　典型曲梁悬索桥

10.5 意象表达

由于悬索桥的受力和造型均以主塔和缆索系统为核心,因此悬索桥景观造型的意象表达以主塔和缆索系统的综合表现最为明显,主塔的高耸造型与缆索系统的空间线条组合表达出动物态(祥龙、飞鸟等)、静物态(贝壳等)、流体态(流水、水滴等)等意象。

10.5.1 动物态

以动物(如祥龙)为意象的悬索桥在美学上展现出独有的特征和深厚的文化底蕴。首先,这类桥梁通常融合了动态与静态的美感。祥龙意象的桥梁多具有流动的线条和优雅的曲线,仿佛龙在云间飞舞,象征着吉祥、力量与荣耀,彰显出大气磅礴之感。这些桥梁通过细致入微的设计与雕琢,传达出浓厚的文化底蕴。龙作为中华文化的重要象征,承载着无数的传说和故事,使桥梁不仅是交通载体,更成为文化载体。

山西太原迎宾桥(图10-19)与山东济南黄河凤凰大桥[图10-5b)],分别以"龙腾云霄"和"凤凰展翅"为设计意象,前者以倾斜独塔空间索面异形自锚式悬索桥的设计展现太原的历史底蕴与时代活力,寓意欢迎四方宾客;后者则采用双塔斜拉索悬索桥结构,融合传统文化元素,寓意繁荣昌盛和吉祥如意。

图10-19 山西太原迎宾桥(祥龙腾跃)

10.5.2 静物态

以静物为意象的悬索桥在美学上展现出静谧与平衡之美。首先,这类桥梁通常以自然界的静物为设计灵感,如花卉、果实、贝壳等,体现出静谧、柔和的视觉效果。其次,设计上往往追求结构与自然景观的和谐共生。桥塔和主缆线条柔和流畅,与周围环境相互映衬。桥身的颜色选择也多以自然色调为主,避免过于鲜艳,以保持整体的协调性和美观性。再次,表达静物意象的悬索桥注重细节的雕琢和艺术性的表达。桥塔、桥身和缆索的连接处常常有精致的装饰和纹理,仿佛大自然中的静物细节被放大,彰显出设计者对美的独特理解和匠心独运。

广州猎德大桥的造型犹如巨大的贝壳[图10-20a)],屹立于珠江之上,宛若一件艺术品镶嵌在广州这座现代化城市的心脏。其设计灵感来源于贝壳的自然形态和优美曲线,象征着广州的海洋文化和开放精神。上海嘉松公路越江大桥[图10-20b)]的主塔造型以窗花为原型,并融入了中国结的元素。窗花作为中国传统装饰艺术的一种,具有独特的审美价值和文化内涵,其精致的图案,为嘉松公路越江大桥增添了一份典雅和柔美。

a)广州猎德大桥(贝壳)

b)上海嘉松公路越江大桥(窗花)

图10-20 静物态意象悬索桥

10.5.3 流体态

以流体为意象的悬索桥在美学上展现出一种流动感和自然的优雅。模仿水流的曲折和变化,桥身轮廓设计成柔和曲线,桥塔呈流线型。这类桥梁在视觉上似乎与周围的自然环境融为一体,给人一种宁静和谐的感觉。

我国武汉鹦鹉洲长江大桥与挪威贝都桥(图10-21),分别从东西方视角展现了桥梁美学的独特魅力。武汉鹦鹉洲长江大桥作为武汉市的标志性建筑,其三塔四跨的悬索结构融合现代科技感与古典韵味,橘红色桥身在自然环境的映衬下更显艳丽,为城市增添了一抹亮丽色彩;而贝都桥则以其独特的形态设计著称,看似悬浮空中的主梁与弯曲的支撑柱巧妙结合,既展现了工程师的创造力,又体现了人类与自然和谐相处的理念,实现了自然美景与建筑工程的完美融合。两座桥梁虽所处地域不同,但都成为人类智慧与自然景观交相辉映的典范,展现了桥梁美学的真谛。

a)中国武汉鹦鹉洲长江大桥(琴之韵)

b)挪威贝都桥(水之韵)

图10-21 流体态意象悬索桥

综上,悬索桥在桥梁美学上的意象表达丰富多彩,动物态的悬索桥通过缆索与桥塔的巧妙组合,展现出一种展翅欲飞的生动与力量,具有气势恢宏和轻盈自然的特点,代表桥梁有太原迎宾桥和济南黄河凤凰大桥等;静物态的悬索桥则以其简洁明快的线条和稳重安全的结构,传递出宁静深远的美感,注重细节的雕琢和艺术表达,代表桥梁有广州猎德大桥、上海嘉松公路越江大桥等;而流体态的悬索桥则更加注重动态美感的呈现,通过灵活多变的缆索和桥塔设计,营造出一种轻盈灵动、与自然融为一体的和谐美感,代表桥梁有武汉鹦鹉洲长江大桥等。这些不同形态的悬索桥,共同展现出了桥梁美学中力与美的完美结合。

10.6 案例集锦

各种形态的悬索桥不仅展示了桥梁工程技术的卓越成就,更是桥梁美学理念的深刻体现,它们以各自的方式,将人类智慧与自然景观完美融合,共同书写出关于力量、平衡与和谐的壮丽篇章。下面介绍几座典型的悬索桥。

1)南京仙新路长江大桥

南京仙新路长江大桥兼具城市快速路与公路功能。跨江主桥采用主跨1760m的门式塔悬索桥方案。桥塔上横梁采用新型景观造型,整体造型犹如大写英文字母"N"(图10-22),取自南京简称"宁"的声母。"N"内部为交叉的连杆,桥塔正反面相同,从前后两个方向看,都是"N"。桥梁设计师们巧妙地将地域文化与现代工程技术相结合,设计出了一座既实用又美观的桥梁。桥梁的整体造型宛如一条巨龙横卧在长江之上,塔身笔直刚劲,象征着中华民族的伟大与雄浑。该桥的设计灵感源自中国传统文化元素,尤其是"龙"的意象。桥梁的夜景照明设计也是一大亮点,灯光系统采用了节能环保的LED技术,通过不同颜色和亮度的变化,营造出多种视觉效果,使桥梁在夜间成为一道亮丽的风景。

a)日间效果图　　　　　　　　　　　　　b)夜间效果图

图10-22　南京仙新路长江大桥

2)江苏扬州万福大桥

江苏扬州万福大桥是一座景观悬索桥(图10-23),其设计体现了中华传统文化与现代工程技术的完美融合。万福大桥不仅是一座交通设施,更是一件艺术作品。首先,万福大桥的意境体现了扬州的历史与文化底蕴。扬州作为中国历史文化名城,拥有悠久的文化传统和丰富的自然景观。万福大桥的设计灵感源自扬州的传统园林美学和水文化,通过桥梁线条,展现了扬州的柔美与典雅。桥身的优美弧线与周围的自然景观相得益彰,宛如一幅画卷,静静地诉说着扬州的千年故事。其次,万福大桥的意象突显了和谐与幸福的主题。桥名"万福"寓意万事如意、幸福安康,这是桥梁设计的核心理念,体现了对扬州市民美好生活的祝愿。

a)视角一

b)视角二

图 10-23　江苏扬州万福大桥

3)广西罗泊湾大桥

罗泊湾大桥(图 10-24),曾名"同济大桥",横跨在广西贵港的郁江水道之上,是贯通贵港南北两岸的重要交通枢纽,也是同济大道的重要组成部分。大桥的独特韵味主要体现在桥塔的设计上,主塔设计灵感源自"荷元素",完美展现了荷城贵港的特色风情。桥塔顶端的荷花造型独具匠心,将荷花、花柄与莲蓬巧妙融合,犹如一朵盛开的荷花伫立在江面之上。这样简洁明快的设计不仅呼应了贵港的"荷城"美誉,更寓意着温馨与美好,象征着城市的繁荣与和谐。每当夜幕降临,桥塔在灯光的映衬下,如同一幅美丽的画卷,呈现出独特的艺术之美,成为贵港一道亮丽的风景线。罗泊湾大桥,不仅是工程技术的结晶,更是美学与自然的完美结合,给人以心灵的震撼和视觉的享受。

a)桥梁整体

b)桥塔细节

图 10-24　广西罗泊湾大桥

4)广东珠海白石桥

广东珠海白石桥是一座白色悬索桥(图 10-25),其以简洁优雅的外观和独特的设计理念成为当地的重要地标。该桥以纯净的白色和流畅的线条,营造出一种纯净、宁静的意境。白色象征着纯洁和美好,与珠海作为滨海城市的清新气质相得益彰。桥身在蓝天碧海的映衬下,仿佛一条洁白的丝带在空中舞动,给人一种轻盈、灵动的视觉感受。桥塔的造型简洁大气,与洁白的桥身相呼应,整座桥犹如一件精美的雕塑作品,静静地横跨在珠江口,为珠海增添了一道独特的风景线。白石桥不仅追求美学上的完美,同时也融入了深刻的文化内涵。首先,白色象征着纯洁与和平,这体现了珠海这座城市的开放包容和美好未来。其次,桥梁的流畅线条和优美造型寓意着城市的发展如同桥梁般稳健,不断迈向新的高度。

a)桥梁整体

b)桥塔细节

图 10-25　广东珠海白石桥

5)陕西宝鸡联盟大桥

陕西宝鸡联盟大桥南起渭滨大道,北至陈仓园二路,是宝鸡市的地标性建筑(图 10-26)。大桥以独特的欧式风格和创新的结构,成为西北地区的工程标杆。作为西北首座空间双索面半漂浮自锚式悬索桥,联盟大桥的哥特式混凝土桥塔设计尤为引人注目。欧式建筑造型典雅大气,结合了东方精巧与西方古典。高耸入云的哥特式桥塔,尖顶与拱门设计突显了欧式建筑的庄严与神秘感。桥塔的细腻线条,既有力度又不失柔美,体现了设计师们对比例和结构的精确把控,增强了桥梁的视觉冲击力和丰富了桥梁的文化内涵。在意境上,联盟大桥仿佛是一座连接东西方文化的桥梁。其哥特式塔楼设计带来穿越时空的感觉,现代工程技术则展示了科技与艺术的融合。桥下潺潺流水倒映桥塔,尽显静谧。联盟大桥宛如一条丝带连接过去与现在、东方与西方,传递出开放、包容与进取的城市精神。

a)日间效果图

b)夜间效果图

图 10-26　陕西宝鸡联盟大桥

6)福建南平九峰索桥

福建南平九峰索桥全长 325m,主跨 200m,索塔高达 43.2m,是竣工时全国跨度最大的游览专用桥,并曾是我国第三大单拱索桥(图 10-27)。九峰索桥体现了自然与人文的和谐交融。桥梁横跨在青山绿水之间,宛如一条银色的丝带,连接着两岸的自然景观。它不仅是交通载体,更是一种景观的延伸。人们在桥上行走时,能够近距离感受周围的自然美景,仿佛进入了一个宁静而富有诗意的世界。从意象上看,九峰索桥像一条轻盈的长虹,悬浮在空中,体现了现代工程技术的高超和精巧。这种视觉上的美感,不仅提升了桥梁的观赏价值,更使其成为南平市的一张名片。在设计内涵方面,九峰索桥不仅是技术与艺术的完美结合,更象征着南平市的发展和进步。桥梁的坚固与美丽,象征了城市的繁荣与和谐。索塔的高度和桥梁的跨度,体现了人类勇于挑战自然、不断追求进步的精神。彩灯的装饰,则寓意着光明和希望,象征着对未来的美好愿景。

a)桥梁整体

b)索塔细节

图 10-27 福建南平九峰索桥

7)广东湟川三峡擎天玻璃桥

广东湟川三峡擎天玻璃桥是现代工程与自然景观完美融合的典范。这座玻璃悬索桥宛如昂首云天的巨龙,与所在环境相融共生,形成了一幅自然与人文交相辉映的画卷(图 10-28)。该桥充分利用了玻璃材质的透明性和高透光率,使桥面在阳光照射下如水晶般闪耀,光线穿透桥面,折射出斑斓的色彩,给游客一种步行于空中的奇妙体验。桥面铺装的三层钢化玻璃、桥梁两侧的竖向圆弧形不锈钢护栏,与主缆、桥塔的中国红相得益彰,形成了虚与实、现代与古典融合的景观。不锈钢护栏的圆弧形设计不仅增强了桥梁的现代感和流线感,也在视觉上提供了强烈的安全感。醒目的中国红元素则象征着热情和力量,增强了整体视觉冲击力,使整个桥梁在自然景观中更显夺目。该桥将自然的壮丽与人类的智慧完美结合。游客在桥上行走,仿佛穿越在天地之间,感受到人与自然和谐共生的哲理。

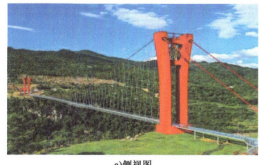
a)侧视图

b)正视图

图 10-28 广东湟川三峡擎天玻璃桥

8)济南黄河凤凰大桥

济南黄河凤凰大桥的外观设计深刻体现了"钟灵毓秀"的意境,表现出齐鲁大地的深厚文化底蕴和自然之美(图10-29)。作为一座自锚式悬索桥,其设计不仅仅是结构上的创新,更是美学上的杰作,展现了刚柔并济的特点。首先,大桥的索塔象征着阳刚之美。高耸入云的索塔如同一只展翅飞翔的凤凰,体现了桥梁的雄壮和力量。塔顶采用极窄角度投光灯进行重点刻画,灵感来源于华山的险峻,强化了其挺拔的姿态。这种设计使大桥不仅在白天显得壮丽宏伟,在夜间灯光的映衬下更是璀璨夺目,展现出一种拔地而起的动态美。其次,桥梁的主缆线形则展现了柔美的一面。流畅的曲线设计与黄河的波澜起伏相呼应,象征着黄河的源远流长,体现出与自然的和谐美。拉索上的点光源模组沿着曲线布置,疏密有致,夜间形成柔和的光带,增添了柔和优雅的气质。此外,大桥与黄河生态景观完美融合,形成一个有机整体。桥塔如凤凰飞舞的设计不仅是对自然景观的呼应,更象征着齐鲁文化的不断传承和发展。大桥的设计理念中蕴含着对历史的敬仰和对未来的憧憬,体现出一种和谐共生、兼收并蓄的精神。

a)桥梁整体

b)缆索细节

图10-29　济南黄河凤凰大桥

9)海南博鳌乐城大桥

海南博鳌乐城大桥位于博鳌乐城国际医疗旅游先行区北部,其主塔采用四塔肢星钻造型(图10-30)。这座桥梁不仅是海南省第一座悬索桥,更是该地区的标志性建筑,其设计和美学价值尤为突出。首先,乐城大桥的四塔肢星钻造型主塔,以其独特的几何形态和高耸入云的高度,展现出强烈的视觉冲击力。四个塔肢交错相连,形成星钻般的几何图案,既象征着力量与稳定,又带有现代科技感。大桥设计巧妙地结合了工程力学与美学,在具备实用功能的同时,也成为一件艺术品,给人一种刚柔并济的美感。其次,大桥的总体设计注重与周围环境的和谐融合,大桥优雅的曲线与周围自然景观相呼应,仿佛是自然环境中生长出来的一部分。

a)侧视图

b)正视图

图10-30　海南博鳌乐城大桥

10.7 本章小结

悬索桥作为桥梁工程中的瑰宝,不仅在结构功能上展现了卓越的跨越能力,更在美学设计上表现出独特的魅力。在受力、造型和意象三个方面,悬索桥的景观特征主要表现为:

悬索桥主要通过主缆承受荷载,桥塔支撑主缆,并通过吊索将荷载传递至主缆。悬索桥的柔性结构和几何非线性使其在大跨度桥梁中具有显著优势,结构自重主要由主缆和桥塔承担。

悬索桥的造型美学可以从桥跨造型、桥塔造型、锚固形式、主缆造型、吊杆造型和加劲梁造型等方面来分析。桥跨布置包括单跨、双跨和多跨形式,各具美学特点;桥塔造型有单独柱塔、双独柱塔、A形塔和门式塔等,体现出不同的美学风格和结构特性;在锚固形式上可分为地锚式和自锚式两种,二者的主要区别在锚固约束点和主梁受力特征上;悬索桥的主缆布置方案有单缆、双缆和多缆布置,分别带来简洁、对称和复杂的美感。此外,吊杆造型有竖直吊杆造型和斜向吊杆造型两种,竖直吊杆带来简洁的视觉效果,斜向吊杆则增强了动感和现代感。加劲梁的两种设计可以是直梁或曲梁,直梁设计强调功能性和结构效率,曲梁则展示出动感与柔美的融合。

悬索桥的景观造型意象主要体现在桥塔和缆索系统的综合表现上,可分为动物态、静物态和流体态三种。动物态悬索桥以龙、飞鸟等为设计灵感,展现出力量与动感,象征吉祥和力量。静物态悬索桥以贝壳、花卉等静物为灵感,体现出静谧与平衡之美,桥塔和缆索的设计注重细节雕琢和艺术表达。流体态悬索桥以流水、波浪等流体形态为灵感,通过柔和的线条和流线型设计,展示出流动感和自然的优雅。

悬索桥的基本组成、受力分析、景观造型和意象表达共同构成了其独特的景观特征,不仅实现了功能与结构的完美结合,更展现出技术与艺术的融合,成为现代桥梁美学的重要载体。

思 考 题

1. 悬索桥的基本组成及核心构件是什么?
2. 悬索桥有哪些桥跨造型?
3. 悬索桥的桥塔有哪些典型造型?
4. 悬索桥在美学上的主要特征有哪些?
5. 悬索桥的造型多样性如何体现美学创新?
6. 悬索桥中主缆造型及布局对悬索桥美学有何影响?
7. 悬索桥中塔柱的设计如何影响其美学效果?
8. 悬索桥主缆与桥塔的美学比例关系如何影响整体视觉体验?
9. 悬索桥意象表达中动物态有哪些常见意象?
10. 悬索桥设计中如何体现环境和谐性?

第11章

桥梁景观小品

11.1 引言

在现代景观桥梁设计中,桥梁不仅承担着交通功能,还在美化环境、提升景观价值方面发挥着重要作用。在我国"双碳"战略背景下,可持续发展理念深入人心,绿色建筑材料和新兴技术在桥梁设计中的应用日益受到重视。竹木结构与3D打印技术等创新手段的引入,不仅是对绿色低碳发展理念的积极践行,更为景观桥梁赋予了独特的美学魅力。园林景观桥,作为园林设计中不可或缺的重要角色,它不仅是功能性与美学价值完美结合的典范,更是景观桥梁创新潮流的引领者。

本章主要围绕景观桥梁在绿色建筑材料与结构、智能建造技术的应用以及艺术造型设计等方面的创新,介绍竹结构、木结构和3D打印技术在景观桥梁中的应用,以及园林景观桥的艺术造型设计,并选取典型的景观桥梁实例进行分析。这些桥梁不仅承载着行人的匆匆步履,更承载着可持续发展的理念与对生态环境的深刻敬畏,成为现代景观设计中极具代表性的艺术作品。

11.2 竹结构景观桥

竹材凭借其卓越的物理特性与生态友好性,展现出在桥梁设计建造中的应用潜力。作为现代景观设计的重要组成部分,竹结构桥梁不仅具备独特的美学价值,更深刻体现了人与自然和谐共生的理念,成为生态建筑的典范。竹子的天然纹理和色泽赋予桥梁一种自然美感,这种美感与周围环境相交融,营造出宁静而和谐的氛围。利用竹材优异的柔韧性,设计师们能够创造出多样且富有艺术感的造型,极大地丰富了景观桥梁的设计形式。从简约现代的直线设计到蕴含传统文化韵味的曲线设计,竹材都能游刃有余地展现其多样的美学潜力。

在竹结构景观桥的设计和建造过程中,生态友好与低碳环保始终是需要考虑的重要因素。竹材的采集与加工过程中能耗相对较低,相较于传统的钢材与混凝土,其碳排放显著降低。此外,竹材的加工无须大量化学处理,极大地减少了环境污染。施工过程中,竹结构的搭建通常不依赖重型机械,进一步减少了对环境的破坏与干扰。这种低碳、环保的建造方式不仅保护了自然生态,更与可持续发展的理念高度契合,成为现代绿色建筑的杰出代表。

11.2.1 材料特征

竹材作为卓越的天然建筑材料,因其独特的生长特性和优异的力学性能而备受青睐。竹子的生长速度惊人,通常在3至5年内便可达到成熟,相比于其他传统木材,其生长周期短且产量高,具有可再生性,在可持续发展方面具有显著的优势。在力学性能方面,竹材具有优异的抗压和抗弯性能,因而竹材能够在应对复杂的结构需求时,展现出极高的可靠性与稳定性。此外,竹材良好的柔韧性和环境适应性使其在多变的气候条件下,依旧能够保持卓越的性能,极大地降低了湿度和温度变化带来的影响。

在实际工程应用中,竹材的应用灵活多样,既可以直接以自然圆竹的形态被运用,也可以通过先进的改性工艺被加工成性能卓越的工程竹材,如竹集成材、竹篾层积材和重组竹等。工程竹材可广泛应用于梁、柱、剪力墙及屋架等承重构件的构建。竹材在建筑的维护和装饰方面也有着广泛的应用。工业化生产的竹产品,如结构用竹集成材、重组竹、竹胶合板、微薄竹和竹刨花板,已成为现代建筑设计中不可或缺的元素;竹地板、竹墙板和室内竹装饰材料,在满足功能性需求的同时,也为建筑增添了自然美感。

11.2.2 原竹组织形态

1)编织织理

原竹的组织形态以其编织织理为核心,其是竹材在建筑及艺术领域应用的基础。编织织理不仅是竹材结构的基本元素,更是其美学表达的重要载体。通过对传统竹编工艺的继承与创新,原竹的编织形式在平衡与重复的美学原则下,结合疏密和点线面的变化,实现了对竹编面或竹编体的再创作,展现出独特的视觉魅力。在形式上,编织织理主要可分为线状织理和网状织理两大类,如表 11-1 所示。

原竹结构的编织织理分类　　表 11-1

编织织理		示意图	
线状织理		错列编织	并列编织
网状织理	有序	十字编织　菱形编织	多边形编织
	无序		

(1)线状织理

线状织理是竹结构中最为简单且富有方向性的表达方式,具有显著的单向受力特性,常与绳索等材料结合,构成建筑中的束腔体支撑单元。线状织理又可细分为并列和错列两类。并列织理通常用于单层建筑的围护表皮,提供了简洁而有效的结构支撑。而错列织理则进一步丰富了竹材的形态表现,分为单向错列和转向错列:单向错列通过延长杆件的长度,构成大体量构件,赋予建筑线条美;转向错列则常用于通道类空间或小品,展现出逐渐缩进的形态,增添了空间的层次感与动态美。

(2)网状织理

网状织理以织理图案为分类依据,分为有序和无序两种编织法。有序编织如十字形编织、菱形编织和多边形编织等,常用于形成密织的实面,既可均匀分布经纬线,也可强调某一方向,产生明确的方向感。而无序编织则打破了传统图案的束缚,灵活运用弯曲能力强的竹片或竹篾,创造出充满活力与自由度的面。这种形式不仅在建筑美学创作中展现了丰富的表现力,也为竹材的应用提供了更广阔的空间。

2)节点形态

竹结构的节点形态是保证其整体稳定性的关键所在,主要分为灵活编织和固定编织两种形式。每种节点形态在功能与美学上均具有独特的优势与挑战。合理的节点,可以有效提升竹结构的稳定性等性能。

(1)灵活编织

灵活编织的节点主要依赖于绑扎和竹销连接(图11-1)。绑扎的优点在于其轻质特性,能够有效减轻整体结构的自重,同时便于拆卸和重复使用,有效降低了经济成本。然而,绑扎的缺点也不容忽视,材料的断裂使结构整体的稳定性容易受到影响。竹销连接与传统的螺栓连接相似,需在竹竿连接部位打孔,并避开竹节,以确保连接的有效性。尽管竹销连接可形成美观统一的结构形象,但其局部应力集中现象容易导致受荷不均,进而影响结构的稳定性,因此在现代大型竹结构中的应用受到限制。

a)绑扎　　　　　　　　　　　　　　　b)竹销连接

图11-1　灵活编织节点连接形式

(2)固定编织

固定编织中节点主要采用钉接和钢构件连接(图11-2)。钉接即通过长零件(如竹钉、木钉、铁钉或螺栓)对原竹进行穿透连接,尤其是螺栓连接,能够达到更强的连接效果,有效传递拉力与压力。螺栓连接的可拆卸性、节点活动性及施工简便性,使其在现代竹结构中得到广泛应用。为克服竹材因应力集中而可能造成的劈裂问题,施工过程中常采用螺栓-水泥连接法,通过向竹节中灌注水泥,增强竹材连接的强度,显著提升其受力性能。钢构件连接则通过编织体与钢节点构件结合,再与其他构件钉合,具有连接牢固、整体结构无明显集中应力等优势,尤其在作为边界连接时,可有效防止竹材受潮对结构整体性能的影响。

a)螺栓-水泥连接　　　　　　　　　　　b)钢构件连接

图 11-2　固定编织节点连接形式

11.2.3　结构形式

竹结构景观桥凭借其独有的材质魅力、雅致的自然纹理以及显著的低碳环保优势,在现代桥梁设计中逐渐崭露头角,以下是几种主要的竹结构景观桥的结构形式。

1)梁承式结构

梁承式结构是竹桥设计中最为常见的结构形式,采用高强度竹材或竹集成材作为主梁,承受来自桥面板的荷载。梁与支座之间的连接通常采用金属连接件,以确保力的有效传递。这种结构不仅具备良好的抗弯和抗压能力,还通过金属连接件的合理布局,避免了竹材的开裂风险,充分发挥了竹材的优越性能。梁承式竹结构桥主要应用于古镇或景区中(图 11-3),以其古朴的色泽和自然的美感,或与古镇的历史与文化环境相融合,或与景区的自然风光相得益彰。

a)古镇竹桥　　　　　　　　　　　　b)景区竹桥

图 11-3　梁承式竹结构桥

2)拱桥结构

竹拱桥结构中拱架是主要的受力构件之一,拱架通过其弯曲形状,将桥面上的垂直荷载有效分散至两端基础,适用于大跨径和高承载要求的场景。力梁型竹拱桥结合了拱桥和梁桥的特点,兼具拱的造型优势与梁的跨越能力,形成了既高效又稳定的结构(图 11-4)。拱桥优雅的造型不仅增强了桥梁的结构美感,更与自然环境和谐共存,展现出深厚的文化底蕴。作为工程与艺术的完美结合,竹拱桥在人类历史和自然景观中留下了不可忽略的美学印记。

a)传统竹拱桥

b)力梁型竹拱桥

图11-4 竹拱桥

3)廊桥结构

竹廊桥的基本组合单元常以六根"井"字形布置的杆件构成,利用摩擦力实现构件之间的紧密配合,无须钉铆(图11-5)。竹廊桥的设计巧妙简单,整体呈现拱形结构,既保证了稳定性,又展现了竹材的自然美感。竹廊桥中竹子的天然纹理和色泽与自然环境相得益彰,呈现出一种质朴而和谐的美感,同时,竹子的柔韧性和强度也赋予廊桥独特的建筑结构美。

a)竹木廊桥

b)竹混凝土廊桥

图11-5 竹廊桥

4)互承式结构

互承式竹桥充分利用竹材的特性,通过竹构件的相互支撑实现结构的稳定性与耐久性(图11-6)。这种桥梁形式充分发挥了竹材的高强度、轻质、韧性好的优势,竹构件以特定的角度和排列方式交错连接,每根竹构件不仅承受自身的荷载,还分担周围竹构件的荷载,形成一个整体的稳定结构。互承式竹桥在视觉上显得轻盈灵动,具备高强度和稳定性。此外,随着时间的推移,竹材因自然老化会发生颜色和质感的变化,这赋予了桥梁独特的美感,历久弥新。

图11-6 互承式竹桥

5) 竹-钢/混凝土组合结构

竹-钢/混凝土组合结构桥梁是一种新型桥梁形式,结合了竹材、钢材与混凝土的优点,提升了桥梁的强度与耐久性,同时实现了环保与可持续发展的目标(图11-7)。竹材具备轻质和抗震性好的优势,钢材提供了优异的抗拉和抗弯能力,混凝土则确保了桥梁的稳定性和耐久性。竹-钢/混凝土组合结构不仅减少了碳足迹,还增强了桥梁抵抗自然灾害的能力,体现了传统与现代的完美融合。例如,新型的多跨连续圆竹-钢组合结构桥通过钢牛腿将各个圆竹拱结构相连,充分发挥了竹材与钢材的优异力学性能。该组合结构中的钢材巧妙地被圆竹包裹,形成了既美观又和谐的整体造型。竹材的自然纹理与温暖色调赋予桥梁一种亲切的自然感,与周围环境完美融合;而钢材的现代感与混凝土的坚固性则为桥梁增添了现代工业美学元素,彰显了结构的力量与稳定性。整体设计不仅体现了传统竹桥梁的优雅韵味,更展示了现代工程技术的先进性,提供了一种独特而深刻的美学体验。

a) 竹-钢组合结构桥

b) 竹-混凝土组合结构桥

图11-7 竹-钢/混凝土组合结构桥

11.2.4 典型案例

1) 安徽黄山悬岸飞桥

悬岸飞桥位于安徽省黄山市桃源村(图11-8),以竹材为主要建材,充分体现了取之于自然、就地营建的理念。与传统的木结构和石结构相比,竹材不仅具有优良的弯曲韧性,还可通过火烤工艺增强其弧线曲率的可塑性,使其更易于操控和设计。随着时间的推移,竹材会逐渐回弹,这种特性使其具备一定的天然预应力,进一步提升了结构的稳定性。为保护桥基周围的树根并促进两岸树木的生长,设计采用了悬臂梁结构。桥面扶手与桥身融为一体,形成主要的结构高度,而桥面则相对平缓,便于行走。在桥身设计中,上部的弧形部分作为受拉杆件,直线部分则为受压杆件,有效克服了竹材受弯不利的弱点。这座利用竹材构建的悬臂桥从一岸跨越河面,直达对岸,形成了一幅壮观的悬岸飞桥景象。桥尾与岸边的分离,使其犹如一座"断桥",展现了悬臂结构所特有的张力感,形成了一处独特的景观。

图11-8　安徽黄山悬岸飞桥

2)重庆渝北一心桥

一心桥位于重庆市渝北区兴隆镇杜家村(图11-9),其跨度达21m,宽度为3m,使用716根毛竹建造而成,是重庆地区跨度最大的竹桥,成为推动世界建筑领域发展的精彩应用。得益于当地丰富的竹材资源,一心桥的主体结构采用原竹修建,桥面则铺装了竹排面板,仅使用少量钢材作为连接件,如螺栓和角钢,用于连接和加固,确保了结构的安全性和稳定性。考虑到河两岸的跨度较大,该桥采用下承式拱桥设计,这种结构形式具备优异的承载能力,能够有效应对大跨度带来的恒载与活载。一心桥的造型设计流畅优美,与周边的绿树、河流及建筑相得益彰,促进了桥梁与自然环境之间的互动与融合,展现了人类与自然共生的美好愿景。一心桥项目还进一步对大跨度竹结构的设计和施工关键技术展开研究,使得现代竹结构在乡村建设、城市公共建筑等领域有更广泛的应用,具有深远的社会意义。因其在环保、可持续发展、农村公益和创新技术方面的卓越理念和成就,一心桥于2019年获得了在房地产及建造领域有"奥斯卡"之称的RICS中国年度大奖(RICS Awards China)评委会特别奖。

图11-9　重庆渝北一心桥

3) 广州十字水生态度假村竹桥

广州十字水生态度假村竹桥全长25m,采用了混凝土浇灌原竹技术,主要使用当地盛产的毛竹、陶土瓦和混凝土进行搭建(图11-10)。为了解决竹桥在连接耐久性和横向受力方面的不足,设计中引入了螺栓-水泥连接法,以构建大跨度的竹结构桥。该桥的主要受力构件由数根灌满混凝土的竹子捆绑而成,显著增强了横截面的抗压强度。同时,在变化节点部分,辅助竹材内部也灌注了混凝土,并通过螺栓和钢带进行加固,确保了结构的稳定性与耐久性。在结构设计方面,竹桥采用了优雅的拱形结构,这不仅提供了良好的力学稳定性,还通过其流畅的弧线和对称的布局,展现了力学与美学的完美结合。此外,桥梁的顶棚设计汲取了传统建筑风格中的元素,展现了中国古典建筑的独特韵味,顶棚的曲线与竹材的自然形态相映成趣。设计中还合理设计了竹材的排列方式,以形成良好的视觉通透性,行人在桥上能够尽情欣赏周围的自然景观,增强了桥梁的观赏性与使用体验。

图11-10　广州十字水生态度假村竹桥

4) 成都世界园艺博览会竹编桥

成都世界园艺博览会竹编桥全长119.5m,两侧桥台与桥墩之间的距离为30m,中央主跨接近50m(图11-11)。桥面距离绛溪河的常水位12m,能够满足一般游船的通航需求。桥面的主要宽度为6m,中央部分扩展至12m,形成了一个观景平台,供行人停留和欣赏周围风景。该竹编桥的结构可分为两大部分:桥梁主体和桥上装饰。整个桥身通过调整桥台和桥墩的位置,形成了一个Z形的三段式桥体结构。这一设计不仅使桥梁呈现出灵动的曲线形态,还勾勒出修长而富有张力的身姿,使桥梁兼具力量与柔美的特质。主跨部分采用了变截面的钢结构设计,既保证了大跨度的承载能力,又显著减小了桥板的厚度,使得桥身更加轻盈简练。桥上的装饰部分则以竹篾和竹编为设计元素,犹如飘带般连接着桥的两端,并在桥中心形成一个拱形遮阳棚,营造出一种温馨自然的氛围。

5) 福建武夷山国家公园竹桥

福建武夷山国家公园竹桥是以圆竹和钢材为主要材料构建的双拱结构的廊桥(图11-12)。该竹拱桥融合了"山水竹韵"的设计理念,以及"低碳、绿色、节能、环保"的建造理念,充分利用了当地丰富的竹材资源,创新性地采用了圆竹与钢材的组合结构。基于这两种材料的拼装施工技术,实现了构件的标准化制作和全预制快速拼装,不仅缩短了施工周期,还显著减小了对周边环境的影响。该竹桥的设计遵循生态建筑原则,巧妙地将桥梁与武夷山的自然景观相融合,竹材的色调和天然纹理与周围的森林、山川和河流浑然一体,形成了一幅和谐美丽的自然画卷。

图 11-11　成都世界园艺博览会竹编桥

a)斜桥向　　　　　　　　　　　　　　　　b)顺桥向

图 11-12　福建武夷山国家公园竹桥

6)广州天人山水大地艺术园竹桥

广州天人山水大地艺术园竹桥全长近100m,宽度为10m,其曲线形态兼顾了通行需求与视觉美感(图11-13)。桥体上部形态的设计灵感源自湿地蜿蜒的溪流,两道优雅的曲线打破了桥体原本呆板的天际线,成为湿地中的一道亮丽风景。上部骨架采用钢结构,以满足必要的承载要求并有效抵御当地的台风影响。桥梁的顶棚由自然竹材构建,与周围的山水融为一体。竹顶棚与主体钢结构之间设置了防水层,由竹篾编织网承托,有效遮挡雨水。竹篾编织网采用不规则的人工编织方法,以实现独特的艺术效果。阳光透过多层材料的缝隙,柔和地散射在桥面上,为游客提供了卓越的光影体验。

图 11-13　广州天人山水大地艺术园竹桥

11.3　木结构景观桥

木结构景观桥凭借其独特的自然美感和可持续性，在全球范围内受到越来越多的关注和青睐。作为一种历史悠久、富有生命力的建筑材料，木材以其温暖的质感和优美的纹理，为景观桥梁赋予了独特的魅力。这种自然特性使木材成为建造景观桥梁的理想材料，无论是在壮丽的自然风景区、宁静的城市公园，还是在历史文化遗址中，木结构景观桥均能与周围环境和谐共生，成为一道亮丽的风景线。

在设计层面，木结构景观桥不仅关注功能性，更注重美学价值。设计师们凭借木材卓越的可塑性和易加工特性，自如地挥洒创意，塑造出形态万千、风格迥异的桥梁造型。无论是追求简约现代、线条流畅的直线美学，还是蕴含深厚文化底蕴、曲线柔美的古典韵味，木材都能完美胜任，展示出其美学潜力。木结构景观桥的建造过程，本身就是对生态友好与可持续发展理念的生动诠释。这些桥梁不仅是现代工程技术的杰出成果，更是自然元素与人文情怀和谐共生的典范。

11.3.1　材料特征

木材是人类建筑史上最古老且最具代表性的建筑材料之一，其独特的物理性能和质感使其在现代工程中依然占据重要地位。作为一种取自自然界的建筑材料，木材不仅拥有独特的美感，还能与自然环境和谐相融。木材的纹理和颜色变化多样，温暖的色调与自然纹理相结合，使得木结构景观桥在视觉上具有独特的吸引力，能够与周围的植物、水体及其他自然元素相辅相成，形成和谐统一的整体效果。

作为一种可再生资源，木材在可持续发展方面具有显著优势。通过科学的森林管理与可持续的采伐方式，可以确保木材资源的持续供应。同时，木材的生产与加工过程能耗较低，相比于钢材和混凝土等建筑材料，木材的碳足迹明显更小，这与当今可持续发展的理念高度契合。木材的色彩以暖白和暖黄为主，容易营造出一种温馨宜人的空间氛围。此外，树木生长所形成的独特肌理，使木材表面展现出一种原始的自然美，能够给人以舒适的视觉感受。

在力学性能方面，木材具有较高的强度和良好的韧性，能够承受较大的荷载和变形，适用于各种复杂的结构设计。不同种类木材独特的物理和机械性能,为设计师们提供了丰富的选择空间。在设计木结构景观桥时,设计师会根据桥梁的具体使用需求、环境因素以及预期的视觉效果,精心挑选最适合的木材类型。硬木,如橡木、胡桃木等,以其出色的耐久性和稳定性而著称。它们能够承受较大的压力和重量,抵抗磨损和腐朽,因此在需要高强度和长期使用的场合,硬木是理想的选择。硬木的坚硬质地和细腻纹理也赋予了桥梁更加坚固和精致的外观。相比之下,软木,如松木、杉木等,则以其轻便、易于加工和价格实惠的特点而受到青睐。虽然软木的强度和耐久性可能不如硬木,但在某些特定的应用场合,如需要减轻桥梁自重、提高施工效率或降低成本时,软木同样能够发挥出其优势。此外,木材经过适当处理和设计后,其力学性能会得到显著提升。采用现代木材加工技术制作的层压木、胶合木和交错层压木等集成材,在强度和耐久性方面得到了极大的提升,极大程度上满足了各种景观桥梁结构的需求。

11.3.2 结构特征

木结构景观桥与竹结构景观桥相似,设计与承载方式多样,结构形式主要包括梁承式结构、桁架结构、拱桥结构、廊桥结构及互承式结构等。

1)梁承式结构

梁承式结构是木结构桥梁中最为常见的一种形式。梁承式结构通过水平梁支撑桥面,具有建造简单、施工快捷的优点。木材的优良抗弯性能使其在承载能力和稳定性方面表现出色,尤其是现代工程技术的应用,进一步提升了木材的性能。与冷硬的钢筋混凝土相比,木材的天然纹理和色彩,与周围自然环境相得益彰,更能营造出温馨的氛围,尤其适合于人行桥和小型景观桥(图11-14)。

a)梁式木桥

b)加拿大魁北克省Mistissini木桥

图11-14 梁承式木结构桥

2)桁架结构

木桁架结构桥是一种以桁架为主要承重构件的桥梁形式(图11-15)。桁架的设计使得各杆件受力以单向拉、压为主,通过合理布置上下弦杆和腹杆,可以有效应对结构内部的弯矩和剪力分布。采用木材建造的桁架桥不仅符合现代环保和可持续发展的理念,还在视觉上呈现出美观的效果,传递出环保的价值观。轻盈的木材与桁架结构的结合,不仅赋予了桥梁足够的承载力和稳定性,同时也带来了视觉上的平衡与协调,兼具功能性与装饰性。

a) 江苏昆山农庄车行桥

b) 上海朱家角古镇景观桥

图 11-15　木桁架结构桥

3) 拱桥结构

木拱桥通过拱形结构支撑和传递荷载,拱架作为主要承重构件,能够有效地将荷载从桥面传递至桥基(图 11-16)。木拱桥的建造工艺通常采用传统的木工技术,如榫卯结构,从而展现出古老建筑智慧与精湛工艺的完美结合。这种传统工艺不仅实用,而且具有很高的艺术价值。相较于石材或金属桥梁,木拱桥轻盈而灵活,木材的弹性和韧性使其在保持结构安全的同时,呈现出独特的美感。木拱桥的设计体现了人与自然的和谐之美,以及结构安全、经济、美观上的平衡。

a) 浙江宁波V-Land甬江天地木拱桥

b) 南京漆桥老街木拱桥

图 11-16　木拱桥

4) 廊桥结构

木廊桥是一种富有功能性的桥梁形式,兼具桥梁的通行功能与长廊的遮蔽特性(图 11-17)。它不仅能为行人提供安全的通行通道,更为他们创造了一个舒适的休息空间,能够有效抵御风雨。木廊桥主要由桥面、屋顶和侧墙三大部分构成,每一部分都在整体设计中发挥着不可或缺的作用。从结构设计的角度来看,木廊桥通常具有对称性,对称的设计理念使得木廊桥在功能与美学之间取得了良好的平衡,既满足了实用需求,又为使用者提供了愉悦的视觉体验。

a)浙江泰顺三魁廊桥　　　　　　　　　　b)南京九间廊桥

图 11-17　木廊桥

5)互承式结构

互承式结构木桥利用相互连接的构件来分散荷载,从而增强桥梁的稳定性和承载能力(图 11-18)。在结构上,互承式结构的精巧与复杂使其成为工程设计中的一大亮点,这种复杂的结构形式与木材的自然纹理相结合,产生了较好的美学效果。交错而相互支撑的木梁和木柱,不仅体现了力学的美感,更增添了一种工艺美术般的细腻感,令桥梁在功能性与艺术性之间达到了完美的平衡。从材质角度来看,木材的纹理和色彩使得桥梁在森林、公园和乡村等自然环境中显得尤为和谐美观,仿佛是大自然的延续。

图 11-18　上海金泽普庆桥

11.3.3　典型案例

1)广东古劳水乡侨一桥

广东省江门市古劳水乡旅游区的"侨一桥"是一座精美的木结构景观拱桥(图 11-19),其拱跨度为 25.2m。为确保桥下船只的顺利通行,桥两端的承台拱底高于常水位 1.35m,拱弦高度达到 2.8m。该桥采用三根曲木大梁作为主结构件,在现场施工过程中通过榫卯连接与钢构螺栓的组合实现稳固的连接,最终形成一个完整的大拱梁。造型设计上,从桥顶俯瞰呈方形,侧立面上、左、右外轮廓呈直线,只有底部顺应拱的形态自然取弧,这使得桥廊内部生成"低—高—低"的空间渐变感。而在爬升过程中,上下金属板缝之间折射的光亮会吸引人透过侧缝向外观望,从而在过桥时收获一种特别的体验。

图 11-19　广东古劳水乡侨一桥

2）江苏苏州胥虹桥

胥虹桥横跨胥江古运河,位于苏州市吴中高新区的中部,该桥全长 120m,单跨跨度为 75.7m,是世界上跨度最大的单孔木结构现代拱桥(图 11-20)。桥体使用的木材为赤松,全桥分成 4 段,通过现代技术手段将木材胶合、挤压,形成拱桥所需要的弧度。该桥造型简洁优美,与整个主题广场景观完美融合,成为欢乐胥江主题广场中的一大亮点,同时也是连接山水画卷广场和香山舟舫广场的重要纽带。

图 11-20　江苏苏州胥虹桥

3）甘肃渭源灞陵桥

灞陵桥位于甘肃省定西市渭源县渭河源头之一的清源河上(图 11-21),是一座气势恢宏的木质景观廊桥,紫红色的曲拱单孔桥如同彩虹般横跨于清源河之上。灞陵桥南北横卧,全长 40.2m,跨度为 27.1m,高 15.4m,桥面宽 4.48m。桥身从两岸桥墩底部逐级升高,形成凌空而起的优美线条,整体结构高耸且悬挑,给人以陡峭而惊险的视觉冲击。桥两端各设有宽敞雄浑的卷棚式桥台,与桥身完美连成一体,既为通道,也是厅间。整座廊桥雄伟壮观,结构独特,工艺精湛。两岸山峦对峙,平远的河道上无论远近,都可看出高耸的桥身被蓝天和盘托出,显得明净壮观。桥巧妙的格局与四邻的风光融为一体,展现出西部民族艺术风情。

图11-21 甘肃渭源灞陵桥

4）山东滨州飞虹桥

飞虹桥,跨越当地的主要水道,连接滨州市的两岸(图11-22)。该桥跨度为99.6m,为世界上最大的单跨纯木质桁架人行景观桥梁。桥梁整体呈东西走向,两侧桥台采用混凝土灌注桩基础,构成重力式桥台。飞虹桥采用桁架结构体系,由4榀跨度为99m的木制桁架组成,通过横杆、斜杆、腹杆及弦杆共同构成受力结构体系,稳定地支撑在两侧重力式桥台上。桥梁采用高强木材,结合环保与人性化设计理念,不仅具备稳定性和功能性,还体现了与自然景观的和谐美。飞虹桥以其优美的弧线和现代化的设计,展现出卓越的美感和艺术性,其整体造型流畅对称,细节处理精致,桥梁在不同光线和天气条件下呈现出各异的视觉魅力。此外,夜间的精美灯光设计为飞虹桥增添了梦幻般的视觉效果,灯光和结构交相辉映,形成动态的光影艺术。

图11-22 山东滨州飞虹桥

5）四川都江堰南桥

都江堰南桥位于都江堰宝瓶口下侧的岷江内江上(图11-23),是连接南街与复兴街的一座雄伟壮丽的廊式古桥。桥长45m,宽10m,桥面上有各种彩绘、雕刻、彩塑以及书法楹联,被誉为"水上画楼"。桥跨部分铺设木地板,桥头则用青石板铺筑并采用浅浮雕装饰。桥身增设了木雕及金柱上的对联,天棚采用彩绘天花与卷棚仿古天棚。桥头的重檐上装饰有彩塑的珍禽奇兽和各种民间传说中的戏剧人物,情态各异,栩栩如生。两端桥亭的圆柱上有书法楹联,左右两廊内壁上则绘制有精工细作的山水风景和神话传说壁画,以及34幅(副)书法楹联作品。赤柱朱槛,画栋雕梁,整座桥成为诗书画合璧的艺术长廊,适用性与艺术性达到完美统一。

图 11-23　四川都江堰南桥

6）上海金泽普庆桥

普庆桥位于上海市青浦区金泽古镇,是一座仿照宋代画家张择端所绘制的《清明上河图》中的汴水虹桥而建造的单孔木拱桥（图11-18）。在建造过程中,普庆桥完全依照古代建桥工艺,采用无支架施工法,将64根拱圈木材与5根横梁木材结合,以捆绑式结扎的方式固定在一起,整座桥未使用一根钉子,完美再现了中国古代精湛的造桥技艺,尽显华丽。桥体呈朱红色,左右两侧各嵌有5个狮头,仿佛桥面重压在狮子身上。狮子憨态可掬,惟妙惟肖,象征着守护和力量,寓意桥木的稳固与安全。桥的坡度平缓,拾级而上,行走平稳,桥的两旁有木拱,拱梁的两端,分别雕刻狮、虎头像,既增加木桥的美观度,又反映了我国的建桥特色和民族风格。

11.4　园林景观桥

园林景观桥作为园林设计中的重要元素,凭借其独特的艺术魅力与实用功能,在各类园林景观中发挥着至关重要的作用。此类桥梁不仅是通行的路径,更是园林艺术的点睛之笔,能够显著提升园林的观赏价值与丰富园林的文化内涵。园林景观桥融合了自然美学与人文情怀,是连接人与自然的纽带。

园林景观桥的设计应考虑与周围环境相协调。作为一种综合性的艺术形式,园林设计讲究整体的和谐美。景观桥作为园林的一部分,其设计需考虑与周围景观的整体协调,包括植被、水体、地形等因素。桥梁的形态、材料和颜色应与园林风格相统一,以实现自然过渡和视觉上的和谐美感。

11.4.1　功能属性

园林景观桥的结构设计需满足功能性与美观性的双重要求。功能性方面,桥梁须具备足够的承载能力,以确保行人的安全,以及具备耐久性;美观性方面,桥梁的形态设计应符合园林的整体艺术风格,注重细节处理,例如栏杆的雕饰、桥面的铺装及桥头的装饰等。此外,园林景观桥梁的设计还需考虑四季变化与不同天气条件下的景观效果,通过不同的设计元素,增强桥梁在各个季节和不同天气条件下的视觉吸引力,确保其在不同环境下均能展现出相应的美感。

园林景观桥的功能性主要体现在交通功能、分隔与组织空间功能、景观焦点功能和提供观赏视角四个方面。

1) 交通功能

园林景观桥的首要功能是连接园林中不同的区域,方便人们通行,引导游览路线。湖南长沙梅溪湖上的步行桥,因其独特的造型,又被称为"中国结"步行桥(图11-24)。该步行桥共设有3条步行道、5个节点,从梅岭公园横跨梅溪河、梅溪湖路至银杏公园,全长183.95m。桥梁由直线形"散步道"和拱形"登山道"交错组成,连接了不同高度的多个平台,实现梅岭公园、梅溪湖路、银杏公园的交通联系。在中国古代的民间装饰艺术中,中国结象征着幸运和繁荣。"中国结"步行桥相互交织、蜿蜒盘旋的设计充分体现了这一传统艺术元素。

图 11-24　湖南长沙"中国结"步行桥

2) 分隔与组织空间功能

通过桥梁的设置,将园林空间进行划分和组织,形成丰富的景观层次与区域。浙江嘉兴西南湖公园景观桥,其空中走廊网络总长3km,横跨铁路专用道,连接东边的旅游区和西边的社区(图11-25)。该桥穿过茂密的森林树冠,在建造过程中没有砍伐任何树木。桥面距地面平均高度四五米,宽3m,树木从两侧生长出来穿越桥面板,钢制空中走廊涂装为鲜红色,与周围郁郁葱葱的绿色环境形成鲜明对比,带给人一场视觉盛宴。

图 11-25　浙江嘉兴西南湖公园景观桥

3）景观焦点功能

园林景观桥常常成为园林中的视觉焦点，吸引游客的目光，增强景观的吸引力与趣味性。江苏宿迁三台山花海空中栈桥是典型的体现景观焦点功能的案例（图11-26）。该桥为一座悬空的木质步道，长约500m，高约20m，沿山势与花海的轮廓蜿蜒而建。栈桥设计简洁大方，与周围自然环境相融合。宽敞的桥面设有防护栏杆，确保了游客的安全。四季变换的花卉组成的五彩斑斓的画面在眼前展开，如梦如幻。尤其在春夏交替之际，各色花卉竞相开放，绚丽多姿，栈桥灵动地沿山势与花海轮廓蜿蜒而行，仿佛与花海融为一体，增强了景观的整体和谐美。

图11-26　江苏宿迁三台山花海空中栈桥

4）提供观赏视角

园林景观桥能够为桥上的行人提供独特的观赏视角，以便更好地欣赏园林的景色。浙江金华燕尾洲公园内的八咏桥（图11-27），是一座钢结构景观步行桥，桥长1200m，是连接金华三江两岸的主要步行通道之一。站在八咏桥上，游客可以尽情欣赏燕尾洲公园的美丽景色。桥下流水潺潺，两岸绿树成荫，四季风景各异。

图11-27　浙江金华八咏桥

11.4.2　造型特征

园林景观桥的造型特征多样且富有表现力，其设计不仅关注功能性与结构安全，还强调美学价值与环境融合，体现出自然与人文的和谐共生。园林景观桥的造型主要有拱桥、平桥、廊桥、吊桥和折桥等形式。

1) 拱桥

拱桥造型优美,曲线圆润,富有动态感,常见的如半圆拱、椭圆拱等。我国拱桥造型之美,种类之多,世界罕有。有驼峰突起的陡拱,有宛如皎月的坦拱,有玉带浮水的多孔拱桥,也有长虹卧波、形成自然纵坡的长拱桥。拱桥有单孔与多孔之分,多孔孔数以奇数为多,偶数较少。多孔拱桥,如果某孔主拱受荷时,能通过桥墩的变形或拱上结构的作用将荷载由近及远地传递到其他孔主拱上去,也称为连续拱桥,简称连拱。奇数孔数拱桥一般中孔孔径最大,两边孔径依次按比例递减,桥墩狭薄轻巧,形成了和谐统一的整体格局(图 11-28)。

a)江苏昆山亭林公园石拱桥

b)上海韩湘水博园韩湘桥

图 11-28　园林拱桥

2) 平桥

平桥即桥面平坦的桥,桥面与水面或地面平行,桥面起伏较小,桥面以下大多采用石墩、木墩等直立支撑,整体形象较为简洁大方。它以桥墩作垂向支撑,然后架梁并平铺桥面。在园林的总体布局中,平桥贴近水面,常常设置在溪流或宽而不深的水面上(图 11-29)。在横跨小溪流处展现了一种自然的朴素之美。

a)上海韩湘水博园平桥

b)江苏常州近园平桥

图 11-29　园林平桥

3) 廊桥

廊桥相比于其他桥在外观上有所不同,桥面上带有廊亭,可为行人提供遮风避雨及休息的场所(图 11-30)。廊桥的结构多样,包括明清风格的廊桥和木拱廊桥。廊桥不仅是一座交通设施,还是一种具有极高美学价值的建筑,它们的外观设计精美,体现了中国古代精湛的建筑技艺,是中国古代建筑艺术的珍贵遗产。

a)苏州拙政园廊桥

b)苏州双亭廊桥

图 11-30　园林廊桥

4)吊桥

吊桥的优美外形和独特结构是其美学特征的重要组成部分。吊桥作为一种柔性桥梁,其不仅通过呈流线型设计的桥面减小了风阻,还通过精心设计的悬挂在主塔上的主缆和吊索等细节部分,增强了视觉效果,显得轻盈而灵动。这种设计不仅彰显了吊桥的结构美,也体现了人类对美的追求与无尽的创造力。吊桥以悬挂的方式呈现,游客在游览过程中能够体验到动感与冒险的刺激(图 11-31)。

a)山东威海羊亭河湿地公园吊桥

b)山东禹城徒骇河国家湿地公园吊桥

图 11-31　园林吊桥

5)折桥

折桥又被称作曲桥,折桥的桥面大多为平桥的形式,只是从平面上来看,桥身多有曲折,呈多段弯折形式(图 11-32)。折桥一般有三曲、四曲、五曲乃至九曲之分,大多架设在园林水池之上,以分隔水面使之不显得单调,作为园林一景,同时也让游园的人能够更亲近池水。折桥富有变化和韵律,不仅增添了艺术性,能够满足游人的审美需求,同时也起到分割园林空间、增加景观层次感的作用。

11.4.3　结构特性

在园林建筑中,景观桥不仅承担着交通与承载的功能,更兼具为园林增添意境之美的装饰性功能。园林景观桥根据其结构特性可以分为梁式桥、拱式桥、悬索桥、组合体系桥等。

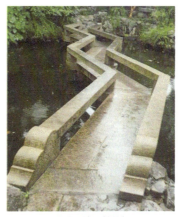

a)苏州拙政园折桥　　　　　　　　　b)苏州畅园折桥

图 11-32　园林折桥

1)梁式桥

梁式桥主要通过梁来承受荷载,结构简单,尤其常见于平桥(图 11-33),传统园林梁式桥在承担交通功能的同时兼具古典园林与自然融为一体的意境美。如今,新中式园林的出现,是对传统园林的一次革新。"新中式"是中华传统文化与现代时尚元素在时间长河里的邂逅,以内敛沉稳的传统文化为出发点,融入现代设计语言,为现代空间注入凝练唯美的中国古典情韵,以现代人的审美需求来打造富有传统韵味的景观,让传统艺术在当今社会得到充分体现。

a)苏州可园梁式桥1　　　　　　　　　b)苏州可园梁式桥2

图 11-33　园林景观梁式桥

2)拱式桥

拱式桥在受力特征上具有独特的优势,其拱圈结构通过受压,将竖向荷载有效转化为拱的内力,从而能够承受较大的荷载。拱桥的弧线优雅,彰显出既轻盈又古朴的气质,展现出大方的美感,而且能够和谐地与园林中的人文景观与自然元素相融,如河流、绿植和山石等。与其他桥型相比,拱桥的曲线外形及其韵律变化更契合人们的审美。拱式桥尤其适合于文化古城和水乡城市,因而在当前的园林景观桥设计中被广泛应用,成为一种备受青睐的结构形式(图 11-34)。

a)江苏无锡蠡园映月桥　　　　　　　　b)安徽马鞍山采石矶景区石拱桥

图 11-34　园林景观拱式桥

3）悬索桥

悬索桥是通过悬挂的大跨度钢缆支撑桥面的一类桥梁。在现代园林设计中,悬索桥常被用来营造一种现代感与未来感,创造出轻盈的景观效果。园林悬索桥将悬索桥的设计理念和园林景观相结合,既满足了桥梁的功能性需求,又兼顾了美观和艺术性(图 11-35)。悬索桥与自然生态完美融合,彰显了人与自然和谐共生的设计理念。

a)太原东山五龙城郊森林公园悬索桥　　　　　　　　b)贵州黄果树瀑布景区悬索桥

图 11-35　园林景观悬索桥

4）组合体系桥

组合体系桥结合了多种受力方式,例如拱梁组合、吊索与梁的组合等。拱梁组合桥是在传统上承式拱桥结构的基础上,提出的一种新颖的组合结构形式,使得人行景观桥展现出飘带般的轻盈美感,能够灵活适应不同的设计需求和地形条件。此外,钢箱梁与钢主拱的组合,远观如天边的彩虹,装饰于桥梁之上,赋予其独特的视觉魅力(图 11-36)。

a)浙江嘉善滨水公园拱梁组合桥　　　　　　　　b)厦门园林博览苑睿智桥

图 11-36　组合体系桥

11.4.4 经典案例

1) 北京颐和园十七孔桥

十七孔桥是一座连拱石桥(图 11-37),位于北京市海淀区颐和园内。桥长 150m,桥面下宽 14.6m,桥面上宽 6.56m,高 7m,横卧在东堤与南湖岛之间。从立面看,石拱桥由桥面、拱圈、桥墩等部分组成。其中,桥面为抛物线形,呈现长虹卧波的视觉效果。十七个拱圈呈对称分布,洞口尺寸由中间向两边逐渐减小,产生极强的韵律感。各拱圈通过石块的堆叠,产生侧向挤压力,不仅有力地支撑桥面传来的荷载,而且将该荷载传递给桥墩。圆弧状的拱洞产生柔和圆润之感,凸显拱圈的曲线之美。硕大的方形桥墩与柔美的弧形拱圈浑然一体,体现力与美的巧妙融合。

图 11-37　北京颐和园十七孔桥

2) 江苏扬州五亭桥

五亭桥位于江苏扬州瘦西湖水道之上(图 11-38)。五亭桥南北总长 57.99m,桥身南北长 22.75m,桥身东西长 18.77m;桥身由 3 种不同的卷洞联系,桥孔共有 15 个,中心桥孔跨度为 7.13m。亭与桥结合,形成亭桥,亭与亭之间以短廊相接,形成完整的屋面。五亭桥上有 5 个小亭子,分布在桥的两侧,形成独特的五连拱形态。每个亭子顶端形式不同,有的为圆顶,有的为方顶,视觉层次丰富。五亭桥的整体布局非常匀称,桥身两侧对称,5 个亭子的位置分布和高度均衡,给人以和谐统一之感。桥下是碧波荡漾的湖水,桥上是亭台楼阁,四周绿树成荫,花草繁茂,与自然环境和谐相融。

图 11-38　江苏扬州五亭桥

3）北京颐和园玉带桥

北京颐和园玉带桥位于颐和园昆明湖长堤上（图8-7）。该桥单孔净跨11.38m，矢高约7.5m，全部用汉白玉石雕琢成，桥面是双反向曲线，组成波形线桥型，配有精制白石栏板。双反向曲线增加了结构的灵活性和美观性。玉带桥拱高而薄，形若玉带，弧形的线条十分流畅。半圆的桥洞与水中的倒影，构成一轮"圆月"，四周桥栏望柱倒影参差，在绸缎般的水面上浮动荡漾，景象十分动人。

4）江苏苏州拙政园小飞虹廊桥

拙政园小飞虹廊桥造型秀美，曲线柔和，是一座精美的廊桥（图11-39），其中朱柱、朱栏上承托弧形灰瓦卷棚顶，三跨石梁微微拱起并呈"八"字形。桥体下方的屋廊为朱红色，三间八柱，下横悬有木制匾额，上面书写着翠绿色的"小飞虹"三字。檐枋下饰以倒挂楣子，桥面两侧为万字护栏，桥两端与曲廊相连。廊桥在水中的倒影宛若飞虹，水波荡漾中的桥影势若飞动。

图11-39　苏州拙政园小飞虹廊桥

5）湖北武汉雁洲索桥

雁洲索桥位于湖北武汉东湖落雁风景区内（图11-40），索桥全长120m，宽2m。该桥是由两岸水阙连接并固定6根高强拉索而构成的三跨式悬索桥，其主跨为70m，根据民间吊桥和四川都江堰上的过江索桥而创意设计的。索桥优美的弧线体现了它极佳的亲水性，其主跨弧形中心距湖面1m，丰水期时还不足1m，人走在上面如在水上漂一般。人们站在桥上可一览东湖美景，一边是湿地，一边是芦洲古渡，景色十分迷人，令人身心舒畅。

图11-40　湖北武汉雁洲索桥

6）河南郑州园博园豫州桥

豫州桥位于河南郑州园博园内(图11-41)，是一座七孔连拱景观长桥，桥长70m，宽8m，是连接主展馆和主广场的重要水上通道。豫州桥设计理念借鉴于《清明上河图》中的虹桥，外形宛如飞虹，飞架于河面之上。桥梁主体为钢筋混凝土结构，桥梁铺装为荔枝面古典灰花岗岩，桥梁两侧设置有花岗岩石材栏杆，其上有人工雕刻花纹。此外，桥洞中安装了射灯，晚间桥洞内的射灯散射出彩色灯光，更使豫州桥色彩鲜明。

图11-41　河南郑州园博园豫州桥

11.5　3D打印景观桥

3D打印景观桥的建造依托于增材制造技术，将数字设计的三维模型转化为物理实体结构。这一过程不仅展现了现代科技的魅力，还为桥梁设计带来了前所未有的灵活性与创新性。3D打印桥梁可根据特定的环境条件与使用需求进行优化设计，打破了传统标准化解决方案的局限，桥梁能够更好地与周围自然和人文景观相融。3D打印桥梁的建造，通常是采用机器人或自动化设备，通过基于挤出的逐层堆叠可打印材料来实现，这种方法不仅提高了施工效率，还能显著减少材料浪费。部分项目更是运用了特殊角度的打印技术，以替代传统的水平层叠，增强了结构的强度与稳定性，从而确保桥梁在使用过程中的安全性与耐久性。此外，3D打印技术还为景观桥的造型设计提供了更多的可能性，设计师们能够创造出复杂的几何形状和独特的纹理，使桥梁不仅具备实用功能，更成为艺术与自然的完美结合典范。

11.5.1　美学分析

1）形式与功能的融合

3D打印技术的应用为设计师们提供了创造复杂且独特几何形状结构的可能性，这些形态通常是传统施工方法难以实现的。在美学层面，桥梁的形式不仅需要满足基本的功能需求，还应与周围的自然和人文环境和谐共存。借助3D打印的设计灵活性，利用参数化设计手段，设计师们能够打造流线型、拱形或自由形态的桥梁，使其呈现出更加自然与优美的姿态，彰显出独特的艺术魅力。

2）材料的选择与质感

3D打印景观桥通常采用创新材料,如高性能混凝土、金属合金或热塑性复合材料等。这些材料不仅提供了足够的结构力学强度,还在质感和视觉效果上展现出丰富的层次感。因此,材料的选择对桥梁的外观与触感具有重要影响。由于增材制造技术的逐层打印特性,桥梁表面往往呈现出明显的层叠纹理,通过运用不同的纹理和颜色,可以增强桥梁的美学吸引力,给人以独特的视觉体验。此外,材料的环保性和可持续性也是需要考虑的重要因素,这不仅有助于提升景观桥的美学价值,更体现了其对环境保护的贡献,还能推动桥梁建设向更加可持续的方向发展。

3）环境与景观的互动

景观桥作为环境的一部分,需要与周围的自然景观和人造景观协调一致。设计师们应考虑3D打印桥梁的颜色、形状和尺寸等因素,使其既能融入环境,又能成为引人注目的视觉焦点。设计时,应结合植物景观、照明设计和水体元素,以进一步增强桥梁的美学效果。例如,夜间照明设计不仅可以提升桥梁的安全性,还能创造出独特的视觉效果,增强景观桥梁的整体美感。

4）创新与技术的展示

3D打印桥梁不仅是功能性结构,更是先进建造技术应用和创新工艺展示的载体。其独特的建造工艺和设计语言体现了科技与艺术的结合。观赏者在欣赏桥梁外观美的同时,还能感受到其背后的技术魅力和创新精神。通过展示复杂的结构形态和精细的工艺细节,3D打印桥梁可以激发人们对技术进步和未来设计的无限想象。

5）人体工程学与用户体验

桥梁设计时,除了视觉上的美学外,作为交通设施,需要关注使用者的实际体验。美学设计应充分遵循人体工程学原则,确保桥梁美观的同时,提供舒适和安全的使用体验。例如,栏杆的高度、踏步的间距以及坡道设计应符合人体工程学标准,确保行人的安全和舒适。此外,通过精心设计的细节处理,如防滑表面和合理的引导标志,可以进一步提升用户的整体体验。

6）文化与历史的体现

在3D打印景观桥的设计中,可融入特定的文化元素或历史背景,以表达地域文化或纪念特定历史事件。这种美学考虑可以通过雕像、图案等的设计来实现,突出其作为文化符号的价值。例如,在桥梁的设计中融入当地传统的建筑风格或文化符号,可以丰富桥梁的文化内涵和提高其历史价值,提升整体景观的文化层次。

11.5.2 基本特征

3D打印技术以其卓越的设计自由性和施工灵活性,正在重新定义桥梁设计的边界,使得传统施工方法难以实现的独特结构和复杂造型成为现实。在这一创新领域,3D打印景观桥梁不仅仅是交通通道的延伸,更是城市空间中的艺术表达和生态融合的象征。在实际应用中,3D打印景观桥梁的设计必须充分考虑地理环境、交通需求及艺术美学等多重因素,以选择最合适的打印材料、截面形式、建造方式和平面布局。表11-2展示了目前3D打印景观桥常见的打印材料、截面形式、建造方式及平面布置形式。

打印材料、截面形式、建造方式和平面布置形式 表11-2

基本特征		特点	典型图片
打印材料	高性能聚合物	以热塑性复合材料为典型代表，轻质和抗腐蚀	
	混凝土	应用最广泛，强度高和耐久性好	
	金属合金	使用粉末烧结或熔融沉积成型等技术	
截面形式	蜂窝结构	均匀分布的六边形单元，轻量化且结构强度高	

续上表

基本特征		特点	典型图片
截面形式	中空管状结构	轻量化,减少材料用量	
	格栅结构	网格布局,减少材料用量,提高桥梁刚度	
	仿生结构	模仿自然界生物结构,实现高效力学性能和多功能	
建造方式	整体打印	一次性打印整座桥梁	

续上表

基本特征		特点	典型图片
建造方式	分段打印	分段打印后在现场组装	
	现场打印	直接在桥梁位置进行打印	
	工厂预制	工厂打印后,运输至现场拼装	
平面布置形式	直线形	直观简洁、结构简单、施工方便	

续上表

基本特征		特点	典型图片
平面布置形式	弧形或S形	适应地形和景观需求,优美流畅,融入自然环境,增加桥梁长度,提升景观效果	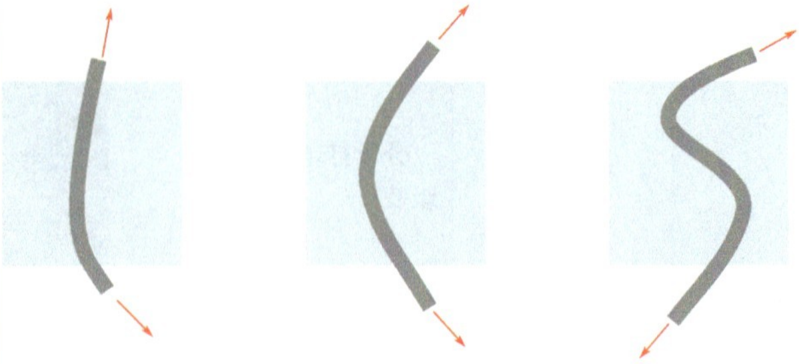
	折线形	由多个直线段组成,整体呈折线状,线条明快,富有变化,可适应复杂地形	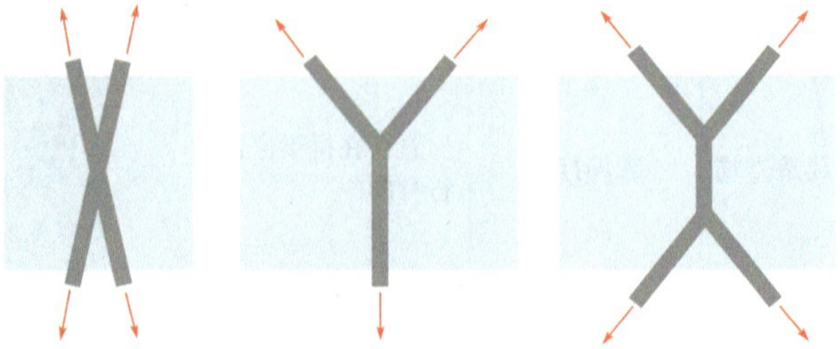
	环形	中心突出、视野开阔,实现360°的景观视野和交通疏导	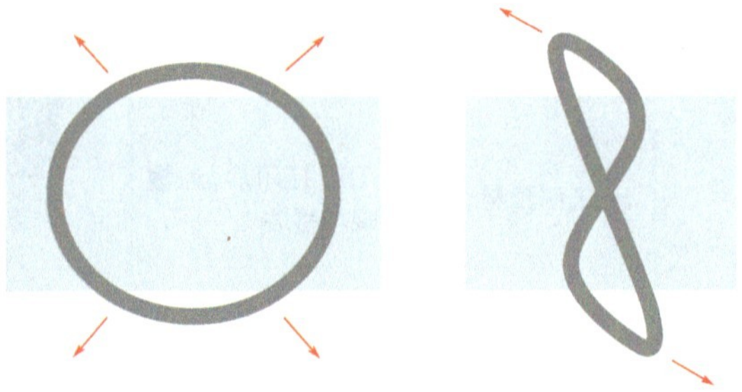

11.5.3 经典案例

1)上海桃浦中央绿地3D打印景观桥

2019年1月,一座运用3D打印技术完成的一次成型、最大跨度、多维曲面的高分子材料景观桥在上海普陀区桃浦中央绿地落成(图11-42)。这座桥长15.25m,宽3.8m,高1.2m,建设历时35天,预计使用寿命为30年。桥梁材料采用了ASA(一种高分子材料),其中加入一定比例的玻璃纤维,使其具备高耐候性、高弹性模量、高屈服强度和高抗冲击强度,能够承受长期的日晒雨淋,同时满足3D打印和建筑材料的要求。通过近百次打印试验和不断优化,采用预热及后保温装置,提高打印作业空间的温度,确保打印材料层间黏结力。

图 11-42　上海桃浦中央绿地 3D 打印景观桥

2）福建泉州 3D 打印景观桥

2019 年 6 月，泉州百崎湖生态连绵带建造了一座新的 3D 打印桥梁（图 11-43）。该桥长 17.5m，高 3.2m，宽 3.2m，重 12t，采用高分子材料 3D 打印技术制造完成，制造周期为 5 周，较传统混凝土灌浆法缩短了一半以上的施工周期。强度上不逊于钢筋混凝土，每平方米可承受 2kN 的压强。泉州 3D 打印景观桥使用"ASA + 玻璃纤维"颗粒增强高分子材料，沿纵向分为 16 段打印后组装而成，充分展示了 3D 打印技术在复杂结构设计中的应用。

图 11-43　福建泉州 3D 打印景观桥

3）成都驿马河公园 3D 打印桥——流云桥

2021 年 2 月 8 日，成都驿马河公园卧云泽景观湖上落成了 3D 打印景观桥——流云桥（图 11-44）。这是继上海桃浦中央绿地 3D 打印桥、福建泉州 3D 打印桥后，我国建成的第三座尺寸更大、造型更优美、工艺更完善的超大型高分子材料 3D 打印桥。该桥由中建西南设计研究院有限公司和上海建工园林集团合作完成，全长 66.58m，其中 3D 打印部分长 22.5m，宽 2.6m，最高处 2.7m。桥梁采用分段打印、现场拼装的施工方式，使用三维激光点云扫射检测技术，仅用了 35 天便完成了全部 3D 打印工作。桥梁下方增设钢梁作为叠合支撑受力，两端采用轻质航空材料,通过数字化数控雕刻成型,并进行特种涂层处理。桥梁形态设计灵感来源于驿马河公园区域内自由奔腾的河流,欢快流淌的小溪,似丝绸之路在眼前展开。自由灵动的曲线,酷似丝带的抽象形态,伴随着光影的变幻,给人以极具艺术感的视觉享受,同时满足桥梁对功能和空间的诉求。

图 11-44　流云桥

4)上海智慧湾科创园 3D 打印混凝土步行桥

上海智慧湾科创园 3D 打印混凝土步行桥(图 11-45),全长 26.3m,宽 3.6m,拱脚间距为 14.4m。桥梁结构借鉴了中国古代赵州桥的结构形式,采用单拱结构。桥梁由 176 个 3D 打印混凝土单元组成,共耗时 450h。设计采用三维实体建模,桥栏板形似飘带,与桥拱共同构筑出轻盈优雅的形态。桥面板采用珊瑚纹,填充细石,形成园林化的路面,体现了 3D 打印技术在传统桥梁设计中的创新应用。

图 11-45　上海智慧湾科创园 3D 打印混凝土步行桥

5)河北工业大学 3D 打印"赵州桥"

2019 年 10 月,河北工业大学北辰校区落成了装配式混凝土 3D 打印"赵州桥"(图 11-46),并于 2020 年获得"最长的 3D 打印桥"吉尼斯世界纪录称号。该桥全长 28.10m,净跨径为 17.94m,应用 BIM 虚拟仿真技术、特种水泥基纤维增韧复合材料、体外拉索预应力技术、智能传感技术和物联网云平台健康监测系统,充分实现了设计新颖化、材料功能化、施工虚拟化、装配模块化以及监测智能化的智能建造。"赵州桥"是力学与美学完美融合的典范，是桥梁史上的丰碑。该桥以河北赵县赵州桥为原型，按照1∶2缩尺打印后现场组装，展现了古今建筑技术的完美结合。

图11-46 河北工业大学3D打印"赵州桥"

6）南京浦口高新区3D打印UHPC曲线梁桥

2024年6月，中建八局工程研究院、中建八局三公司联合东南大学和南京绿色增材智造研究院，共同完成了国内首座3D打印UHPC（超高性能混凝土）曲线梁桥（图11-47）。该桥整体造型以柔美空间大曲线线条为基调，桥面采用高强度、高韧性的3D打印UHPC材料建造，施工中借助智能监测算法、高精度激光扫描和三维建模技术，确保每个节段的打印质量和精确对位，提升了整体建造效率和质量。这一项目全面展示了3D打印技术在桥梁设计与高效建造中的潜力，提升了现有打印材料、软硬件一体化、质量控制与验收等技术水平。

图11-47 南京浦口高新区3D打印UHPC曲线梁桥

7）3D打印Striatus人行桥

Striatus人行桥是在2021年威尼斯建筑双年展上亮相的一座拱形混凝土人行桥，由3D打印的混凝土块组成，无须用砂浆黏合，内部也没有钢筋，是全球首座3D打印混凝土拱桥

（图11-48）。Striatus 人行桥由苏黎世联邦理工学院 Block 研究小组、扎哈·哈迪德建筑事务所计算与设计小组（ZHA CODE）以及 Incremental3D 合作设计，并在瑞士霍尔希姆公司（Holcim）的帮助下建成。"Striatus"（意为带条纹的）反映了其结构和制造过程上的逻辑。Striatus 的设计展现了传统砖石构造和先进技术的完美结合，同时也提供了一种能让预算减半的建造思路：和传统钢筋混凝土楼板制造工艺相比，运用 Striatus 的设计和制造方法能节约 70% 的混凝土用量，甚至还可以节约 90% 的钢材。设计团队通过 Striatus 的设计，试图建立起一种新的混凝土语言，以几何力学为原则，探索建筑形体的力量与强度。

图 11-48　3D 打印 Striatus 人行桥

8）3D 打印混凝土自行车桥

2021 年 9 月，荷兰奈梅亨地区建成了长度为 29m 的 3D 打印混凝土自行车桥（图 11-49）。该桥由埃因霍温理工大学和建筑公司 BAM 共同设计。归功于埃因霍温理工大学的研究和 3D 混凝土打印技术的进一步发展，建筑师进行自由设计，不受材料或传统工艺（混凝土模板）的限制。由于各个跨径不同，必须考虑结构重量的变化，因此选择将桥梁划分为可打印的部件，使用参数化模型（即基于数据的模型）生成最终设计。

图 11-49　荷兰奈梅亨 3D 打印混凝土自行车桥

11.6 本章小结

景观桥不仅是连接城市空间的交通设施,更是艺术、文化和生态的融合体,为城市增添了独特的魅力。其在设计与建造过程中,需全面考虑功能、美学、环境与文化等多重因素,以激发城市空间的活力。本章系统地介绍了多种结构和形式的桥梁景观小品,包括竹结构景观桥、木结构景观桥、园林景观桥及3D打印景观桥,借助实际案例分析,展示了这些桥梁在提升城市品质与改善居民生活质量方面的重要作用。

竹结构景观桥以其独特的美学价值和环保特性,已成为现代景观设计中的重要元素。竹材天然的纹理与优越的柔韧性,使其能够创造出富有创意的桥梁形态。同时,竹材的可持续性赋予其在环保与低碳建筑中显著的优势。木结构景观桥则以其温暖的质感与经典的美学,广泛应用于自然公园和历史文化展览区内。木材的耐久性和可塑性不仅提升了桥梁的功能性,更增强了桥梁的视觉吸引力,使其在现代景观设计中依然占据重要位置。园林景观桥以其精致的设计与优雅的造型,不仅提升了园林整体美感,更为游客提供了愉悦的视觉体验。无论是小桥流水还是跨水通道,这类桥梁都成为园林景观中的点睛之笔,为园林空间增添了更多的诗意与层次感。

3D打印景观桥则代表了科技与设计的前沿。通过3D打印技术,设计师们能够实现复杂的结构和创意造型,极大地拓宽了景观桥梁的设计与建造的可能性。3D打印技术的应用不仅显著减少了桥梁建造过程中材料的浪费,缩短了施工的周期,更展示了现代科技在可持续建筑设计建造中的潜力。结合装配式建造技术,3D打印混凝土技术为未来景观桥的建设开辟了更为广阔的前景。

总之,景观桥梁在现代城市中的作用远超其交通功能。无论是竹结构、木结构景观桥,还是3D打印桥梁,都通过其独特的设计理念和结构形式,为城市增添丰富的文化内涵和生态价值。

思 考 题

1. 桥梁景观小品有哪些形式?其在现代景观桥梁设计中的作用是什么?
2. 竹结构景观桥的主要材料特征有哪些?
3. 园林景观桥的设计需考虑哪些与周围环境的协调因素?
4. 木结构景观桥的结构类型有哪些?其特征体现在哪些方面?
5. 园林景观桥的功能性主要体现在哪些方面?
6. 竹结构景观桥的结构类型有哪些?其在生态建筑中的作用体现在哪里?
7. 园林景观桥的艺术造型设计需注重哪些细节?
8. 3D打印技术在桥梁景观小品中的应用具有哪些优势?
9. 3D打印桥梁在美学分析上有哪些独特之处?
10. 请分析3D打印景观桥梁规模化应用所面临的挑战。

附录

附录一　桥梁美文

桥说[1]

董峰辉　范文辉

　　桥如人也。人行立于天地之间,桥横亘于苍茫之上。人乃血肉之躯,桥亦然。桥聚钢筋为傲骨,筑砼石为血肉,以巧思之结构立世,以通达之跨径而闻名。古语有云,人,身体发肤受之父母,桥之立身者,诸多匠者也。人,怀胎十月,父母每每所及皆情真意切,予以厚望,桥似这般,已至夜阑人静,万物息矣,移目匠者,飞蛾现其窗外成欢,窗内却也奋笔正酣,实乃呕心沥血,方得始终之作。父母心,桥者意,皆通之。而后,举千夫之智,集万民之力,用时良久,耗费颇巨,终筑桥身,如婴儿呱呱落地般,唤出父母笑意。桥成,众人皆举手相庆,亦是满脸笑意。婴孩,集父母之血汗者,桥,汇天下之大成也。故而婴儿生,大桥成,父母与筑桥人喜悦亦是相通。

　　大桥成如人立世,好男儿志在四方,势必上下求索,尽自身之才而情怀天下,不枉世上一遭。桥则自命不凡,亦将集川流不息之景于板面之上,以硕大之躯擎天南地北,通达济世,造福一方。

　　食得五谷香,偶有病疾缠,此乃人之常情。每有病损,人需煎食汤药,甚者有操刀戈以正体之说。桥,寒来暑往,日日曝晒于野,任风割面,任水蚀足,凭碳化锈蚀之害侵扰自身,如人般生得诸多病疮,亦需修养。方切除其腐坏崩离之组织,以混凝土为修补之药剂,换其锈蚀筋索,涂以耐腐之材料,敷以聚合纤维布为膏药,如此这般,诸多医治。待修养生息后再度光彩焕发,雄风重现,另成一妙谈立于天地间。

　　人,终有一死,或轻于鸿毛,或重于泰山。为泰山者,崩则故人相聚,追思难忘,缅其功德,泣而为雨,雨之成,功即现,此为人之大德者也。桥立之日,疲敝始集,虽有修固,终不可逆,大病至身,唯有倾颓。来者皆如凭吊之人,以手中利器成最后之礼。镐锄声中,轰然倾塌,撼天震地。人之逝有鸿毛泰山之分,桥异然,每每为桥者,皆通济天下,造福一方,每每为桥倾者,皆为泰山之重,桥倾,泰山落矣。

南林大桥赋

董峰辉

　　玄武湖畔,紫金山麓,百廿南林,讲学其中。校内有一小溪,名紫湖溪,溪水锵然,数桥与溪偕行,疑非尘世也。

　　紫湖溪畔,七桥相伴。溯洄行之,有紫湖溪桥、梁希桥、求索桥、五环桥、学子桥、汇贤桥、翠竹桥。此七桥者,皆梁拱之结构,其形各异,其力近同,其意甚异之,然则各思其所妙也。

---

[1] 董峰辉、范文辉:《桥说》,《南京林业大学报》2022年12月15日第4版。

紫湖溪桥,南林大入门之桥也。钢筋砼骨,白玉披肩,自有梁桥结构之飒爽英姿,如白龙蟠于皎河,圣洁之至。力坚形胜意咏,此紫湖溪之桥也。

梁希桥,南林大精神之桥也。诚朴雄伟,树木树人。黄河碧水,赤地青山。桥栏谆谆教诲,如智者穿越时空,与时下学子共勉。精神传承,此梁希之桥也。

求索桥,南林大内核之桥也。求学之路,亦如上桥之步也。漫漫探寻,攀登求索,待得真理之时,犹如临桥望远,满眼尽是春色。求索如虹,此求索之桥也。

五环桥,南林大动力之桥也。林有嘉木,桥以降兮。自强厚德,无闻无求兮。身心俱健,成才之本。体格壮硕,修学之基。野蛮体魄,此五环之桥也。

学子桥,南林大务本之桥也。最是书香能致远,腹有诗书气自华。花虽美艳易凋零,书韵有案香如故。林有嘉木愿为桥,育成大木皆栋梁。求知若渴,此学子之桥也。

汇贤桥,南林大贤者之桥也。群贤毕至,少长咸集。学子求学问道,师者授业传道。知行合一,论良知之道,此汇贤之桥也。

翠竹桥,南林大君子之桥也。茂林修竹,四时如春。桥下水声长,两岸竹韵香。漫步其间,恰如仁者君子。竹韵桥魂,此翠竹之桥也。

桥之美,有力美者,形美者,意美者。若力形意之美合一,此诚桥之大美者也。是故,南林大七桥,皆大美之桥也。

念桥赋[1]

方义华

南山巍巍,湖水坦荡。老街之南,念桥毅然。借青山之铁骨,得水上之城墙。配地理之水道,成人工之拱圆。土堤行道,桥洞敞亮。拱桥曲水,渡口货船。

生产经营,买卖来往。行者匆忙,士农工商;经年累月,日夜循环。街长铺多,河宽堤弯。一壶好酒,品够茶香;三五清友,漫步神侃。春风拂柳,夏雨采莲;秋水流云,冬雪飞天。朝霞初起,桥头早见祥光;古时日落,江帆平安归航。稚子学书,乐购笔墨于街店;老翁迈步,欣见秧苗长水田。

春夏洪讯,浪涌弄前;岁月潆洄,清波荡漾。前途艰苦,携玉手于念桥之上;大路漫长,感道义在方寸中间。

以智博通,学究天人道广;民族忠义,英勇效法天祥。姚康贤能,经历风尘凶险;老大眉长,安心吐秀云天。方苞清雅,慧得义法真源;桐城文道,开派清正流长。姚鼐苦行,身登泰山顶上;文成学精,魂归乡村阮畈。汝纶高风,藏真五里山庄;勉成国器,重在人才培养。东美幼学,抚摸门前白杨;终老台湾,灵魂梦渡故乡。文轩爱国,菁华中学创办;烽火连天,救国开来继往。

天下之大,万里不远;宇宙之小,义念之间。道行正修,不在重奖;德性承传,贵在发扬。光前业绩,裕后因缘。

秀云青山,天野湖面。风霜雨雪,念桥泰然。石桥高在,义水深长。起步念桥,回归乡壤。何山无石?何石成桥?何桥名义?义津石桥,正是念桥。

方子颂之,赞曰:明清风雨,江湖波涛。义念民生,募石成桥。多次修缮,往来需要。方便行人,石铭功高。

---

[1] 方义华:《念桥赋》,《东坡赤壁诗词》2019年第6期。

附录二　桥梁诗歌

[1] 水深桥梁绝,中路正徘徊。——魏晋·曹操《苦寒行》

[2] 愿飞安得翼,欲济河无梁。——魏·曹丕《杂诗·漫漫秋夜长》

[3] 风声动密竹,水影漾长桥。——南北朝·何逊《夕望江桥示萧谘议杨建康江主簿》

[4] 君登苏武桥,我见杨朱路。——南北朝·庾信《别张洗马枢诗》

[5] 单于渭桥今已拜,将军何处觅功名。——隋·卢思道《从军行》

[6] 鸡声茅店月,人迹板桥霜。——唐·温庭筠《商山早行》

[7] 正是玉人肠断处,一渠春水赤栏桥。——唐·温庭筠《杨柳八首·其一》

[8] 门外平桥连柳堤,归来晚树黄莺啼。——唐·温庭筠《春洲曲》

[9] 珠箔金钩对彩桥,昔年于此见娇娆。——唐·温庭筠《经旧游(一作怀真珠亭)》

[10] 火树银花合,星桥铁锁开。——唐·苏味道《正月十五夜》

[11] 万里桥边女校书,枇杷花里闭门居。——唐·王建《寄蜀中薛涛校书》

[12] 西山白雪三城戍,南浦清江万里桥。——唐·杜甫《野望》

[13] 万里桥西一草堂,百花潭水即沧浪。——唐·杜甫《狂夫》

[14] 朝进东门营,暮上河阳桥。——唐·杜甫《后出塞五首》

[15] 不识南塘路,今知第五桥。——唐·杜甫《陪郑广文游何将军山林》

[16] 已传童子骑青竹,总拟桥东待使君。——唐·杜甫《李司马桥了承高使君自成都回》

[17] 桥东桥西好杨柳,人来人去唱歌行。——唐·刘禹锡《竹枝词九首》

[18] 凭寄狂夫书一纸,信在成都万里桥。——唐·刘禹锡《竹枝词九首》

[19] 清江一曲柳千条,二十年前旧板桥。——唐·刘禹锡《杨柳枝/柳枝词》

[20] 曾与美人桥上别,恨无消息到今朝。——唐·刘禹锡《杨柳枝/柳枝词》

[21] 水底远山云似雪,桥边平岸草如烟。——唐·刘禹锡《和牛相公游南庄醉后寓言戏赠乐天兼见示》

[22] 两水夹明镜,双桥落彩虹。——唐·李白《秋登宣城谢朓北楼》

[23] 我来圯桥上,怀古钦英风。——唐·李白《经下邳圯桥怀张子房》

[24] 枫叶千枝复万枝,江桥掩映暮帆迟。——唐·鱼玄机《江陵愁望寄子安》

[25] 朝来灞水桥边问,未抵青袍送玉珂。——唐·李商隐《泪》

[26] 古宫闲地少,水港小桥多。——唐·杜荀鹤《送人游吴》

[27] 妾住洛桥北,君住洛桥南。——唐·白居易《长相思·九月西风兴》

[28] 美景难忘竹廊下,好风争奈柳桥头。——唐·白居易《早春忆游思黯南庄,因寄长句》

[29] 桥前何所有,茸茸新生竹。——唐·白居易《题小桥前新竹招客》

[30] 日晚爱行深竹里,月明多上小桥头。——唐·白居易《池上闲咏》

[31] 曾共玉颜桥上别,不知消息到今朝。—— 唐·白居易《板桥路》

[32] 天津桥上无人识,独倚栏干看落晖。—— 唐·黄巢《自题像》

[33] 二十四桥明月夜,玉人何处教吹箫。—— 唐·杜牧《寄扬州韩绰判官》

[34] 唯有别时今不忘,暮烟秋雨过枫桥。—— 唐·杜牧《怀吴中冯秀才》

[35] 天津桥下冰初结,洛阳陌上人行绝。—— 唐·孟郊《洛桥晚望》

[36] 桥形通汉上,峰势接云危。—— 唐·李世民《帝京篇十首》

[37] 月落乌啼霜满天,江枫渔火对愁眠。姑苏城外寒山寺,夜半钟声到客船。—— 唐·张继《枫桥夜泊》

[38] 野桥春水清,桥上送君行。—— 唐·张籍《思远人·一作寄远客》

[39] 津桥春水浸红霞,烟柳风丝拂岸斜。—— 唐·雍陶《天津桥望春》

[40] 从来只有情难尽,何事名为情尽桥。—— 唐·雍陶《题情尽桥》

[41] 烟气笼青阁,流文荡画桥。—— 唐·李峤《春日侍宴幸芙蓉园应制》

[42] 江雨朝飞浥细尘,阳桥花柳不胜春。—— 唐·宋之问《和赵员外桂阳桥遇佳人》

[43] 悠悠天下士,相送洛桥津。—— 唐·卢照邻《咏史四首》

[44] 天津桥上无人识,闲凭栏干望落晖。—— 唐·元稹《智度师二首》

[45] 十里长街市井连,月明桥上看神仙。—— 唐·张祜《纵游淮南》

[46] 唯有别时今不忘,暮烟疏雨过枫桥。—— 唐·张祜《枫桥》

[47] 鹊桥波里出,龙车霄外飞。—— 唐·任希古《和长孙秘监七夕》

[48] 君不见天津桥下东流水,东望龙门北朝市。—— 唐·苏颋《杂曲歌辞·长相思》

[49] 水边垂柳赤栏桥,洞里仙人碧玉箫。—— 唐·顾况《题叶道士山房》

[50] 荷叶桥边雨,芦花海上风。—— 唐·许浑《忆长洲》

[51] 河桥有酒无人醉,独上高城望庾楼。—— 唐·许浑《淮阴阻风寄呈楚州韦中丞》

[52] 流水断桥芳草路,淡烟疏雨落花天。—— 唐·牟融《陈使君山庄》

[53] 玄武湖边林隐见,五城桥下棹洄沿。—— 唐·徐铉《奉和宫傅相公怀旧见寄四十韵》

[54] 问我今何去,天台访石桥。—— 唐·孟浩然《舟中晓望》

[55] 涧险泉声疑度雨,川平桥势若晴虹。—— 唐·张昌宗《奉和圣制夏日游石淙山》

[56] 朱雀桥边看淮水,乌衣巷里问王家。—— 唐·韩翃《送客之江宁》

[57] 妾年初二八,家住洛桥头。—— 唐·崔颢《相逢行》

[58] 至今易水桥,寒风兮萧萧。—— 唐·贾岛《易水怀古》

[59] 灞水桥边酒一杯,送君千里赴轮台。—— 唐·曹唐《送康祭酒赴轮台》

[60] 万里桥边女校书,枇杷花下闭门居。—— 唐·胡曾《咏史诗·赠薛涛》

[61] 不知暗数春游处,偏忆扬州第几桥。—— 唐·施肩吾《戏赠李主簿》

[62] 天堑茫茫连沃焦,秦皇何事不安桥。—— 唐·施肩吾《钱塘渡口》

[63] 管弦楼上春应在,杨柳桥边人未归。—— 唐·罗邺《春闺》

[64] 桥畔月来清见底,柳边风紧绿生波。—— 唐·罗邺《洛水》

[65] 何堪好风景,独上洛阳桥。—— 唐·李益《上洛桥》

[66] 谁知桥上思,万里在江楼。—— 唐·李频《东渭桥晚眺》

[67] 轮势随天度,桥形跨海通。—— 唐·陈润《赋得浦外虹送人》

[68] 羸童牵瘦马,不敢过危桥。—— 唐·蒋吉《汉东道中》
[69] 万里茫茫天堑遥,秦皇底事不安桥。—— 唐·周匡物《应举题钱塘公馆》
[70] 驱传渭桥上,观兵细柳屯。—— 唐·魏徵《赋西汉》
[71] 渭水长桥今欲渡,葱葱渐见新丰树。—— 唐·李隆基《初入秦川路逢寒食》
[72] 夜夜思君辽海北,年年弃妾渭桥西。—— 唐·刘元叔《妾薄命》
[73] 蓝桥便是神仙窟,何必崎岖上玉清。—— 唐·樊夫人《附:樊夫人答裴航》
[74] 驿外断桥边,寂寞开无主。—— 宋·陆游《卜算子·咏梅》
[75] 春来无处不春风,偏在湖桥柳色中。—— 宋·陆游《柳》
[76] 桥如虹,水如空。一叶飘然烟雨中。天教称放翁。—— 宋·陆游《长相思·五之二》
[77] 归途更爱湖桥月,独倚阑干为小留。—— 宋·陆游《出游》
[78] 伤心桥下春波绿,曾是惊鸿照影来。—— 宋·陆游《沈园二首·其一》
[79] 东风里,有灞桥烟柳,知我归心。—— 宋·陆游《沁园春·三荣横溪阁小宴》
[80] 晚来幽兴极,乘月过溪桥。—— 宋·陆游《解嘲》
[81] 三星昨夜光移度,妙语来题桥上柱。—— 宋·辛弃疾《玉楼春·用韵答傅岩叟、叶仲洽、赵国兴》
[82] 旧时茅店社林边,路转溪桥忽见。—— 宋·辛弃疾《西江月·夜行黄沙道中》
[83] 柔情似水,佳期如梦,忍顾鹊桥归路。—— 宋·秦观《鹊桥仙·纤云弄巧》
[84] 三十六湖春水,二十四桥秋月。—— 宋·秦观《喜迁莺·西风落叶》
[85] 画桥东过,朱门下,一水闲萦花草,独驾一舟千里去,心与长天共渺。—— 宋·秦观《念奴娇·画桥东过》
[86] 飐青旗,流水桥旁。偶然乘兴,步过东冈。正莺儿啼,燕儿舞,蝶儿忙。—— 宋·秦观《行香子·树绕村庄》
[87] 念桥边红药,年年知为谁生。—— 宋·姜夔《扬州慢·淮左名都》
[88] 二十四桥仍在,波心荡、冷月无声。—— 宋·姜夔《扬州慢·淮左名都》
[89] 我家曾住赤栏桥,邻里相过不寂寥。—— 宋·姜夔《送彭仲讷往合肥三首其一》
[90] 梅花竹里无人见,一夜吹香过石桥。—— 宋·姜夔《除夜自石湖归苕溪·其一》
[91] 烟柳画桥,风帘翠幕,参差十万人家。—— 宋·柳永《望海潮·东南形胜》
[92] 参差烟树灞陵桥,风物尽前朝。—— 宋·柳永《少年游·参差烟树灞陵桥》
[93] 次第寻芳去,灞桥外、蕙香波暖。—— 宋·张炎《探春慢·雪霁》
[94] 灞水桥东回首处,美人新上帘钩。—— 宋·晁补之《临江仙·春景》
[95] 月桥花院,琐窗朱户。—— 宋·贺铸《青玉案·凌波不过横塘路》
[96] 忆昔午桥桥上饮,坐中多是豪英。—— 宋·陈与义《临江仙·夜登小阁忆洛中旧游》
[97] 易求苏子六国印,难觅河桥一字书。—— 宋·陈与义《邓州西轩书事十首其一》
[98] 酒醉,乘月至一溪桥上,解鞍曲肱,醉卧少休。—— 宋·苏轼《西江月·顷在黄州》
[99] 蓝桥何处觅云英。只有多情流水、伴人行。—— 宋·苏轼《南歌子·寓意》
[100] 莫惊鸥鹭,四桥尽是,老子经行处。—— 宋·苏轼《青玉案·送伯固归吴中》
[101] 居士。居士。莫忘小桥流水。—— 宋·苏轼《如梦令·春思》
[102] 解鞍欹枕绿杨桥,杜宇一声春晓。—— 宋·苏轼《西江月·顷在黄州》

［103］我欲归寻万里桥,水花风叶暮萧萧。—— 宋·苏轼《送戴蒙赴成都玉局观将老焉》

［104］湿云不动溪桥冷,嫩寒初透东风影。桥下水声长,一枝和月香。—— 宋·苏轼《菩萨蛮·湿云不动溪桥冷》

［105］愿公千岁,与桥寿考。—— 宋·苏轼《何公桥》

［106］星桥鹊驾,经年才见,想离情、别恨难穷。—— 宋·李清照《行香子·七夕》

［107］平岸小桥千嶂抱,柔蓝一水萦花草。—— 宋·王安石《渔家傲·平岸小桥千嶂抱》

［108］州桥南北是天街,父老年年等驾回。—— 宋·范成大《州桥》

［109］春风压尽百花桥,尊前仍有董娇娆。—— 宋·范成大《次韵唐子光席上赏梅》

［110］云英此夕度蓝桥。人意花枝都好。—— 宋·范成大《西江月·十月谁云春小》

［111］荆溪无胜处,胜处是荷桥。—— 宋·杨万里《荷桥》

［112］桥压荷梢过,花围桥外饶。—— 宋·杨万里《荷桥》

［113］喜鹊桥成催凤驾。天为欢迟,乞与初凉夜。—— 宋·晏几道《蝶恋花》

［114］小桥杨柳色初浓,别院海棠花正好。—— 宋·陈允平《玉楼春·西园斗结秋千了》

［115］桥北桥南新雨晴。柳边花底暮寒轻。万家灯火照溪明。—— 宋·陈克《浣溪沙·阳羡上元》

［116］今夜月明何处宿。画桥春水绿。—— 宋·陈克《谒金门·春漏促》

［117］望极蓝桥,但暮云千里。—— 宋·张先《碧牡丹·晏同叔出姬》

［118］记少年,一梦扬州,二十四桥明月。—— 宋·周密《瑶花慢·朱钿宝玦》

［119］家住银塘东复东。赤阑桥下笑相逢。—— 宋·仇远《思佳客·家住银塘东复东》

［120］青春欲尽急还乡,万里桥西一草堂。—— 宋·项安世《辑句招王国正四首其一》

［121］子规声里正斜阳,风过断桥流水香。—— 宋·刘应时《春晚二首其一》

［122］今夕在天涯,烛影星桥,也似长安道。—— 宋·王庭《醉花阴》

［123］圯桥书在如相授,不独留侯是帝师。—— 宋·夏竦《秋日江馆喜弹琴羽人至》

［124］二十四桥千步柳,春风十里上珠帘。—— 宋·韩琦《维扬好》

［125］行到平桥初见日,满川风露紫荷香。—— 宋·曾巩《西湖二首其一》

［126］万花场里春无色,独树桥边月有香。—— 宋·张道洽《梅花七律》

［127］钱唐西湖三百寺,芳草画桥烟霭中。—— 宋·李觏《观音亭》

［128］今日重来桥上望,依然杨柳两行青。—— 宋·程珌《朱生论天》

［129］试问行云何处觅,画桥东畔是奴家。—— 宋·华岳《新市杂咏十首其一》

［130］清风修竹径,细雨绿荷桥。—— 宋·汪楚材《方壶别墅》

［131］惟有天津桥上月,无人能复记新声。—— 宋·熊瑞《再和元夕》

［132］西湖西子斗艳妆,香车宝马桥绿杨。—— 宋·熊瑞《西湖歌饯杨泽之回杭》

［133］朱雀桥边晚市,石头城下新秋。—— 宋·朱敦儒《朝中措·登临何处自销忧》

［134］舞翠垂丝来小桥,春风庭院鸟声娇。—— 宋·金朋说《赏柳吟》

［135］惟怜一桥月,曾照六朝人。—— 宋·翁逢龙《天津桥》

［136］二十四桥明月好,暮年方到扬州。—— 宋·王奕《临江仙·和元遗山题扬州平山堂》

［137］出门逢柳色,忽过野桥西。—— 宋·王曼之《春日郊行》

［138］池塘不用梦春草,风雪何须在灞桥。—— 宋·吴璋《句》

附录二 桥梁诗歌

[139] 二十四番风信,二十四桥风景,正好及春游。——宋·黎廷瑞《水调歌头·寄奥屯竹庵察副留金陵约游扬州不果》

[140] 踏青青,踏青青,西泠桥畔草连汀。—— 宋·黄公绍《潇湘神·踏青青》

[141] 君是居人余是客,明朝相候合江桥。—— 宋·赖铸《送郑居之》

[142] 画桥依约垂杨外,映带残霞一抹红。—— 宋·沈与求《石壁寺山房即事》

[143] 此心与桥,为世通津。—— 宋·赵浯《洴溪桥》

[144] 独自抱琴山下去,石桥月色为谁新。—— 宋·朱槔《草堂诸陈同游崧山精舍冕仲携琴先归用壁间韵》

[145] 湖上好,桥虹倒影,月练飞光。—— 宋·晁端礼《满庭芳·北渚澄兰》

[146] 有月桥仙客,相伴婵娟。—— 宋·傅大询《锦堂春·寿许宰》

[147] 问子何归来,远指万里桥。—— 宋·晁公溯《鲜于大任自东南归唐安遗予张安国所作水调歌》

[148] 小桥落日无人处,一树桃花照水红。—— 宋·林泳《建溪道间》

[149] 桥上山万重,桥下水千里。—— 宋·释惟政《山中作》

[150] 十四年来无此兴,三更踏月过河桥。—— 宋·连文凤《己丑元宵》

[151] 遥望君家何处是,白云溪上小桥横。—— 宋·赵希玣《山行二绝》

[152] 好是画桥深北处,荷花盈荡柳垂堤。—— 宋·马之纯《潮沟》

[153] 御水横银汉,仙桥挂彩虹。—— 宋·范祖禹《西街》

[154] 千叶青莲无路到,不知春在石桥东。—— 宋·徐大受《方外诗友机空二禅娄诧连峰五月梅深林丛薄中》

[155] 最忆市桥灯火静,巷南巷北读书声。—— 宋·吕祖谦《送朱叔赐赴闽中幕府二首其一》

[156] 千寻水面跨长桥,隐隐晴虹卧海潮。—— 宋·郑叔侨《熙宁桥》

[157] 江月正茫茫,断桥流水香。—— 宋·孙舣《菩萨蛮(落梅)》

[158] 风物眼前何所似,扬州二十四红桥。—— 宋·方信孺《南濠》

[159] 松江一景是虹桥,欲约骚人钓巨鳌。—— 宋·俞桂《垂虹》

[160] 肠断画桥芳草路,月晓风清。—— 宋·洪瑹《浪淘沙·别意》

[161] 回首欲魂销,长桥连断桥。—— 宋·洪瑹《菩萨蛮(湖上)》

[162] 湖中有影浑如画,天下无桥似此长。—— 宋·傅梦得《垂虹桥》

[163] 不知桥下无情水,流到天涯是几时。—— 宋·蔡楠《鹧鸪天·病酒厌厌与睡宜》

[164] 记得当年过此桥,月明江上暑风消。—— 宋·张亢《长桥》

[165] 小桥杨柳飘香絮,山寺绯桃散落红。—— 宋·黄夫人《鹧鸪天·先自春光似酒浓》

[166] 一路指桥西,谁明导师意。—— 宋·叶清臣《题石桥》

附录三　桥人桥语

[1] 人生一征途耳,其长百年,我已走过十之七八,回首前尘,历历在目,崎岖多于平坦,忽深谷,忽洪涛,幸赖桥梁以渡。桥何名欤?曰奋斗。——茅以升

[2] 斗地风云突变色,炸桥挥泪断通途。五行缺火真来火,不复原桥不丈夫。——茅以升

[3] 立志为桥,归国为民。——茅以升

[4] 奋斗作桥,以身渡人。——茅以升

[5] 造桥是百年大计,是为大家工作,使用公众的钱,为公众做事,绝不可以自私地为自己建造纪念碑。——邓文中

[6] 造桥要务实、要创新,但不能鲁莽地前进,必须在创新中兼有稳重的成分。——邓文中

[7] 建造桥梁务必坚持"安全、实用、经济、美观"的宗旨。——邓文中

[8] 我们决不有意创造世界纪录,但决不惧怕世界纪录。——邓文中

[9] 设计的四种境界:"能、会、美、雅"。——邓文中

[10] 创新不一定是发明。创新可以说是贯穿在工程师日常工作中的一种理念。——邓文中

[11] 理论联系实际,发展桥梁科技。——李国豪

[12] 桥梁的建设是理想与希望的寄托,是过渡和变革的载体,是理性和期盼的隐喻,是哲理的物化,是凝固的交响曲。因为有了桥梁,人与人、城市与乡村、国家与国家、远古与现在才能有机地联系起来,才能推动世界的和睦发展。——徐岳

[13] 我要建造留存永世的桥梁。——徐恭义

[14] 桥梁结构体系是桥梁结构抵抗外部作用的构件组成方式,是桥梁功能、外形及其受力形态的统一。桥梁发展至今,其形式已呈千姿百态,究其内在,无非是四种基本桥型及其组合的集合。有人将桥梁比之于人,桥梁外形相应于人的容貌、体形和气质,结构相应于人的生命、骨骼与耐力,电气、排水等相当于人的脉络……人体之本在于生命与骨骼,桥之本则在于结构体系。——肖汝诚

[15] 要用寿命期来设计桥梁,要用寿命期来管理桥梁。——范立础

附录四　名人名言

［1］一桥飞架南北,天堑变通途。——毛泽东

［2］金沙水拍云崖暖,大渡桥横铁索寒。——毛泽东

［3］红雨随心翻作浪,青山着意化为桥。——毛泽东

［4］桥小心而有力地跨越溪流,桥不只是连接早就在那的河岸,只有当桥梁横跨溪流时,河岸始为河岸。——海德格尔

［5］当土地与土地被水分割了的时候,当道路与道路被水截断了的时候,智慧的人类伫立在水边:于是产生了桥。苦于跋涉的人类,应该感谢桥啊。桥是土地与土地的连系;桥是河流与道路的爱情;桥是船只与车辆点头致敬的驿站;桥是乘船与步行者挥手告别的地方。——艾青《桥》

［6］现实是此岸,理想是彼岸。中间隔着湍急的河流,行动则是架在川上的桥梁。——克雷洛夫

［7］人的伟大之处在于,他是一座桥梁而非目的。——尼采

［8］好的桥不分大小,都是挺直脊梁,默默匍匐于大地,横涧卧波,奉献于社会。这是一种精神,是桥的精神。——刘志坚《人生如桥》

［9］桥,不是没有生命的冷冰冰的建筑物,它体现着人类的智慧,并给人以美感。——佚名

［10］金钱只是通向最终价值的桥梁,而人是无法栖居在桥上的。——西美尔

［11］谁也不能为你建造一座你必须踏着它渡过的生命之河的桥,除你自己之外没有人能这么做。尽管有无数肯载你渡河的马、桥、半神,但你必须以你自己为代价,你将抵押和丧失你自己。世上有一条唯一的路,除你之外无人能走。它通向何方?不要问,走便是了。——尼采

［12］在青山绿水之间,我想牵着你的手,走过这座桥,桥上是绿叶红花,桥下是流水人家,桥的那头是青丝,桥的这头是白发。——沈从文

［13］就这么日复一日地流着,不知已流了几多时光,就这么年复一年地架着,不知已承受了多少风雨。只有那两岸的窗棂,有时关,有时启。人世,已物换星移,岁月,却没留下多少痕迹。——汪国真《桥》

［14］桥是那么伟大,但也能娇小妩媚。秦少游为"秋千外,绿水桥平;东风里,朱门映柳"的绚丽景色所动,李肩吾爱看"直下小桥流水,门前一树桃花",欧阳修更痛快,他偏喜欢"独立小桥风满袖",多么潇洒!——梁思成

［15］清寂,旷远,飘渺,幽深,桥亦拢得住。静水流深,似有拍石之声。静桥亘立,似有落雁之鸣。夜桥月照,最孤寂的美藏在最深处的夜。最坚固的美,自在峰回路转,那一梢映溪疏浅的桥边之梅。——佚名

附录五 图片来源

序号	图号	来源	著作权人
1	图1-1	《亚东桥话》	李亚东
2	图1-2	《中国桥梁史纲》	项海帆、潘洪萱、张圣城、范立础
3	图1-3	《汉字演变五百例》(第2版)	李乐毅
4	图1-4	《中国桥梁史纲》	项海帆、潘洪萱、张圣城、范立础
5	图1-5	《偃师商城初探》	杜金鹏
6	图1-6	《成都城坊古迹考》	四川省文史馆
7	图1-7	《中国桥梁史纲》	项海帆、潘洪萱、张圣城、范立础
8	图1-8 a)	https://k.sina.com.cn/article_6450334028_18078494c0010047u5.html?from=history	山西旅游驴友交流
9	图1-8 b)	https://www.163.com/dy/article/ELOH7D4B05432BLD.html	网易号
10	图1-9	http://www.3233.cn/n/ne6l-79344.html	Marshall
11	图1-10	https://mt.sohu.com/20170519/n493679272.shtml	山屿海度假
12	图1-11	https://kan.china.com/read/750531_2.html	搜狐
13	图1-12	https://www.sohu.com/a/764046254_123710	微兔分享呀
14	图1-13	https://www.sohu.com/a/487982776_557768	清风明月逍遥客
15	图1-14	https://www.baike.com/wikiid/3688404122530680398	抖音百科
16	图1-15	https://www.163.com/dy/article/C8JDH82H0524BC9A.html	网易号
17	图1-16	http://paper.people.com.cn/hwbwap/html/2021-07/10/content_3057267.htm	《人民日报》(海外版)
18	图1-17	https://www.trip.com/things-to-do/detail/83881308/	携程国际版
19	图1-18	http://www.sjx.gov.cn/zjsj/sjfq/202102/t20210207_2520367.shtml	江县旅游局
20	图1-19	https://www.baike.com/wikiid/9135242635241879304	抖音百科
21	图1-20	https://www.afpbb.com/articles/-/3287174	CNS/AFPBB News
22	图1-21	https://www.xhby.net/content/s658d7173e4b0359b463e4e2d.html	新华报业网
23	图1-22 a)	https://www.8264.com/youji/5672066-9.html	hjmhjm
24	图1-22 b)	https://ccte.hhu.edu.cn/2022/1203/c16118a253623/page.htm	河海大学土木与交通学院
25	图1-23	https://restgeo.com/zh/attractions/italy/top-25-attractions-in-verona	RestGeo
26	图1-24	https://life-globe.com/en/canals-venice/	Yulia Klaos

附录五　　图片来源

续上表

序号	图号	来源	著作权人
27	图1-25	https://pixabay.com/zh/photos/the-bridge-of-sighs-venice-554129/	radmi25
28	图1-26 a)	https://www.tripadvisor.cn/Attraction_Review-g187870-d4260525-Reviews-Ponte dei Tre Archi-Venice Veneto.html	Tripadvisor
29	图1-26 b)	https://www.tripadvisor.com/Attraction_Review-g187175-d3618711-Reviews-Pont_Neuf_Toulouse-Toulouse_Haute_Garonne_Occitanie.html	Tripadvisor
30	图1-27 a)	https://www.burgundy-tourism.com/sit/viaduc-de-mussy-sous-dun	LA BOURGOGNE
31	图1-27 b)	https://en.ardeche-guide.com/cultural-heritage/pont-marc-seguin-502885/	Ardèche TOURISME
32	图1-28 a)	https://www.livetheworld.com/post/iconic-bridges-in-paris-concorde-5ml3	Sladjana Perkovic
33	图1-28 b)	https://www.alamy.com/goltzsch-viaduct-largest-brick-built-bridge-in-the-world-saxony-germany-europe-image566775371.html	robertharding / Alamy Stock Photo
34	图1-29	https://historicbridges.org/bridges/browser/?bridgebrowser=unitedkingdom/mythebridge/	Nathan Holth
35	图1-30 a)	https://www.cityexperiences.com/london/tower-bridge/	cityexperiences
36	图1-30 b)	https://kabir.org/things-to-do-in-london/	kabir
37	图1-31	https://aglasshalf-full.com/2014/11/27/my-love-affair-with-london	A Glass Half Full
38	图1-32 a)	https://www.freepik.com/premium-photo/passing-clifton-hampden-bridge_16988607.htm	philbird
39	图1-32 b)	https://spanish.translate.nyc.gov/html/dot/html/infrastructure/brooklyn-bridge.shtml	NYC DOT
40	图1-33 a)	https://www.pelago.com/en-AU/activity/p2ciwxmoj-full-day-private-shore-tour-in-paris-from-le-havre-cruise-port-le-havre/	Le Havre
41	图1-33 b)	https://structurae.net/en/media/297049-austerlitz-viaduct	Nicolas Janberg
42	图1-34	https://www.sohu.com/a/534813427_310340	史学新解
43	图1-35	https://en.wikipedia.org/wiki/East_St._Louis,_Illinois	维基百科
44	图1-36	https://zh.wikipedia.org/wiki/File:Salginatobel_Bridge_mg_4077.jpg	Rama
45	图1-37 a)	https://royalcentral.co.uk/features/history-blogs/royal-links-to-londons-bridges-149911/	Rebecca Russell
46	图1-37 b)	https://www.freepik.com/premium-photo/saint-pierre-bridge-passes-garonne-toulouse_4813547.htm	southtownboy
47	图1-38	https://en.wikipedia.org/wiki/La_Barra	维基百科
48	图1-39	https://stock.adobe.com/ch_fr/images/sunrise-on-bridge-snp-and-ufo-tower-view-point-over-danube-river-in-bratislava-city-slovakia/390571957	Rastislav Sedlak SK

续上表

序号	图号	来源	著作权人
49	图 1-40 a)	https://structurae.net/fr/ouvrages/karlssteg	structurae 国际土木工程与艺术作品数据库及画廊
50	图 1-40 b)	https://www.archdaily.com/151187/ad-classics-bac-de-roda-bridge-santiago-calatrava	Tim Winstanley
51	图 1-41 a)	http://paper.people.com.cn/rmrbhwb/html/2018-10/26/content_1888596.htm	王萌
52	图 1-41 b)	http://m.cnhubei.com/cmdetail/555446	掌上黄冈
53	图 1-42 a)	http://www.wqkj2004.com/a/chanpinzhongxin/jieshao/20171211/5509.html	完全科技
54	图 1-42 b)	https://news.cgtn.com/news/3d3d674e78496a4d79457a6333566d54/share_p.html	CGTN
55	图 1-43 a)	https://abcnews.go.com/International/longest-highest-glass-bottomed-bridge-open-summer-china/story?id=39827064	ABC News
56	图 1-43 b)	https://hb.chinadaily.com.cn/a/202401/11/WS659fc403a310af3247ffba68.html	中国日报网
57	图 2-1	https://mbd.baidu.com/newspage/data/dtlandingsuper?nid=dt_4835173577462919672	双子沐沐
58	图 2-2	https://www.163.com/dy/article/I91KQ37C05149AGP.html	中国吉林网
59	图 2-3	https://www.jianshu.com/p/58edc97ec5da	临湖风
60	图 2-4	http://vip.people.com.cn/albumsDetail?aid=1585333	人民网
61	图 2-5	https://baijiahao.baidu.com/s?id=1775731394511165274&wfr=spider&for=pc	舜网
62	图 2-6	http://www.zzzw.net/2022/0530/211375.shtml	忠县融媒体中心
63	图 2-7	https://www.meipian.cn/38fzt4rn	依可儿
64	图 3-1 a)	https://m.sohu.com/a/425898028_317644	《桥梁》杂志
65	图 3-1 b)	https://www.meipian.cn/318luxok	MR.陆
66	图 3-1 c)	https://ll.sxgov.cn/content/2024-01/08/content_13147210.htm	黄河新闻网
67	图 3-1 d)	https://tdi.seu.edu.cn/2019/1216/c26928a299841/page.htm	东南大学交通规划设计研究院
68	图 3-1 e)	http://www.brdi.cn/view/79.html	中铁大桥勘测设计院集团有限公司
69	图 3-1 f)	https://www.ixigua.com/6841821435405537709?wid_try=1	西瓜视频
70	图 3-2 a)	https://bhwxq.dg.gov.cn/gkmlpt/content/3/3898/post_3898972.html#752	东莞滨海湾新区管理委员会
71	图 3-2 b)	https://gg.zhuangyi.com/zixun/201707/1158490.html	佚名
72	图 3-2 c)	https://nbxc.nanjing.gov.cn/sy/xcdt/202201/t20220130_3283349.html	南京·南部新城

附录五　　图片来源

续上表

序号	图号	来源	著作权人
73	图 3-2 d)	https://news.qq.com/rain/a/20200504A0NFE000	长安范儿
74	图 3-2 e)	https://www.sohu.com/a/425159557_317644	《桥梁》杂志
75	图 3-2 f)	https://www.vcg.com/creative/1297379018	视觉中国
76	图 3-2 g)	https://news.qq.com/rain/a/20220505A0339400？web_channel=wap&openApp=false&suid=&media_id=	大众网聊城、海报新闻
77	图 3-2 h)	https://society.sohu.com/a/600620090_121123522	小城今天话多少
78	图 3-3 a)	http://www.jslhjs.com.cn/pro_show.asp？92.html	江苏路航建设工程有限公司
79	图 3-3 b)	http://k.sina.com.cn/article_2131593523_7f0d893302000srdc.html	羊城晚报金羊网
80	图 3-3 c)	http://k.sina.com.cn/article_7506999686_1bf73b98600100zru7.html	我是扁桃仔
81	图 3-3 d)	https://travel.sohu.com/a/516368021_120086197	开沙岛
82	图 3-3 e)	https://baijiahao.baidu.com/s？id=1730413466037984339&wfr=spider&for=pc	懵圈看房日记
83	图 3-3 f)	http://www.sddzjtjl.com.cn/index.php？m-content&c=index&a=show&catid=10&id=92	山东智钧项目管理有限公司
84	图 3-4 a)	https://baijiahao.baidu.com/s？id=1781060230427341204&wfr=spider&for=pc	怀信文旅
85	图 3-4 b)	https://weibo.com/2620713053/LvSj9dGz7	三明优选
86	图 3-4 c)	https://baijiahao.baidu.com/s？id=1615402319158158120&wfr=spider&for=pc	红裙和绿袖
87	图 3-4 d)	https://travel.sohu.com/a/720812345_121124406	无边落木小和尚
88	图 3-4 e)	https://news.qq.com/rain/a/20230720A067N300	中国国家地理
89	图 3-4 f)	https://cj.sina.com.cn/articles/view/1784473157/6a5ce64502002uxxa	中国新闻网
90	图 3-4 g)	https://baijiahao.baidu.com/s？id=1556395993462429&wfr=spider&for=pc	超级建筑
91	图 3-4 h)	https://www.ishaanxi.com/c/2024/0806/3213138.shtml	三秦都市报
92	图 3-4 i)	https://www.163.com/dy/article/GD0GQNKR0517MNDC.html	行藏、微小游
93	图 3-4 j)	https://baijiahao.baidu.com/s？id=1809079890460601298&wfr=spider&for=pc	大皖新闻
94	图 3-5 a)	https://www.163.com/dy/article/G573Q2FM0514EV7Q.html	红网
95	图 3-5 b)	https://bbs.co188.com/thread-10389053-1-1.html	赖嘉荣
96	图 3-5 c)	https://baijiahao.baidu.com/s？id=1699816058293417298&wfr=spider&for=pc	游行记
97	图 3-5 d)	https://baijiahao.baidu.com/s？id=1784334534593293594201&wfr=spider&for=pc	汉襄风
98	图 3-5 e)	https://www.sohu.com/a/448337408_99952038	泸州住建发布

续上表

序号	图号	来源	著作权人
99	图3-5 f)	https://m.sohu.com/a/308744971_100273878	中交桥梁设计院
100	图3-5 g)	https://www.sohu.com/a/490476843_121090399	中国基建报
101	图3-5 h)	http://www.china-qiao.com/ql16/yzql/yzql125.htm	老百晓集桥
102	图3-5 i)	http://www.nanning.china.com.cn/2013-10/16/content_6377897.htm	南宁新闻网-南宁晚报
103	图3-5 j)	https://baijiahao.baidu.com/s?id=1764342138744731128&wfr=spider&for=pc	八桂十四城
104	图3-6 a)	https://www.163.com/dy/article/GDJ23QV30514FDFN.html	台州发布
105	图3-6 b)	https://www.sohu.com/na/472996487_120602859	小虹虹聊旅游
106	图3-6 c)	https://china-qiao.com/ql08/zjkqql/zjqql042.htm	老百晓集桥
107	图3-6 d)	https://mbd.baidu.com/newspage/data/error?id=1732701452452530312&baijiahao_id=1732701452452530312&wfr=&third=baijiahao	佚名
108	图3-6 e)	https://www.sohu.com/a/390861537_662086	走进舒城
109	图3-6 f)	https://www.sohu.com/a/544701444_475945	哥们买房
110	图3-7 a)	https://www.thepaper.cn/newsDetail_forward_27753588	南京市委宣传部官方澎湃号
111	图3-7 b)	https://www.thepaper.cn/newsDetail_forward_27753588	南京市委宣传部官方澎湃号
112	图3-7 c)	https://www.maigoo.com/top/410589.html	MAIGOO 榜单研究员 400 号
113	图3-7 d)	https://www.meipian.cn/81baxqt	志亿铭湘
114	图3-7 e)	https://www.sohu.com/a/476308465_100235589	周聪聪
115	图3-7 f)	https://www.sohu.com/a/303558438_100246286	建筑名苑
116	图3-8 a)	http://k.sina.com.cn/article_1653603955_628ffe73020011mfs.html	扬子晚报
117	图3-8 b)	https://weibo.com/2413547640/OFyU5buyy	六安新周报
118	图3-8 c)	https://news.qq.com/rain/a/20230404A065F400?suid=&media_id=	上海市交通委员会官方账号
119	图3-8 d)	http://www.china-qiao.com/ql16/szql/szql664.htm	老百晓集桥
120	图3-9 a)	https://zhuanlan.zhihu.com/p/713635577	三恩时智能
121	图3-9 b)	https://zhuanlan.zhihu.com/p/626787274?utm_id=0	HEHE
122	图3-10 a)	https://mbd.baidu.com/newspage/data/dtlandingsuper?nid=dt_4990587333999349682	今日在干饭
123	图3-10 b)	http://www.china-qiao.com/ql04/cqql401.htm	老百晓集桥
124	图3-10 c)	https://mbd.baidu.com/newspage/data/dtlandingsuper?nid=dt_4541815036214819211	趣味探险家
125	图3-10 d)	https://cj.sina.com.cn/articles/view/6695135869/p18f0faa7d001012vac	教育全能君

附录五　图片来源

续上表

序号	图号	来源	著作权人
126	图3-10 e)	https://www.163.com/dy/article/IRGGI8R70530Q0OP.html	上海杨浦
127	图3-10 f)	https://m.sohu.com/a/282690657_670895/?pvid=000115_3w_a	网眼大观
128	图3-11 a)	http://www.zj.chinanews.com/nzccj/2023-11-03/detail-ihcu-qerk7383304.shtml	咫尺财经
129	图3-11 b)	http://bridgehead.com.cn/thread-93134-1-1.html	redflag
130	图3-11 c)	http://baijiahao.baidu.com/s?id=1678240904005903330&wfr=spider&for=pc	东方资讯号
131	图3-11 d)	http://baijiahao.baidu.com/s?id=1811064057432402987&wfr=spider&for=pc	守护在此方
132	图3-11 e)	http://travel.sohu.com/a/537485019_746800	涌银传媒
133	图3-11 f)	http://www.cppfoto.com/info/detail.aspx?id=181035	中国摄影报
134	图3-12 a)	http://news.sohu.com/a/804270748_121923794	金色观察
135	图3-12 b)	http://baijiahao.baidu.com/s?id=1784531623469882105&wfr=spider&for=pc	新华社图片
136	图3-12 c)	http://www.meipian.cn/1uy222c6	一江日月(睡蟲)
137	图3-12 d)	http://www.163.com/dy/article/J7FD48UD053215HD.html	邓如山
138	图3-12 e)	http://www.china-qiao.com/ql16/zjql/zjql023.htm	老百晓集桥
139	图3-12 f)	http://weibo.com/ttarticle/p/show?id=2309404135595181001424#_0	常州小刘
140	图3-13 a)	https://www.163.com/dy/article/GPI6558V0514CN9Q.html	杭州综合频道
141	图3-13 b)	https://www.sohu.com/a/442035048_371689	金陵晚报官方微信
142	图3-13 c)	https://www.sohu.com/a/245891294_114731?_f=index_pagerecom_12	人民网
143	图3-14 a)	http://js.people.com.cn/n2/2022/0507/c360302-35256379.html	赵亚玲
144	图3-14 b)	http://www.sohu.com/a/583288905_100116740	南方Plus客户端
145	图3-14 c)	https://www.meipian.cn/30drsvn4	小石头
146	图3-14 d)	https://baijiahao.baidu.com/s?id=1646971300497591510	鹤城发布
147	图3-14 e)	https://bbs.pcauto.com.cn/topic-23830164.html	海吃海喝找海哥
148	图3-14 f)	https://baike.baidu.com/item/%E7%99%BD%E9%A9%AC%E6%B9%96%E5%A4%A7%E6%A1%A5/59273118	百度百科
149	图3-15 a)	http://www.chinawuliu.com.cn/lhhzq/202003/03/494728.shtml	湖北省物流协会
150	图3-15 b)	https://www.163.com/dy/article/EK0F94S40522QDQQ.html	珂谈厨房
151	图3-15 c)	https://www.sohu.com/a/404101888_117402	落榜进士

续上表

序号	图号	来源	著作权人
152	图3-16 a)	https://www.sohu.com/a/250995423_476399	珠海房产之窗
153	图3-16 b)	https://www.sohu.com/a/446031042_120237	爱看头条
154	图3-16 c)	https://j.eastday.com/m/1659629593037497	上海奉贤
155	图3-17 a)	https://www.163.com/dy/article/J1VDDBQ305561JWZ.html	梨子漫画
156	图3-17 b)	http://vip.people.com.cn/albumsDetail?aid=1466293	人民图片
157	图3-17 c)	https://www.quanjing.com/imgbuy/qj6456324972.html	肖海林
158	图3-18 a)	http://www.360doc.com/content/22/0422/06/71476246_1027680377.shtml	大春观察
159	图3-18 b)	https://weibo.com/n/%E4%B8%9C%E9%A3%8E%E6%B0%B8%E5%81%A5	东风永健
160	图3-18 c)	https://weibo.com/5047017158/KyxQUxz12	广州头条大热门
161	图3-18 d)	https://www.quanjing.com/imginfo/QJ9123187641.html	北京全景视觉网络科技股份有限公司
162	图3-18 e)	https://baijiahao.baidu.com/s?id=1761261500684096655&wfr=spider&for=pc	富路先行
163	图3-18 f)	https://www.meipian.cn/1nnf0qyo	玲珍
164	图3-19 a)	https://www.ourjiangsu.com/a/20190301/1551408343438.shtml	南京日报
165	图3-19 b)	https://www.yangtse.com/content/1483381html	扬子晚报
166	表4-1-1	http://www.360doc.com/content/18/1122/14/50164976_796513899.shtml	大唐木子
167	表4-1-2	http://www.360doc.com/content/16/0124/11/4981404_530187160.shtml	wunianyi
168	表4-1-3	https://cj.sina.com.cn/articles/view/7202471081/1ad4cfca900100wnlb	壹一爱电影
169	表4-1-4	http://www.360doc.com/content/23/0216/10/40994266_1067887894.shtml	书柜茶室
170	表4-1-5	https://baijiahao.baidu.com/s?id=1807818281732439600&wfr=spider&for=pc	烟雨中的露台
171	表4-1-6	https://www.sohu.com/a/489706589_260616	澎湃新闻
172	表4-1-7	http://www.cppfoto.com/login.aspx?from=/paper/detail.aspx?id=85975	中国摄影报
173	表4-1-8	https://www.meipian.cn/33124l98	吴凌
174	表4-1-9	http://www.k1u.com/trip/139073.html	zm
175	表4-1-10	https://k.sina.com.cn/article_1700715830_655edd3602000b8m0.html?cre=tianyi&mod=pcpager_focus&loc=23&r=9&doct=0&rfunc=100&tj=none&tr=9&wm=?	广州南沙发布

附录五 图片来源

续上表

序号	图号	来源	著作权人
176	图5-20 a)	https://dp.pconline.com.cn/photo/3470713.html	东虎摄影
177	图5-20 b)	https://baike.baidu.com/item/%E5%B8%B8%E5%B7%9E%E9%BE%99%E5%9F%8E%E5%A4%A7%E6%A1%A5/5670999	百度百科
178	图5-20 c)	http://www.360doc.com/content/21/0625/21/72395255_983716103.shtml	中国基建
179	图5-20 d)	https://www.163.com/dy/article/DL8M0JCM0525U8N0.html	老田说基建
180	图5-21 a)	https://www.sznews.com/news/content/2021-11-30/content_24780500.htm	前海控股
181	图5-21 b)	http://news.longhoo.net/2024/jnyw_0307/718242.html	龙虎网
182	图5-21 c)	https://www.163.com/dy/article/J7DP2N550541GQBD.html	临汾平阳文化
183	图5-21 d)	http://www.china-qiao.com/ql25/xyql/xyql021.htm	老百晓集桥
184	图5-??	https://www.sohu.com/a/410374366_120058946?_trans_=000014_bdss_dkbjyq	佚名
185	图6-1 a)	https://baijiahao.baidu.com/s?id=1703684530734956732&wfr=spider&for=pc	河北新闻网
186	图6-1 b)	https://www.163.com/dy/article/G0RNNE520526WTNK.html	马尔扎哈哈
187	图6-1 c)	https://www.yoojia.com/article/10127807195109974249.html	上观新闻
188	图6-1 d)	https://www.163.com/dy/article/ICQMGI2705452ZAV.html	南沙部落
189	图6-1 e)	https://js.cri.cn/20190929/213bfe2d-6ef4-6124-44f1-82b6f8048325.html	中央广电总台国际在线
190	图6-1 f)	https://zhuanlan.zhihu.com/p/154441044?utm_id=0	白菡工作室
191	图6-1 g)	https://www.sbp.de/en/project/international-garden-exhibition-1993-cable-net-footbridge-at-loewentor/	Landeshauptstadt Stuttgart
192	图6-1 h)	https://baike.baidu.com/item/%E8%97%A4%E7%BD%91%E6%A1%A5/1779756	百度百科
193	图6-2 a)	https://www.sohu.com/a/468268564_120361751	小徐的生活分享
194	图6-2 b)	http://www.360doc.com/content/12/1113/15/9734855_247608623.shtml	fifizhao
195	图6-2 c)	https://tdi.seu.edu.cn/2019/1216/c26928a299841/page.htm	东南大学交通规划设计研究院
196	图6-2 d)	http://www.360doc.com/content/21/0829/21/3606604_993263497.shtml	123xyz123
197	图6-2 e)	https://www.sohu.com/a/442597231_120361751	搜狐网
198	图6-2 f)	https://changzhi.news.fang.com/2020-09-15/37269854.htm	长治官方实播
199	图6-2 g)	https://www.163.com/dy/article/IM32PCVO05562H6S.html	爱江山更爱快乐
200	图6-2 h)	https://baijiahao.baidu.com/s?id=1787480146013995737&wfr=spider&for=pc	大气登山的洋

续上表

序号	图号	来源	著作权人
201	图6-2 i)	https://www.sohu.com/a/302544588_701035	北海城事
202	图6-2 j)	https://www.turenscape.com/news/detail/1198.html	土人设计
203	图6-3 a)	https://www.sohu.com/a/330655643_384109	杭州通
204	图6-3 b)	https://cj.sina.com.cn/articles/view/3757167087/dff1d1ef020017xk4	西安日报
205	图6-3 c)	https://sell.d17.cc/show/47888682.html	第一枪网
206	图6-3 d)	https://roll.sohu.com/a/589833612_121124320	谢明
207	图6-3 e)	https://baijiahao.baidu.com/s?id=1790302990826439232&wfr=spider&for=pc	文静园
208	图6-3 f)	https://www.sohu.com/a/496616898_121123907	佚名
209	图6-4 a)	https://www.meipian.cn/37tnzuc4	勇哥
210	图6-4 b)	https://baijiahao.baidu.com/s?id=1718021759115008679&wfr=spider&for=pc	强竹说旅游
211	图6-4 c)	https://www.sohu.com/na/414766948_120669781	文道教育官方
212	图6-4 d)	https://travel.sohu.com/a/732099920_121687414	西安发布、西安晚报
213	图6-4 e)	https://www.163.com/dy/article/EHT4CNVN0511RN8S.html	D菜菜君
214	图6-4 f)	https://weibo.com/ttarticle/p/show?id=2309404765705105965089	徐琦
215	图6-5 a)	https://www.sohu.com/a/164851982_213213	吴中发布、姑苏晚报
216	图6-5 b)	https://baijiahao.baidu.com/s?id=1687641250711797738&wfr=spider&for=pc	中铁科工
217	图6-5 c)	https://baijiahao.baidu.com/s?id=1714800426232950990&wfr=spider&for=pc	虎眼新世界
218	图6-5 d)	https://m.sohu.com/a/416397427_120329880?scm=1002.b000b.1e70323.ARTICLE_REC	亳州视窗网
219	图6-5 e)	https://www.163.com/dy/article/FBKQQTBA05148BVF.html	柱言摄影
220	图6-5 f)	https://m.sohu.com/a/392688581_278208	非解构
221	图6-5 g)	https://weibo.com/ttarticle/p/show?id=2309404737902117782316	中交创联-交小哇
222	图6-5 h)	https://commons.wikimedia.org/wiki/File:BSB_Ponte_JK_08_2005_45_8x6.JPG	维基媒体
223	图6-5 i)	https://m.thepaper.cn/newsDetail_forward_7443474	潍坊滨海发布
224	图6-5 j)	https://baike.baidu.com/item/%E5%88%9A%E6%9E%B6%E6%8B%B1%E6%A1%A5/2479897	百度百科
225	图6-6 a)	https://www.sohu.com/a/235987489_99997293?_trans_=000019_wzwza	芝士研究所
226	图6-6 b)	https://www.sohu.com/a/362836287_693803	微桥梁

附录五　　图片来源

续上表

序号	图号	来源	著作权人
227	图6-6 c)	https://www.sohu.com/a/322740959_197494	太原道
228	图6-6 d)	http://mms0.baidu.com/it/u=842055717,3155045656&fm=253&app=138&f=JPEG？w=500&h=375	百度百科
229	图6-6 e)	http://www.capablist.com/uc/3624085	交通建筑设计案例
230	图6-6 f)	https://zhuanlan.zhihu.com/p/416060739？utm_id=0	云泽森
231	图6-6 g)	https://www.meipian.cn/3ej1p06i	青山绿水
232	图6-6 h)	https://www.meipian.cn/373ppe62	杭华
233	图6-6 i)	https://cj.sina.com.cn/articles/view/1653603955/628ffe73020017yab	扬子晚报
234	图6-6 j)	https://www.meipian.cn/2djclvfb	简单
235	图6-6 k)	http://news.cnhubei.com/content/2022-05/16/content_14752462.html	大武汉客户端
236	图6-6 l)	https://www.sohu.com/a/489722294_115239	张文魁
237	图6-7 a)	https://www.sohu.com/a/437474045_786785	方伟明
238	图6-7 b)	https://weibo.com/ttarticle/p/show？id=2309404767493481955844	永茂建机
239	图6-7 c)	https://www.zhulong.com/bbs/d/21081431.html	筑龙学社
240	图6-7 d)	https://www.sohu.com/a/250162146_581209	走遍安徽
241	图6-7 e)	https://bbs.zhise168.com/forum.php？mod=viewthread&tid=2818&extra=page=1	Freeman
242	图6-7 f)	http://www.360doc.com/content/12/0531/08/7001798_214890218.shtml	鸟语花香香
243	图6-7 g)	https://baijiahao.baidu.com/s？id=1761060167106949753&wfr=spider&for=pc	八桂十四城
244	图6-7 h)	https://www.sohu.com/a/390909626_182390	舒城身边事
245	图6-7 i)	https://www.163.com/dy/article/DI4FB28N0512GAH5.html	王乔琪、邓万里
246	图6-7 j)	https://travel.sohu.com/a/450913933_228048	曹经建
247	图6-7 k)	http://www.360doc.com/content/16/1118/15/276037_607551067.shtml	上海市政工程设计研究总院
248	图6-7 l)	https://www.meipian.cn/24rhisa8	心雨
249	图6-7 m)	https://www.163.com/dy/article/DVJKSCDB0525WJBK.html	佚名
250	图6-7 n)	http://www.civilcn.com/luqiao/tuku/1353855130169797_6.html	土木工程网
251	图6-7 o)	https://news.yantuchina.com/53073.html	岩土网岩土在线
252	图6-7 p)	https://www.mianfeiwendang.com/doc/3cca390b97ccb118ee7d8057	刘太明、朱光华
253	图6-7 q)	https://baijiahao.baidu.com/s？id=1646971300497591510	鹤城发布
254	图6-7 r)	https://news.sohu.com/a/587152536_121106842	北京石景山

299

续上表

序号	图号	来源	著作权人
255	图6-8 a)	https://www.sohu.com/a/382492079_99956713	赣州市人民政府
256	图6-8 b)	https://www.sohu.com/a/448551371_689584	中建三局一公司钢结构分公司
257	图6-8 c)	https://www.hellorf.com/image/show/hi2240141756	Sunshine4213
258	图6-8 d)	https://www.sohu.com/a/595272020_121123750	藤县融媒体中心
259	图6-8 e)	https://www.163.com/dy/article/E7L955NJ0530S6GI.html	芒果都市
260	图6-8 f)	http://k.sina.com.cn/article_6433270487_17f73ead7001004ikn.html?from=	思咏抚摩秀
261	图6-8 g)	https://baijiahao.baidu.com/s?id=1785345486486375704&wfr=spider&for=pc	吴碧彤、郭文君
262	图6-8 h)	https://www.meipian.cn/3brboiyn	惜福知足
263	图6-8 i)	https://www.163.com/dy/article/EIR0AOD805370FJT.html	绵阳交通发展集团有限责任公司
264	图6-8 j)	https://www.sohu.com/a/731795885_121124406	佚名
265	图6-8 k)	https://www.sohu.com/a/253984260_732048	中铁三局运输工程分公司
266	图6-8 l)	https://www.thepaper.cn/newsDetail_forward_8399238	《吉林日报》孟凡明
267	图6-9 a)	https://www.backpackers.com.tw/forum/showthread.php?t=10161940	客栈跑腿
268	图6-9 b)	https://www.sohu.com/a/470457503_121106832	无锡建管中心
269	图6-9 c)	https://ishare.ifeng.com/c/s/7jzXRCLZwML	艺飞说
270	图6-9 d)	https://house.qingdaonews.com/wap/2022-01/26/content_23063411.htm	西海岸大世界
271	图6-9 e)	http://www.china-qiao.com/ql08/xtql/xtql032.htm	老百晓集桥
272	图6-9 f)	https://www.163.com/dy/article/HGFAF19N0517CT2J.html	湖南吃喝玩乐
273	图6-9 g)	https://www.sohu.com/a/561562257_120361751	小徐的生活分享
274	图6-9 h)	https://m.sohu.com/a/138938853_676570/?pvid=000115_3w_a	大南部网
275	图6-9 i)	http://k.sina.com.cn/article_1699432410_654b47da02000zs3z.html	新华社刘大伟
276	图6-9 j)	https://www.sohu.com/a/351001060_162598	内蒙古和林格尔新区官网
277	图6-10 a)	http://www.china-qiao.com/ql32/lzql/lzql042.htm	老百晓集桥
278	图6-10 b)	https://www.sohu.com/a/143800897_670280	浦口城市管理
279	图6-10 c)	http://dtsj.china-designer.com/home/Works_Show.asp?PhotoID=1651264&AccountID=28080	佚名
280	图6-10 d)	https://epaper.xiancn.com/newxawb/pc/html/202305/26/content_147489.html	《西安日报》窦翊明
281	图6-10 e)	https://m.sohu.com/a/138660943_393102	南昌资讯网

附录五　　　　　　　　　　　　　　　　　　　　　　　　　　　　　　　图片来源

续上表

序号	图号	来源	著作权人
282	图6-10 f)	https://mbd.baidu.com/newspage/data/dtlandingsuper?nid=dt_5115305680986153956	城市漫游者小王
283	图6-11 a)	https://baijiahao.baidu.com/s?id=1620830282300893354&wfr=spider&for=pc	掌上长沙
284	图6-11 b)	https://nt.focus.cn/zixun/722cd4ed5b5a4216.html	南通资讯发布
285	图6-12 a)	http://www.dripcar.com/zixun/313993.html	车牌1频道
286	图6-12 b)	https://www.sohu.com/a/217865436_713456	浙里舟山
287	图6-12 c)	https://www.163.com/dy/article/FS4O9H7M05349AL5.html	江北新区融媒体中心
288	图6-12 d)	https://www.sohu.com/a/445031592_120361751?_trans_=000019_wzwza	杨锦、宗合
289	图6-12 e)	http://news.sohu.com/20071009/n252542167.shtml	人民网-人民日报海外版
290	图6-12 f)	http://www.hflndx.com/content/article/14647975	陈力生
291	图6-12 g)	http://new.qq.com/omn/20220128/20220128a0100j00.html	腾讯网
292	图6-12 h)	https://www.sohu.com/a/286126847_645091	老百晓集桥
293	图6-12 i)	https://xsj.699pic.com/tupian/04vxfx.html	hansenn
294	图6-12 j)	https://www.zhulong.com/zt_lq/jzsxbqzzjs/	中国期刊网
295	图6-12 k)	http://www.360doc.com/content/16/1205/19/1940378_612235219.shtml	Paul bica
296	图6-12 l)	https://taian.iqilu.com/taianyaowen/2020/0430/4533899.shtml	齐鲁网
297	图6-13 a)	https://shop.jc001.cn/1852503/photo/5694267.html	佚名
298	图6-13 b)	https://news.sohu.com/a/770894151_120824066	贝壳苏州站
299	图6-13 c)	https://www.istockphoto.com/photo/innsbruck-austria-the-bergisel-ski-jumping-hill-tower-gm949877210-259269626	TACrafts
300	图6-14 a)	https://www.meipian.cn/3c0vhmx4	魏连重
301	图6-14 b)	https://kknews.cc/zh-cn/travel/e4v4mvn.html	天上的霞彩
302	图6-14 c)	https://m.quanjing.com/imginfo/pm0321-6144dt.html	全景网
303	图6-15 a)	https://baijiahao.baidu.com/s?id=1783815974124062182&wfr=spider&for=pc	公路防撞护栏飞宇
304	图6-15 b)	http://sd-zbhl.com/show.asp?id=100	山东中邦护栏有限公司
305	图6-16 a)	https://www.163.com/dy/article/E652GR2C05381O68.html	闽兴福石雕
306	图6-16 b)	https://www.163.com/dy/article/E652GR2C05381O68.html	闽兴福石雕
307	图6-17 a)	https://huaban.com/pins/4295393155	小鱼干收割机
308	图6-17 b)	https://weibo.com/ttarticle/p/show?id=2309404577375957680384	上海临港
309	图6-18 a)	https://huaban.com/pins/3990558960	琴瑟林语

301

续上表

序号	图号	来源	著作权人
310	图6-18 b)	https://huaban.com/pins/4721066657	月影沙坵
311	图6-18 c)	https://www.uibim.com/240571.html	BIM建筑网
312	图6-18 d)	https://www.163.com/dy/article/HO38HBS50516DUEV.html	生生景观
313	图6-18 e)	https://huaban.com/pins/3878570428	Damian Holmes
314	图6-18 f)	https://huaban.com/pins/2885818135	流浪红薯1
315	图6-19	https://mp.weixin.qq.com/s/Zz8sjx7ePpbXCqi6oM8tcg	拉肯视觉艺术
316	图6-20	https://mp.weixin.qq.com/s/uXAN1gp_vNga8FFPT6yXSA	珙县文旅
317	图6-21 a)	https://www.sohu.com/a/326168104_120096683?scm=1002.46005d.16b016c016f.pc_article_rec_opt	灯火Video
318	图6-21 b)	https://www.163.com/dy/article/HAL1BE480514HGTL.html	麻辣社区
319	图6-22 a)	https://baijiahao.baidu.com/s?id=1619466047722769961	liOl19e133
320	图6-22 b)	https://mbd.baidu.com/newspage/data/dtlandingsuper?nid=dt_4730854735881910215	湘江洛水
321	图6-23 a)	http://th81.com/puyang159773jush1/FI1368542.html	山东普中护栏有限公司
322	图6-23 b)	https://apfangxin.en.made-in-china.com/product/ytApbLIVHnWd/China-Elevated-Tunnel-Lighting-Bridge-Safety-Fence-with-Light.html	高丽莎小姐
323	图6-24 a)	https://www.sohu.com/a/402954254_654937?_trans_=000014_bdss_dkgyxqsp3p;cp=	勇电照明
324	图6-24 b)	https://www.d-arts.cn/article/article_info/key/MTIwNDUxMzg2MTWD341nr5y8cw.html	城市光网
325	图6-25 a)	https://www.sohu.com/a/438600113_120954860	深圳杰力赛照明
326	图6-25 b)	https://news.sina.com.cn/c/2007-02-05/084011166956s.shtml	扬子晚报
327	图6-26 a)	https://qingdao.dzwww.com/fch/202111/t20211125_9478417.htm	大众网·海报新闻
328	图6-26 b)	https://www.vcg.com/creative/1288440424	视觉中国
329	图7-8	https://www.knightarchitects.co.uk/bridges/campbell-wharf-bridge	Knight Architects
330	图7-9a)	https://www.zhulong.com/bbs/d/33156200.html	蒋德华
331	图7-9b)	https://baijiahao.baidu.com/s?id=1702982768095693956&wfr=spider&for=pc	深圳特区报
332	图7-10	https://mbd.baidu.com/newspage/data/dtlandingsuper?nid=dt_5751089646966011154	乾亲
333	图7-11	https://huaban.com/pins/3182783439	NEXT architects
334	图7-12 a)	https://news.qq.com/rain/a/20201222A0305000	上观新闻
335	图7-12 b)	https://weibo.com/3483741641/Gj1862JTW	环球设计联盟
336	图7-12 c)	https://www.sohu.com/a/761424841_121119385	文化与太阳

续上表

序号	图号	来源	著作权人
337	图 7-12 d)	https://taiyuan.news.fang.com/zt/201308/fqwzjfq.html	搜房图片
338	图 7-13 a)	https://www.thepaper.cn/newsDetail_forward_20197494?commTag=true	现代快报
339	图 7-13 b)	https://www.sohu.com/a/240491939_695857	上海林李公司
340	图 7-14 a)	http://news.sohu.com/a/747956768_123710	微兔分享呀
341	图 7-14 b)	http://news.sina.com.cn/c/p/2006-06-22/154210226246.shtml	新华网
342	图 7-14 c)	https://www.zhulong.com/zt_lq_3002266/detail41897967/?louzhu=1	路桥市政
343	图 7-14 d)	https://www.sohu.com/a/258917588_690589	基础工程
344	图 7-14 e)	https://www.scdylq.cn/newsInfo?art_id=60089&menu_id=30977	东远路桥
345	图 7-14 f)	https://www.veer.com/photo/166252408.html	VEER
346	图 7-15 a)	http://www.jcglgc.com/html/pro-115.html	金潮建设
347	图 7-15 b)	http://dy.163.com/v2/article/detail/FSMC4U070515DK2D.html	锦江风车车
348	图 7-16 a)	https://www.sohu.com/a/290598137_739203	深圳工务署
349	图 7-16 b)	http://inews.ifeng.com/50029379/news.shtml	深圳特区报
350	图 7-17 a)	http://hongyangxurishangcheng.fang.com/shop/bbs/1810158310~-1/515282914_515282914htm	佚名
351	图 7-17 b)	https://finance.sina.com.cn/jjxw/2022-06-30/doc-imizmscu9397427.shtml?cref=cj	广州日报
352	图 7-18 a)	https://huaban.com/boards/40707677	~ORIGINATE~
353	图 7-18 b)	https://www.58pic.com/tupian-tupian/gaojiaqiaobiaozhi.html	千图
354	图 7-19 a)	https://baijiahao.baidu.com/s?id=1664778618571971313&wfr=spider&for=pc	第1天
355	图 7-19 b)	https://www.sohu.com/a/244133475_124757	国际在线
356	图 7-19 c)	http://www.sznews.com/news/content/2021-07/23/content_24420544.htm	前海控股公众号
357	图 7-19 d)	http://news.sohu.com/a/775477970_355475	锦观新闻
358	图 7-20 a)	https://www.sohu.com/a/425898028_317644	《桥梁》杂志
359	图 7-20 b)	https://qfqiandao.kshot.com/wap/thread/view-thread/tid/6646218	昆山论坛
360	图 7-20 c)	https://www.meipian.cn/24q6a5cg	心雨
361	图 7-20 d)	https://www.163.com/dy/article/GKRM3PQ00516DUEV.html	生生景观
362	图 7-21	http://k.sina.com.cn/article_2625132925_9c78597d04000z54j.html	人民网福建频道

续上表

序号	图号	来源	著作权人
363	图7-22	https://club.autohome.com.cn/bbs/threadowner/1815abed4ab27693/90940531-1.html	信马悠行
364	图7-23	https://k.sina.com.cn/article_2625132992_9c7859c000100q8p7.html	三明市自然资源局网站
365	图7-24	https://news.qq.com/rain/a/20220829A02VIV00	上海交通
366	图7-25	https://sghexport.shobserver.com/html/baijiahao/2022/09/28/866400.html	刘文毅
367	图7-26	https://www.xiaohongshu.com/discovery/item/5ecba7d70000000001001603	小E杂货店
368	图7-27	https://www.163.com/dy/article/G7FBDEKS05349AL5.html	南京江北新区
369	图7-28	https://weibo.com/1136178193/FgtxXBaIm?type=repost	中国摄影
370	图7-29	https://www.sohu.com/a/340614112_99940497	九地国际
371	图7-30	https://news.qq.com/rain/a/20210309A0DLH200?web_channel=wap&openApp=false&suid=&media_id=	南京浦口区委宣传部
372	图7-31	https://news.jstv.com/a/20220830/e04363a5f3024c7c89bbb6f18b210819.shtml	施志鸽
373	图7-32	https://bbs.dji.com/pro/detail?mod=viewthread&tid=332090	豪爵骑士
374	图7-33	https://baijiahao.baidu.com/s?id=1695615840247145625&wfr=spider&for=pc	飞渡秦川一叶舟
375	图7-34	https://weibo.com/2096558565/Bw7yyx0bV?type=comment	秦淮发布
376	图7-35	https://www.zhulong.com/bbs/d/32311579.html	倾城月
377	图7-36	https://weibo.com/2055576275/Kui5a4aNf	成都高新
378	图7-37	https://news.qq.com/rain/a/20210704A08UBQ00	长安范儿
379	图8-1 a)	https://baijiahao.baidu.com/s?id=1602403067754425801&wfr=spider&for=pc	爱上万州
380	图8-1 b)	https://www.yoojia.com/article/9415588028200894184.html	合肥警方
381	图8-1 c)	https://baijiahao.baidu.com/s?id=1645542119714829364&wfr=spider&for=pc	武汉广电掌上武汉
382	图8-1 d)	https://www.163.com/dy/article/DQ8TE81G0524W92I.html	故里人影游
383	图8-3 a)	https://www.163.com/dy/article/EFPPIJ7205378I55.html	我的深夜电影
384	图8-3 b)	https://www.hubpd.com/hubpd/rss/zaker/index.html?contentId=2305843009215067755	上游新闻-重庆晨报
385	图8-3 c)	https://baijiahao.baidu.com/s?id=1812492992155639280&wfr=spider&for=pc	欣欣看世界
386	图8-3 d)	https://www.163.com/dy/article/DP6LUVO505129E3H.html	南国早报
387	图8-3 e)	https://www.meipian.cn/oqdej3p	闲赋随感

附录五 　图片来源

续上表

序号	图号	来源	著作权人
388	图8-3 f)	https://www.pinterest.com/xiazhanz/bridge/	xiazhan
389	图8-3 g)	https://www.meipian.cn/39bjzonq	光明路上
390	图8-3 h)	https://www.163.com/dy/article/E6A9LUE005159AP3.html	楼市飞说
391	图8-3 i)	https://www.sohu.com/a/217865436_713456	浙里舟山
392	图8-4 a)	https://k.sina.com.cn/article_5675440730_152485a5a02001fq31.html	新华报业网
393	图8-4 b)	http://zhidao.baidu.com/question/1991968441290621427.html	落颜颜370
394	图8-4 c)	https://www.zhulong.com/bbs/d/30177111.html	库洛姆骷髅
395	图8-4 d)	https://www.vjshi.com/so/8889484.html	光厂
396	图8-4 e)	https://www.meipian.cn/37r3is6a	蓝天3785041
397	图8-4 f)	https://www.163.com/dy/article/H6PPRFRK0514TTJI.html	新华报业网
398	图8-5 a)	https://www.zhulong.com/bbs/d/42457645.html	非解构
399	图8-5 b)	https://baijiahao.baidu.com/s?id=1767903686177470260&wfr=spider&for=pc	冀金雨
400	图8-5 c)	https://news.qq.com/rain/a/20200427A0JZGD00	网信四川
401	图8-5 d)	https://www.bilibili.com/video/BV1AK421C7hP/?vd_source=51b38e857ec5137d6499b0dcafc238fe	桥梁思考者
402	图8-5 e)	https://xueqiu.com/1666720282/292016911	大明国际
403	图8-5 f)	https://www.sohu.com/a/504254211_121106854	耿丹丹
404	图8-5 g)	https://www.zhulong.com/bbs/d/42457645.html	小龍老师
405	图8-5 h)	https://baijiahao.baidu.com/s?id=1672703634625840831&wfr=spider&for=pc	佚名
406	图8-5 i)	https://www.nxnews.net/tp/tjxw/202110/t20211007_7291569.html	宁夏日报
407	图8-6 a)	https://huaban.com/pins/127956715	钢结构
408	图8-6 b)	https://www.163.com/dy/article/DT5G3MAK05371JDY.html	佚名
409	图8-7	https://baijiahao.baidu.com/s?id=1789118150261372473&wfr=spider&for=pc	儒雅易谦
410	图8-8 a)	https://baijiahao.baidu.com/s?id=1803364848317048253&wfr=spider&for=pc	弥弥在路上
411	图8-8 b)	https://baijiahao.baidu.com/s?id=1709166935202041385&wfr=spider&for=pc	黎晓刚
412	图8-9 a)	https://finance.sina.com.cn/j jxw/2023-03-21/doc-imymrhnx9920931.shtml?cref=cj	前海控股
413	图8-9 b)	http://www.china-qiao.com/ql15/nbql/nbql012.htm	老百晓集桥
414	图8-10 a)	https://www.zhulong.com/bbs/d/42457645.html	小龍老师

续上表

序号	图号	来源	著作权人
415	图8-10 b)	http://www.360doc.com/content/16/1121/21/36235679_608369726.shtml	百合仔
416	图8-11 a)	http://www.cnbridge.cn/html/2010/worldluqiao_0703/30.html	cnbridge
417	图8-11 b)	https://www.163.com/dy/article/FI70VICR0511RN8S	苏州绿城桥梁景观公司
418	图8-12 a)	https://mp.weixin.qq.com/s/VVIwx8SAAdhVfKuzseSf-Q	東大院
419	图8-12 b)	http://www.360doc.com/content/21/0717/17/74490073_987059707.shtml	陈自德
420	图8-13 a)	http://dy.163.com/article/FTBLCGLS0514KKJO.html	上观新闻
421	图8-13 b)	http://www.sohu.com/picture/392688581	钢结构
422	图8-14 a)	http://www.china-qiao.com/ql12/zbql/zbql017.htm	老百晓集桥
423	图8-14 b)	http://www.thepaper.cn/newsDetail_forward_8280671	夏都西宁
424	图8-15 a)	http://www.jcgcw.com/news/xingye/15/72987.html	青海日报
425	图8-15 b)	http://dy.163.com/article/FB5KBCC5053469LZ.html	中国五冶集团有限公司
426	图8-16	http://www.sohu.com/a/114651926_391116	潇湘晨报
427	图8-17 a)	https://mp.weixin.qq.com/s/IzOY41L5HWqtnalwCiXsWw	陈丹莉
428	图8-17 b)	https://mp.weixin.qq.com/s/hY78eUj3V3eJFp0FEFZusQ	上海发布
429	图8-18	http://www.douyin.com/note/7114785010246241548	视觉中国
430	图8-19 a)	http://www.xiaohongshu.com/discovery/item/60ebb4480000000001028602	SOHO 广州
431	图8-19 b)	http://bbs.co188.com/thread-10484272-1-1.html	华南理工大学建筑设计研究院
432	图8-20	http://www.163.com/dy/article/FHHRM6VD05370D2P.html	洪城时刻
433	图8-21	http://m.sohu.com/a/195188712_99981013	扬州广电"扬帆"
434	图8-22	http://www.alighting.cn/case/20210409/45750.htm	佚名
435	图8-23	http://huaban.com/boards/57506222	佚名
436	图8-24	http://www.rx365.cn/anhui/20170801/41461.html	君在安徽
437	图9-3 b)	https://baijiahao.baidu.com/s?id=1710020283824428355	大铁小匠
438	图9-3 d)	http://www.zhuoyujs.cn/news/509.html	湖北卓禹建设有限公司
439	图9-5	http://k.sina.com.cn/article_5882979292_15ea723dc02700gi2j.html	施莱希工程设计咨询公司
440	图9-6	http://new.qq.com/omn/20211001/20211001A04XS800.html	刘佐仓
441	图9-8	http://new.qq.com/rain/a/20230904A045QY00	视觉中国
442	图9-10	https://mp.weixin.qq.com/s/5pvSm0FtzwltWrnogF-QCw	中铁大桥院
443	图9-12	https://baijiahao.baidu.com/s?id=1646971300497591510	鹤城发布
444	图9-15 b)	https://www.thepaper.cn/newsDetail_forward_28026491	我是隆昌
445	图9-15 d)	https://m.163.com/v/video/VGU1HT4E6.html	佚名
446	图9-15 f)	http://society.sohu.com/a/555058210_121123691	资讯水煮鱼
447	图9-15 h)	https://www.163.com/dy/article/I2UT3NP205562H6S.html	爱江山更爱快乐

附录五 图片来源

续上表

序号	图号	来源	著作权人
448	图 9-15 i)	https://www.flickr.com/photos/clockwise338hongkong/887674073	istock 懷忠 郭
449	图 9-16	https://www.163.com/dy/article/IFNSLBJP0514R9NP.html	王伟倩
450	图 9-17	https://www.douyin.com/note/7083032728240688424	吉普悍马
451	图 9-18 a)	https://www.bmlink.com/qingdaqishi/supply-10148955.html	北京清大奇士新材料技术有限公司
452	图 9-18 b)	https://baijiahao.baidu.com/s?id=1697847313853792045	chang 毛哥
453	图 9-19 a)	http://ccnews.people.com.cn/BIG5/n1/2017/0519/c87567-29287369.html	中国铁道建筑总公司
454	图 9-19 b)	https://www.vcg.com/creative/1285459098	视觉中国
455	图 9-19 c)	https://www.bilibili.com/video/BV19Y411N7ZH/	杨志勤
456	图 9-19 d)	https://dp.pconline.com.cn/dphoto/5056210.html	飞呀飞呀飞 121
457	图 9-21 a)	http://www.hl-kattor.com/article/lists/tid/13.html	创作者_t3gT
458	图 9-21 b)	https://www.wcxww.com/content/646849/59/13902466.html	望城经开区
459	图 9-21 c)	https://www.jzsbs.com/info.html?cid=20174	佚名
460	图 9-21 d)	http://society.people.com.cn/n1/2022/1219/c1008-32589558-2.html	郑家裕
461	图 9-21 e)	http://www.qmvchina.com/case/atxlqgc9a3/	柳州市邱姆预应力机械有限公司
462	图 9-22 a)	http://www.360doc.com/content/12/1222/08/9337074_255601056.shtml	博雅斋馆主
463	图 9-22 b)	https://www.alamy.com/knights-way-bridge-over-the-river-aire-leeds-west-yorkshire-uk-image480041589.html	Maurice Savage
464	图 9-22 c)	https://structurae.net/en/structures/flughafenbrucke	Nicolas Janberg
465	图 9-22 d)	https://en.wikipedia.org/wiki/File:Patras_bridge,_Rion-Antirion-2.jpg	UserGlabb
466	图 9-22 e)	https://www.luzhou.gov.cn/xw/rdgz/content_1013568	泸州新闻网
467	图 9-22 f)	https://www.ourjiangsu.com/a/20240101/1704074642375.shtml	淮安新闻网
468	图 9-23	https://www.sohu.com/a/828550371_121124030	郑州市政设计院有限公司
469	图 9-24 a)	https://www.sohu.com/a/336632615_120058316	佚名
470	图 9-24 b)	https://www.163.com/dy/article/HIC0P0C305149D15.html	红星新闻网
471	图 9-24 c)	https://news.qq.com/rain/a/20200716A0C56C00?web_channel=wap&openApp=false&suid=&media_id=	西海都市报
472	图 9-24 d)	https://www.bilibili.com/video/BV1cgndeTE6c/	芒果小龙夏
473	图 9-25 a)	https://www.jiemian.com/article/3769708.html	界面楼市南京
474	图 9-25 b)	https://www.163.com/dy/article/DQFLENK60538O2OX.html	《桥梁》杂志
475	图 9-25 c)	https://www.163.com/dy/article/HVMQEKOS0552EZ9J.html	科学知识点秀

续上表

序号	图号	来源	著作权人
476	图9-25 d)	https://www.sohu.com/a/412175502_120209938	上海市宝山区新闻办
477	图9-26 a)	https://finance.sina.com.cn/jjxw/2022-05-16/doc-imcwiwst7609085.shtml?cref=cj	保定市竞秀区委宣传部
478	图9-26 b)	https://www.sohu.com/a/406027013_120460641?_trans_=000012_uc_kz_ty	洛阳交警
479	图9-27 a)	https://m.sohu.com/a/197665332_681649	成都封面-西南旅游
480	图9-27 b)	https://www.meipian.cn/3fae8uvc	美篇-太行险峰
481	图9-27 c)	https://www.163.com/dy/article/FJNAEU520534B2XZ.html	柳州播报综合
482	图9-27 d)	https://baijiahao.baidu.com/s?id=1783980727247192983&wfr=spider&for=pc	阜阳爆料
483	图9-28 a)	https://www.jingsh.com/office/13315/	北京市京师(通州)律师事务所
484	图9-28 b)	http://www.china-qiao.com/ql23/xnql/xnql020.htm	老百晓集桥
485	图9-28 c)	https://mt.sohu.com/20180323/n533112695.shtml	美好中冶mp
486	图9-28 d)	https://www.163.com/dy/article/FJVD9RC40517NQ7N.html	中国网
487	图9-28 e)	https://news.qq.com/rain/a/20200219A0S9K900?web_channel=wap&openApp=false&suid=&media_id=	中共佛山市高明区委宣传部官方账号
488	图9-28 f)	https://baijiahao.baidu.com/s?id=1745545041326144240&wfr=spider&for=pc	台州发布
489	图9-29 a)	https://www.163.com/dy/article/FI62137H055004XG.html	南方报业传媒集团南方+客户端
490	图9-29 b)	https://www.zhulong.com/bbs/d/32810742.html	佚名
491	图9-29 c)	https://xczx.news.cn/20240911/aed2901a51954d6f9353c65b685f95f4/c.html	国资小新
492	图9-30 a)	https://baijiahao.baidu.com/s?id=1795495558403103563&wfr=spider&for=pc	紫牛新闻
493	图9-30 b)	http://www.cssqt.com/xw/gn/kx/516857.shtml	长沙社区通
494	图9-30 c)	https://www.molishe.com/graphics/10253158.html	魔力设
495	图9-31 a)	https://mp.weixin.qq.com/s/8GDaeyBAC5prkSp6V-XfMA?poc_token=HLFIsWej51wx6tn4-ptICCujWSpIupg4aTZo7sOn	東大院
496	图9-31 b)	https://www.163.com/dy/article/GBV8I12D0514FDFN.html	台州发布
497	图9-31 c)	https://www.yangtse.com/content/1311358html	扬子晚报网
498	图9-31 d)	https://www.163.com/dy/article/GNNKK61I0514CP4N.html	中铁山桥
499	图9-31 e)	https://mbd.baidu.com/newspage/data/dtlandingsuper?nid=dt_4032195820389159709	三湘都市报
500	图9-31 f)	https://www.163.com/dy/article/GU3PMTSO05158QJA.html	诸葛小彻
501	图9-31 g)	https://www.vcg.com/creative/1281510927	视觉中国

附录五 图片来源

续上表

序号	图号	来源	著作权人
502	图 9-31 h)	https://www.sohu.com/a/313700730_120054457	舒城视听在线
503	图 9-31 i)	https://zjnews.zjol.com.cn/zjnews/202206/t20220616_24383474.shtml?v=1.0	浙江在线
504	图 9-31 j)	https://ty.focus.cn/zixun/b721a3ee9a695227.html	太原资讯
505	图 9-32 a)	https://baijiahao.baidu.com/s?id=1666553922079506471&wfr=spider&for=pc	VSL 小宁
506	图 9-32 b)	https://www.meipian.cn/3cot9s7h	张光庭昵称长弓
507	图 9-32 c)	https://news.ifeng.com/c/84bqp22ih9g	扬子晚报扬眼官方账号
508	图 9-32 d)	http://js.people.com.cn/gb/n2/2020/1111/c360302-34407104.html	新华日报
509	图 9-33	https://www.163.com/dy/article/D8PM4GV40524EL1K.html	狂人旅记
510	图 9-34	http://www.360doc.com/content/22/1218/23/47557367_1060746561.shtml	语文 8341
511	图 9-35	http://www.sohu.com/a/534254829_121123775?_trans_=000019_wzwza	长江日报
512	图 9-36	http://jz.docin.com/buildingwechat/index.do?buildwechatId=22806	央视网
513	图 9-37	http://zhuanlan.zhihu.com/p/477445068?utm_id=0	中国基建报
514	图 9-38	http://baijiahao.baidu.com/s?id=1795159726384798176&wfr=spider&for=pc	中国基建报
515	图 9-39	https://www.vcg.com/creative-image/beijingshougang/	视觉中国
516	图 9-40	https://news.qq.com/rain/a/20221202A097F100	上观新闻
517	图 9-41	https://www.sohu.com/a/425898028_317644	东南大学景观桥梁研究中心
518	图 9-42	https://www.archdaily.com/913571/construction-begins-on-zaha-hadid-architects-record-breaking-danjiang-bridge-in-taipei	Niall Patrick Walsh
519	图 9-43	https://gjzx.jschina.com.cn/21660/202104/t20210428_7066244.shtml	南报融媒体
520	图 9-44	https://www.163.com/dy/article/FSLQNC5B0529LNPA.html	爱侃足球
521	图 9-45 a)	https://www.yoojia.com/article/9709622962497639338.html	林同棪国际
522	图 9-45 b)	https://www.yoojia.com/article/9709622962497639338.html	林同棪国际
523	图 9-45 c)	https://news.fang.com/open/50777536.html	广州房产
524	图 9-46	http://www.lzszjt.com/newsshow-25-163-1.html	兰州市政建设集团有限责任公司
525	图 9-47	https://baike.sogou.com/v37390600.htm?ch=ww.xqy.xgbk	搜狗百科
526	图 10-3 a)	https://travel.sohu.com/a/814502627_121981711	淄博日报
527	图 10-3 b)	https://www.163.com/dy/article/JF0P2I5A0514E49C.html	中交集团
528	图 10-4 a)	https://www.bilibili.com/video/BV1TZ4y1d7fU/	走神 vlog

309

续上表

序号	图号	来源	著作权人
529	图10-4 b)	http://www.hnjtsjy.com/2023/qlgc_0805/270.html	湖南省交通规划勘察设计院有限公司
530	图10-5 a)	https://www.163.com/dy/article/GNG7NLE2053575OD.html	瑞安发布
531	图10-5 b)	https://news.qq.com/rain/a/20220118V09CG000?suid=&media_id=	齐鲁壹点
532	图10-6 a)	https://baijiahao.baidu.com/s?id=1826252012596503592&wfr=spider&for=pc	弦音织梦师
533	图10-6 b)	https://699pic.com/video-4377891.html	沐言居士
534	图10-7 a)	https://www.163.com/dy/article/HLRM59DU0552ADWT.html	洛阳网
535	图10-7 b)	https://baijiahao.baidu.com/s?id=1625769427522881546&wfr=spider&for=pc	阜阳新闻综合频道
536	图10-8 a)	https://www.meipian.cn/926kvxi?from=groupmessage	一鸣
537	图10-8 b)	http://www.china-qiao.com/ql13/tyql/tyql031.htm	老百晓集桥
538	图10-9 a)	https://www.douyin.com/video/7304294945060310312	飔游^浪荡
539	图10-9 b)	https://mbd.baidu.com/newspage/data/dtlandingsuper?nid=dt_5051834091899332492	老百晓集桥
540	图10-10	https://m.163.com/v/video/VRGHL648O.html	辰龙军事
541	图10-11 a)	http://k.sina.com.cn/article_2145932164_7fe8538401900b4u5.html	东莞日报
542	图10-11 b)	https://www.huitu.com/photo/show/20170812/224816621020.html	milds
543	图10-12 a)	https://www.163.com/dy/article/FQ3P32UV05370GF2.html	重庆群灵物资有限公司
544	图10-12 b)	https://baike.baidu.com/item/%E8%8B%B1%E5%8D%8E%E5%A4%A7%E1%A5/23586571?fromtitle=%E5%8D%97%E5%AE%81%E8%8B%B1%E5%8D%8E%E5%A4%A7%E1%A5&fromid=2427460	百度百科
545	图10-13 a)	https://mbd.baidu.com/newspage/data/error?nid=dt_4710320600460192925	青山-航拍、中国V链
546	图10-13 b)	https://v.youku.com/v_show/id_XMzcwMjQzNTgzNg==.html	小琪望世界
547	图10-14 a)	https://www.sohu.com/a/354594002_170662	南岸融全媒体中心
548	图10-14 b)	http://www.scxsjt.cn/xsweb/classic/classicCaseDetail?article_id=210&column_id=13	四川兴蜀工程勘察设计集团有限公司
549	图10-15 a)	https://www.vcg.com/creative-image/queshifengjingqu/	视觉中国
550	图10-15 b)	https://www.shutterstock.com/zh/search/haicang-bridge?dd_referrer=https%3A%2F%2Fwww.google.com%2F	老百晓集桥
551	图10-16 a)	https://www.163.com/dy/article/GOKMM2630550C6KL.html	今日钟楼
552	图10-16 b)	https://baijiahao.baidu.com/s?id=1792742074242751871&wfr=spider&for=pc	无鳔 fish

附录五　　图片来源

续上表

序号	图号	来源	著作权人
553	图10-17 a)	https://weibo.com/ttarticle/p/show? id=2309404420293098602503	MCG 国际媒体中心
554	图10-17 b)	https://news.qq.com/rain/a/20240520V00QDA00	潮新闻
555	图10-18 a)	http://mbd.baidu.com/newspage/data/dtlandingsuper? nid=dt_4543975434554199096	淡淡北风过 snow
556	图10-18 b)	https://bbs.co188.com/thread-10346568-1-1.html	路途姚远
557	图10-19	https://www.ixigua.com/6699653414772539918? wid_try=1	太原朋友小圈圈
558	图10-20 a)	https://bbs.vivo.com.cn/newbbs/thread/5704730	往南往北
559	图10-20 b)	http://k.sina.com.cn/article_1784473157_6a5ce6450200205xs.html	中国新闻网
560	图10-21 a)	https://baijiahao.baidu.com/s? id=1806966425546510704&wfr=spider&for=pc	夕晨李 BV
561	图10-21 b)	https://wind-ondemand.com/references/	wind-ondemand
562	图10-22 a)	https://www.sohu.com/a/274963922_106321?_f=index_chan29news_392.	王虎
563	图10-22 b)	https://www.sohu.com/a/274746043_669196? sec=wd	中铁大桥院
564	图10-23 a)	https://www.meipian.cn/1juj4m2e	雪豹
565	图10-23 b)	https://ziseviolet.tumblr.com/post/690037979345010688/mingsonjia-%E6%89%AC%E5%B7%9E%E4%B8%87%87%E7%A6%8F%E5%A4%A7%E6%A1%A5-wanfu-bridge-yangzhou-china	佚名
566	图10-24 a)	https://www.sohu.com/a/436578331_716445	葛洲蓉信
567	图10-24 b)	https://gg.zhuangyi.com/zixun/201707/1158490.html	佚名
568	图10-25 a)	https://www.sohu.com/a/500001230_147249	掌上珠海
569	图10-25 b)	https://pub-zhtb.hizh.cn/s/202312/19/AP658125dae4b01e5daa26d2e4.html	观海融媒
570	图10-26 a)	https://www.sohu.com/a/441734220_120214191	搜狐网
571	图10-26 b)	http://www.china-qiao.com/ql25/bjql/bjql027.htm	老百晓集桥
572	图10-27	https://m.ctrip.com/webapp/you/gspoi/photos/102546848.html? seo=0&ishidenavbar=yes&noJumpApp=yes&from=https%3A%2F%2Fgs.ctrip.com%2Fhtml5%2Fyou%2Fsight%2Fnanping827%2F5713784.html%3FrenderPlatform%3D%26seo%3D1	Mia 黄小米
573	图10-28 a)	https://k.sina.cn/article_3914163006_e94d633e02000uczv.html	新浪新闻
574	图10-28 b)	https://www.sohu.com/a/408899913_115119	暴走姐妹花
575	图10-29 a)	https://news.bjd.com.cn/2022/11/19/10230802.shtml	京报网北京号
576	图10-29 b)	https://read01.com/zh-my/e65DdA2.html	佚名
577	图10-30 a)	http://hi.people.com.cn/n2/2021/1021/c231190-34968070.html	人民网
578	图10-30 b)	https://www.facebook.com/HainanToday/? locale=hu_HU	今日海南
579	图11-1 a)	http://www.archcollege.com/archcollege/2018/07/40901.html	三开间

续上表

序号	图号	来源	著作权人
580	图 11-1 b)	https://www.bamboo2008.cn/bb	境道竹业
581	图 11-2 a)	https://www.bamboo2008.com/jszc/jdjs/4066.html	境道竹构
582	图 11-2 b)	https://www.bamboo2008.com/jszc/4251.html	境道竹构
583	图 11-3 a)	https://www.archdaily.cn/cn/978313/chang-shou-zhe-qiao-qu-lang-shen-zhen-hua-hui-she-ji-x-plus-studio	深圳华汇设计
584	图 11-3 b)	https://www.gooood.cn/nanjing-hexi-urban-eco-park-aecom.htm	AECOM
585	图 11-4 a)	https://www.bamboo2008.com/asconditions/zq	境道竹构
586	图 11-4 b)	https://www.gettyimages.com.mx/detail/foto/wooden-arch-bridge-over-lake-with-mountain-imagen-libre-de-derechos/911597358?adppopup=true	佚名
587	图 11-5 a)	https://news.qq.com/rain/a/20210513A02JB700	民宿小红叔
588	图 11-5 b)	https://www.bamboo2008.com/news/hydt/6668.html	境道竹构
589	图 11-6	https://mp.weixin.qq.com/s/aH4DpnpTEUrDQYgvEpTzEg	SUST
590	图 11-7 a)	https://www.thepaper.cn/newsDetail_forward_25045087	中国铁建
591	图 11-7 b)	https://www.dezeen.com/2017/04/21/bamboo-lattice-steel-concrete-bridge-celebrates-tradition-bamboo-craft-architecture-infrastructure-mimesis-studio-jiangsu-china/	丽兹菲森
592	图 11-8	https://web.bamboo2008.com/jdal/1034.html	境道竹构
593	图 11-9	http://french.peopledaily.com.cn/Culture/n3/2019/1122/c31358-9634724.html	人民网
594	图 11-10	https://www.flickr.com/photos/kenphoto1981/6909684480/	佚名
595	图 11-11	http://sc.people.com.cn/BIG5/n2/2024/0329/c379469-40793371.html	人民网
596	图 11-12	https://www.douyin.com/note/7407351518376021298	cgm
597	图 11-13	http://m.dianping.com/ugcdetail/283693257?sceneType=0&bizType=29&msource=baiduappugc	旅行达人
598	图 11-14 a)	http://whtao120.b2b.huangye88.com/product/	上海博晟木业公司
599	图 11-14 b)	https://baijiahao.baidu.com/s?id=1666555417386888478&wfr=spider&for=pc	国林怡景防腐木
600	图 11-15 a)	http://www.zzzkqz.com/news/966.html	郑凯起重
601	图 11-15 b)	https://www.meipian.cn/2wjsc14d	淡泊明志
602	图 11-16 a)	http://www.360doc.com/content/22/0206/21/59360784_1016210316.shtml	德清居士图书馆
603	图 11-16 b)	http://www.k1u.com/jingdian/99229.html	chenyuan
604	图 11-17 a)	https://www.meipian.cn/36su9af6	王博生人人门户网中国书画诗歌春晚

续上表

序号	图号	来源	著作权人
605	图 11-17 b)	https://www.goooood.cn/bridge-of-nine-terraces-by-scenic-architecture-office.htm	山水秀建筑事务所
606	图 11-18	http://www.360doc.com/content/20/0805/10/70987022_928621239.shtml	乱码的旅行故事
607	图 11-19	http://www.uibim.com/302929.html	BIM 视界
608	图 11-20	http://www.360doc.com/content/20/1103/23/72239333_943967984.shtml	作家荟
609	图 11-21	https://mbd.baidu.com/newspage/data/dtlandingsuper?nid=dt5234701215021253413	轮痴尼玛次仁
610	图 11-22	http://k.sina.com.cn/article_3236242114_pc0e522c202700jgso.html	河北新闻哥
611	图 11-23	https://www.douyin.com/note/7162863289997872425	旅游阳光
612	图 11-24	http://www.sojg.cn/image/20645.html?is_single=1	佚名
613	图 11-25	https://bbs.co188.com/thread-10340272-1-1.html	土木在线论坛
614	图 11-26	https://roll.sohu.com/a/726034541_162758	光明网
615	图 11-27	https://www.meipian.cn/shw0hc7	钱歺歺
616	图 11-28 a)	https://www.fengniao.com/zhuanti/shanghaihanxiangshuiboyuan_40375_3/	蜂鸟网
617	图 11-28 b)	https://www.meipian.cn/18elzsv5	羽木
618	图 11-29 a)	https://www.meipian.cn/1qbbggnw	小方
619	图 11-29 b)	https://baike.baidu.com/item/%E8%BF%91%E5%9B%AD%E5%B9%B3%E6%A1%A5/59077991	百度百科
620	图 11-30 a)	https://m.sohu.com/a/402352184_120420919/?_trans_=010001_grzy&pvid=000115_3w_a	小小鸟 BabyBird
621	图 11-30 b)	https://www.meipian.cn/838zgwm	风华绝代
622	图 11-31 a)	http://www.360doc.com/content/20/1001/06/57815394_9384425 77.shtml	遐逸生境知识库
623	图 11-31 b)	https://www.meipian.cn/34iu8enr	石榴树
624	图 11-32 a)	https://huaban.com/pins/1687839760	佚名
625	图 11-32 b)	https://baijiahao.baidu.com/s?id=16530750548108 10978&wfr=spider&for=pc	蓬莱海市
626	图 11-33 a)	https://travel.qunar.com/p-pl6678297	去哪儿旅行
627	图 11-33 b)	https://k.sina.cn/article_5776829712_p158536d1002700r9qk.html	设计艺客
628	图 11-34 a)	https://sucai.redocn.com/jianzhu_11347261.html	红动中国
629	图 11-34 b)	https://www.58pic.com/newpic/36714882.html	摄影师三皮
630	图 11-35 a)	https://www.foooooot.com/trip/2424433/	Annie88

续上表

序号	图号	来源	著作权人
631	图 11-35 b)	https://k.sina.com.cn/article_2481483874_93e8706200100t1r3.html	旅游美食季
632	图 11-36 a)	https://www.sohu.com/a/387944115_120060317	佚名
633	图 11-36 b)	https://travel.sohu.com/a/719644023_121106994	厦门市市政园林局
634	图 11-37	https://k.sina.com.cn/article_6494217707_18315e5eb00100rk7q.html	新鲜旅行事
635	图 11-38	https://k.sina.com.cn/article_7018259873_1a25225a100100jchm.html	一腔热血、Silver
636	图 11-39	https://www.meipian.cn/ydvw2o1	烟雨濛濛
637	图 11-40	https://baijiahao.baidu.com/s?id=1620577809141883894&wfr=spider&for=pc	鄄俐 0fZ
638	图 11-41	https://www.sohu.com/a/451241154_99975573	景游记
639	图 11-42	https://www.sohu.com/a/288429036_428290	央视网
640	图 11-43	https://www.sohu.com/a/360637425_181700	南极熊3D打印网
641	图 11-44	https://www.163.com/dy/article/H8N0IPDJ0514CJA4.html	龙泉驿发布
642	图 11-45	https://www.163.com/dy/article/E5BT8NRB051197UI.html	3D科学谷
643	图 11-46	https://baijiahao.baidu.com/s?id=1703246616337890693&wfr=spider&for=pc	美通社
644	图 11-47	https://jiangsu.sina.com.cn/news/general/2024-08-26/detail-inckxptm6674156.shtml	新华日报
645	图 11-48	https://www.shangyexinzhi.com/article/5874789.html	XIN的景观图志
646	图 11-49	https://it.sohu.com/a/713824179_120083892	冠力科技
647	表 11-2-1	https://polymaker.com/3d-printed-bridge/	News & Events
648	表 11-2-2	https://zhuanlan.zhihu.com/p/353766172	Etelux
649	表 11-2-3	https://36kr.com/p/1336246410778629	爱范儿
650	表 11-2-4	https://es.pinterest.com/pin/19914423342430408/	佚名
651	表 11-2-5	http://www.concrete-design.com/view/skillitem/id/233	砼嫡
652	表 11-2-6	https://www.3dnatives.com/en/china-3d-printed-bridge310720174/	Alexandrea P.
653	表 11-2-7	https://zh-cn.tylin.com/news/ty-lin-internationals-hunter-ruth-rauff-senior-architectural-designer-wins-2021-forge-prize	TYLin
654	表 11-2-8	https://springwise.com/climate-change/3d-printed-pedestrian-bridge-span-amsterdam-canal/	Steph Feltham
655	表 11-2-9	http://www.concrete-design.com/view/skillitem/id/233	砼嫡
656	表 11-2-10	https://shanghaimetalcorporation.wordpress.com/2015/10/20/first-3d-printed-steel-bridge-in-the-world-soon-to-be-completed/	Shanghai Metal Corporation
657	表 11-2-11	https://www.fastcompany.com/90661273/ancient-masonry-gets-a-21st-century-update-in-this-futuristic-new-bridge	Nate Berg

注：图片引用日期为2025年4月10日，本书部分图片引自上述公开资源、学术机构及个人创作者，谨在此统一致谢。

附录六　桥梁知识二维码

桥梁发展
代表人物

桥梁美学
相关著作

参 考 文 献

[1] 肖汝诚.桥梁结构体系[M].北京:人民交通出版社,2013.
[2] 徐利平.当代桥梁美学[M].上海:同济大学出版社,2022.
[3] 徐利平.城市桥梁建筑理论[M].上海:同济大学出版社,2018.
[4] 徐利平.城市桥梁美学创作[M].上海:同济大学出版社,2017.
[5] 丁建明,曹菲,景国庆.景观桥梁美学实现设计理论与方法[M].南京:东南大学出版社,2022.
[6] 丁建明.跨越的风景:景观桥梁四维创新理念与实践[M].南京:东南大学出版社,2021.
[7] 和丕壮.桥梁美学[M].北京:人民交通出版社,1999.
[8] 唐寰澄.桥梁美的哲学[M].北京:中国铁道出版社,2000.
[9] 王应良,高宗余.欧美桥梁设计思想[M].北京:中国铁道出版社,2008.
[10] 同济大学.公路景观桥梁设计规范:JTG/T 3360-03—2018[S].北京:人民交通出版社股份有限公司,2019.
[11] 莱昂哈特.桥梁建筑艺术与造型[M].北京:人民交通出版社,1988.
[12] 伊藤学.桥梁造型[M].北京:人民交通出版社,1998.
[13] 茅以升科技教育基金会.茅以升桥话[M].成都:西南交通大学出版社,2006.
[14] 李艳.山地城市桥梁生态美学探究[M].重庆:重庆大学出版社,2020.
[15] 穆祥纯.中外城市桥梁[M].北京:人民交通出版社股份有限公司,2015.
[16] 穆祥纯.古今中外桥梁[M].北京:人民交通出版社股份有限公司,2016.
[17] 穆祥纯.基于创新理念的城市桥梁与市政建设[M].北京:人民交通出版社,2012.
[18] 穆祥纯.世界上奇妙的桥梁[M].北京:中国建筑工业出版社,2016.
[19] 穆祥纯.中国城市桥梁[M].北京:人民交通出版社股份有限公司,2020.
[20] 朱尔玉,刘磊,田圆圆,等.桥梁文化与美学[M].北京:北京交通大学出版社,2019.
[21] 山本宏.桥梁美学[M].姜维龙,盛建国,译.北京:人民交通出版社,1989.
[22] 林长川.桥梁设计美学[M].北京:中国建筑工业出版社,2014.
[23] 盛洪飞.桥梁建筑美学[M].北京:人民交通出版社,2009.
[24] 张先勇.道路与桥梁工程美学[M].武汉:华中科技大学出版社,2008.
[25] 余璐,余启新.桥梁44美[M].武汉:长江出版社,2020.
[26] 陈艾荣,盛勇,钱锋.桥梁造型[M].北京:人民交通出版社,2005.
[27] 樊凡.桥梁美学[M].北京:人民交通出版社,1987.
[28] 徐风云,陈德荣.桥梁审美原理[M].北京:人民交通出版社,1987.
[29] 唐寰澄,唐浩.中国桥梁技术史:第1卷:古代篇(上)[M].北京:北京交通大学出版社,2017.
[30] 唐寰澄,唐浩.中国桥梁技术史:第2卷:古代篇(下)[M].北京:北京交通大学出版社,2017.

[31] 唐寰澄,卢嘉锡.中国科学技术史:桥梁卷[M].北京:科学出版社,2000.
[32] 唐寰澄.中国古代桥梁[M].北京:中国建筑工业出版社,2011.
[33] 俞孔坚,黄锦宜,李波.景观桥[M].北京:中国建筑工业出版社,2023.
[34] 凤凰空间华南编辑部.景观桥[M].南京:江苏科学技术出版社,2014.
[35] 刘军,高海亮,房宝智.市政景观桥梁设计实践:以滨海城市某大型景观桥为例[M].青岛:中国海洋大学出版社,2023.
[36] 朱卫东,王浩,毋存粮,等.城市景观桥梁综合建造技术[M].郑州:郑州大学出版社,2015.
[37] 东南大学.东南大学景观桥梁设计作品选[M].南京:东南大学出版社,2008.
[38] 杨士金,唐虎翔.景观桥梁设计[M].上海:同济大学出版社,2003.
[39] 柏桐摄影室,区伟耕.园林景观设计资料集:水景桥[M].昆明:云南科学技术出版社,2003.
[40] 陈修和,吴志刚,任丽莎.公路景观桥梁适应性设计[M].北京:中国建筑工业出版社,2017.
[41] 刘世明,陈震,陈贡联,等.景观桥梁设计与实践[M].北京:中国水利水电出版社,2018.
[42] 孔庆普.中国古桥志[M].北京:东方出版社,2020.
[43] 项海帆,潘洪萱,张圣城.中国桥梁史纲[M].上海:同济大学出版社,2009.
[44] 关广志,关乃平,瞿欣建.古桥遗风[M].北京:人民美术出版社,2013.
[45] 项海帆.桥梁概念设计[M].北京:人民交通出版社,2011.
[46] 刘钊.桥梁概念设计与分析理论[M].北京:人民交通出版社,2010.
[47] 江苏省交通规划设计院有限公司.桥梁概念设计[M].北京:人民交通出版社,2010.
[48] 杨士金.城市桥梁概念设计[M].上海:同济大学出版社,2023.
[49] 周献祥.概念设计的概念[M].北京:机械工业出版社,2021.
[50] 罗福午,张惠英,杨军.建筑结构概念设计及案例[M].北京:清华大学出版社,2003.
[51] 李永康,马国祝.结构设计:从概念到细节[M].北京:机械工业出版社,2022.
[52] 蒋志刚,周仕民,刘飞.结构概念设计与创新[M].长沙:国防科技大学出版社,2016.
[53] 方鄂华,郝亚民.建筑钢筋混凝土结构概念设计[M].2版.北京:机械工业出版社,2015.
[54] 李天健.结构概念:设计更高效的结构[M].张清文,武岳,译.哈尔滨:哈尔滨工业大学出版社,2023.
[55] 郝亚民,江见鲸.建筑结构概念设计与选型[M].2版.哈尔滨:哈尔滨工业大学出版社,2015.
[56] 何培玲.结构设计与选型[M].2版.武汉:武汉理工大学出版社,2019.
[57] 罗福午.建筑结构概念体系与估算[M].北京:清华大学出版社,1991.
[58] 李合群.中国古代桥梁文献精选[M].武汉:华中科技大学出版社,2008.
[59] 李天白.江西古桥四百座[M].南昌:江西人民出版社,2014.
[60] 马志武,马薇.江西古桥建筑[M].南昌:江西人民出版社,2019.
[61] 中国公路学会.中国廊桥[M].北京:人民交通出版社股份有限公司,2014.